性 的 解 析

Human Sexuality:
Diversity in Contemporary America,
Vol. 2

美 國 大 學 性 教 育 講 義 2

性 愛 與 溝 通
性 表 現
性 犯 罪 與 性 產 業

作者

金賽性、性別與生殖
研究所資深研究員

威廉・亞伯
William L. Yarber

加州州立大學
蒙特利灣分校教授

芭芭拉・薩雅德
Barbara W. Sayad

譯者

林哲安

【導讀】

藉由閱讀擴大生命經驗與性知識，從無知的此岸，渡向智慧的彼岸

王曉丹（政治大學法律學系教授）

　　我想從前一陣子看的一部電影開始這篇文章，電影的片名是《愛，留在海灘那一天》（*On Chesil Beach*），這部電影改編自布克小說獎得主、英國文豪伊恩・麥克尤恩（Ian McEwan）的同名小說。片中的男女主角一入大學就陷入熱戀，在彼此努力下，跨越了家庭的階級差異，讓對方家人接受自己。這個充滿「愛」的結合，卻在他們自牛津大學畢業後的新婚之夜一場無法協調的床戲而變調。女主角當下逃到海灘，男主角雖然追趕過去但兩人溝通無效，最後女主角提議跟男主角過一個「無性」的婚姻生活，此時男主角卻一怒之下揚長而去，不再回頭。幾天後兩人就辦了離婚手續。

　　女主角為何無法享受性？男主角為何堅決離去？故事的場景在一九六〇年代的英國，性解放年代開始之前，過去舊的封建保守上層階級，讓女主角的成長充滿壓抑與創傷，而男主角對自己的出身感到羞恥，兩人雖在彼此的「愛」中找到認同與安慰，卻無法在「性」發展出適當的對話與溝通。新婚之夜女主角的話無意間觸到男主角的敏感神經，兩人階級差異的裂縫就此迸開，無法修復。身體無法騙人更騙不了自己，身體刻印了歷史、文化、階級與個人經歷的記憶痕跡，受傷的身體如何接納對方？慌亂的身體如何駕馭其中的跌跌撞撞？兩位主角對此一無所知，因而不知所措，而其實這些都需要知識與智慧。

　　回到現實的台灣。在我成長的年代，沒有正規的性教育；過了三十年，現在的孩子們早就透過網路與新興媒介，接觸了許多性方面的訊息。網路上充滿了色情、暴力與扭曲的價值觀（日本 A 片中，女生說「不」，男生就認為是「要」），孩子們從中學到了什麼？過去對於性的無知與不知所措，迄今沒有太大改變，新聞媒體報導的情殺案件不斷發生，看似成功、正常的一群普通人，卻一個個在性表達、情感互動與親密關係中失控。這數十年來性教育與情感教育的成果，讓人唏噓慨歎。

　　無知，仍然是當代台灣性知識與性教育的現狀。但台灣當前的問題更在於，很多人誤將自己個人的經驗，視為社會的常態，進而將之當成標準要求自己的孩子，結果往往造就更大的問題。承認無知是性教育與情感教育的開始，我們需要認識到個人經驗的不足，透過對於他人生命經驗的理解，才能學好性教育與情感教育這堂課。

　　打開報章雜誌或圖書目錄，雖然不乏性教育或情感教育論述，然而沒有一本像《性的解析——美國大學性教育講義》這本書，引用大量人文社會科學與自然科學的研究成果。這些客觀的研究成果能夠幫助我們從知識面探討大多數人的經驗，足以豐富我們對性的理解，破除道德與僵化的性偏

見，同時防止性的傷害，因而能發展性對話與性溝通的能力。這本書不只清晰易懂，還有許多互動式的思考習題，書中的「想一想」、「批判性思考」、「問題與討論」與「測量」等單元，更提供我們重新思考的起點。閱讀此書，我們需要一邊與自己對話，一邊反思社會現實，然後會對人類長久以來性知識的匱乏感到震驚，同時會認知到我們目前所擁有的性知識還遠遠不夠。

從過去的壓抑與保守，到今天的莽撞與實驗，我們仍然不知道如何在愛中溝通、如何在性表達中擺脫恐懼與成見、如何理解性行為的變異、如何區辨性要脅與性攻擊，以及如何討論性露骨素材與性交易。上述的五個「如何」，正是《性的解析》第二冊中的五個章節。我們可以從這一冊提及的以下五個議題，來看看這本書可以如何為我們解惑：

- 議題一，問題不是在於感受到的，是否為愛，問題在於感受到的，是否能串起性與親密感的連結，成為對等溝通與長期親密關係的基礎。（摘自第二冊第一章）

- 議題二，性渴望若伴隨著大量的性恐懼，可以檢視性表現是否具備對等溝通。（摘自第二冊第二章）

- 議題三，性虐戀的關鍵要素並非痛苦，而是支配與臣服的權力。（摘自第二冊第三章）

- 議題四，調情是否為性騷擾，取決於三個因素：雙方是否擁有平等權力、對方是否以恰當的方式接近、是否希望繼續聯繫。（摘自第二冊第四章）

- 議題五，許多接受金錢並提供性活動的女性，並不認為自己是賣淫者，或者娼妓，她們自稱為性工作者。（摘自第二冊第五章）

上述五個議題所對照的現實，讓人膽戰心驚。首先，我們看到房思琪們，這些女孩深陷在愛與性難以區分的泥沼，誤以為有性就有愛，甚至將誘姦或強暴解釋為愛，她們只能安慰自己：「妳愛的人要對妳做什麼都可以，不是嗎？」（引自林奕含，《房思琪的初戀樂園》）。其次，我們忽略了親密關係中的暴力與控制，除了需要我們同感與同情之外，社會應該發展相關知識，協助受困者建立主體，讓她們面對性渴望所伴隨的大量性恐懼時，可以有動能實踐性表達的對等溝通。第三，我們誤以為《格雷的五十道陰影》這部小說揭露了早已存在的性虐戀，卻不知在現實中權力關係的落差，大多數人無法像書中的女主角般自由進出，內心恐懼失去與自我掙扎恐怕才是常態。第四，對於性騷擾或性侵害的行為，除了法律與正當程序之外，我們應該找出其他的應對方式，在不對等權力關係中，當對方企圖碰觸或侵入時，可以如何回應：或者表達此刻無法決定，或者說明可能的誤會，或者直接拒絕，或者以適當方法逃離。最後，我們經常用道德的眼光看待性交易，但是從事性交易的人，往往將自己認知為性工作者，而非具有道德問題的娼妓。以上就是這本書其中的五個議題可以給我們的啟發與思考。它告訴我們，性教育與情感教育的這堂課，要學的不只是知識，更是智慧，而知識是智慧最有力的支撐。

　　對於「性」，我們有太多誤解、太多成見、太多不知所以。處於無知此岸的我們，如何抵達智慧的彼岸？智慧的彼岸何其不易，尋找彼岸之路，充滿難解的困惑。為了尋找出路，就必須破除偏見、解決謎團，並在生活中實踐與練習，此時，閱讀是擴大生命經驗、解除疑惑的最佳方式。《性的解析》內容深入淺出、包羅萬象，只要妳／你願意，它是幫助我們從無知的此岸，渡向智慧的彼岸不可或缺的客觀文本。

【導讀】

問世間，「性」為何物？讓我們一起思索屬於台灣的答案！

陳宜倩（世新大學性別研究所教授）

正視「性」、「身體」與「情感」

在性別研究所連續教授幾年的「性、愛情與法律」這門課程，讓我學到最多的是學生們的提問，我在課堂上邀請他們以不具名的形式在白紙上寫下（從小到大）一直以來想要問老師的關於性、情愛與性別平等的問題，之後與同學相互討論。我想知道在這個網路資訊豐富的年代，究竟學生對什麼感到好奇，後來在教學評鑑的學生回饋中得知，原來學生們也很想知道彼此的想法是什麼。

「性行為過後，要跟對方聊天嗎？聊什麼？」、「好女孩不能喜歡『性』嗎？」、「陰莖要幾公分才算標準？」、「婚前性行為是不好的嗎？」、「性行為與約會交往的對象的性別應該要一致嗎？」「追求、調情與性騷擾的差別？」從實作的性溝通與表達、個人與社會性價值觀衝突到性別與法律議題，五花八門，學生對自己身體的敏感，以及對於人際關係的真實需求早已等不及學校教育的無感漠視，默默地發展出各種涵蓋社會、心理、文化與法律面向的提問了。學生們的提問如此豐富，而學校正式教育能給的答案竟是如此貧瘠，教育者們豈能繼續坐以待斃，仍以「禁慾」或者「延後發生性行為」作為多年不變的標準答案？

「It is time for Taiwan to talk about sex!」我想是時候了，台灣人得要正視「性」、「身體」與「情感」，以及這些複雜的身體經驗帶給我們多樣的感受，我們得要開始提問、找答案、談論「性」，並試圖理解彼此複雜、相異的行為。我們應該修正過去把「性」視為不該問、不該談的鴕鳥態度，開始為自己與社會找尋更寬廣的視野與更多元的路徑，增強得以享受性的美好的能力。這些視野與能力的鍛鍊需要更多資訊、更多科學研究的協助，還有更多公眾討論，《性的解析──美國大學性教育講義》就是這樣一本得以陪伴人們探索性這件事、回應人們各式各樣提問的性教育教科書，我很希望能把它介紹給台灣的讀者。

同時懷抱理想性與現實感

《性的解析》第二冊的第一章「親密關係中的愛與溝通」、第二章「性表達」，這兩章給我們全景式的介紹，性可以是美好的，同時藉由非語言的與語言的溝通發起，是高度個人化的，可以是充滿愉悅與滿足的親密行為。然而，在台灣的性教育，如果有的話，很可惜多半談的是負面的性暴力、性的汙名與傷害、性病與非預期懷孕等等，這兩章提供了最基礎的性與情愛溝通之資訊與教育，

請務必在書中關於性暴力、性騷擾的章節之前先行閱讀。

　　本書第二章提到，「性表達是一種複雜的過程，透過性表達，我們會顯露性方面的自我。性表達不僅涉及性行為，也包括我們的感受」。敏感的學生已經注意到性行為過後，有點尷尬，要怎麼辦？為什麼會這樣？如果他們看了以上這段關於「性表達」這段文字，是否能啟發他開始思索，當時的我在想什麼？性行為包含人類的行為本身，也包括當下的心情、念頭與感受，那要如何跟性伴侶分享與溝通？其實沒有適用每個人的答案，但是本書提供了一些著手的方向，邀請每個人參與並討論。

　　「老師，我這樣是不是很怪？」同學們很關心自己是不是不正常，不管是身體或性器官，不論是想法或價值觀，都是疑惑所在。我很能理解在台灣這樣崇尚集體生活與社會秩序和諧的社會，總是得面對這樣的心理障礙。第三章「性變異」這章提醒我們：不常見的行為不必然是「異常」，人的性行為與性別相關的行為多元多樣，即便是精神醫學的教科書也必須不斷修正，例如過去認為的「性別認同障礙」（gender identity disorder），現在已改成「性別不安」（gender dysphoria），而正在修訂的版本，則是要整個從病理化的章節刪除，改置於「性健康」一章。這個將人們不理解的、不常見的人類行為「去病理化」的國際趨勢告訴我們，每個人都是獨特的，每個人對於性的需求與感受也都是獨特的，千萬不要輕易鄙視不常見的行為，可能是我們現有的知識不足，看得世界不夠寬廣，而將之病理化，這對於個人是非常大的傷害。

　　最後，除了要有理想性，我也希望提醒讀者們在閱讀過程中保持「現實感」，閱讀美國的經驗，再反觀台灣社會「性別化」的社會現實，至今仍然存在著對於男女的雙重標準。在大學刑法課程的課堂，老師舉例說明通姦罪，如果對大雄的形容詞是「風流倜儻」，則宜靜就是「水性楊花」，敏感的女學生會深深地感受到這是個「不受歡迎的學習環境」，那是我當年的就學經驗。夫妻之間是否可能成立強制性交罪（舊稱強姦罪）？當時多數刑法學者認為不可能，作為學生的我覺得不可思議，一個原本有性自主權的女性因為結婚竟然喪失性自主權。幸而婦女運動促使《刑法》修正，增訂《刑法》第二百二十九條之一規定，目前已採肯定說，夫妻間可能成立強制性交罪，但是得由被害人決定要不要提出告訴（為告訴乃論之罪）。二、三十年過去，台灣社會改變了嗎？台灣教學環境中教師的態度改變了嗎？對於本書書中提及的各項性犯罪，有多一點理解，更有助於找到對症下藥的消除性別歧視與性相關暴力的策略。很期待《性的解析》這本書在台灣可以引發一波性別與法律的論戰與改革。

跨文化閱讀，並思索台灣的答案

　　《性的解析》是美國大學校園的性教育教科書，主要的學術研究依據也是以西歐北美社會為主，

然而其內容與提問仍有重要參考價值，各章中的問題意識與提問，可以刺激讀者自行思辯與比較。只是想要特別提醒讀者，秉持「跨文化」閱讀的意識，在閱讀過程中，可以提出批判性的問題，但千萬不要停留在「國情不同」這種表面的答案上，而應該進一步仔細檢視思索，究竟是在什麼樣的政治經濟文化社會條件中，讓我們可能對於相同的行為有了不同的詮釋，或有著類似的回應。在表面上看來單一的文化中，其實也有可能有「跨文化」的差異，例如同為台灣人，也有異性戀、同性戀、雙性戀等族群之性行為文化差異，或者都會型與鄉鎮型社會對於性的態度可能也會有不同。剛從家鄉來台北讀書的大學生經常在課堂上表達這樣的態度差異轉變所帶來的衝擊。面對差異，可以看見權力運作的軌跡，也給了我們解構這些權力作用的機會，唯有從中解放出來，才能享有性的幸福。

在台灣社會時時可見與「性」相關的社會新聞引發人們熱烈討論，也許人們腦中並無對應的理解與詮釋框架，更遑論將不同的案例連結起來，思索其中的性權力政治。例如「台灣一名婦人被判將近三百年通姦罪」登上國際新聞，「撿屍魔人最終判刑二十年」、「台灣成為亞洲第一個通過同性婚姻國家」、「罰娼不罰嫖被宣告違憲修法後，由於各縣市未設專區造成全國皆罰」等等與性相關議題，不但國人討論激烈，國際新聞報導或國際學術研討會學者也經常提出問題。

從以上的新聞事件讓我們看到，法律如何評價社會上各式各樣的性，而這些評價是否合理？對於兩名成年人合意所發生的性行為，違背婚姻誓言的男人全身而退，「破壞他人家庭」的女性卻被判近三百年的罪？違反多人意願、侵犯多人次的性自主權的被告卻僅判刑二十年？什麼樣的社會、文化、政治、經濟條件讓台灣可能成為亞洲第一個接受同性婚姻的國家？無被害者之賣淫行為為何有「罰娼不罰嫖」的不對等法律結果？法律規範與實務究竟如何複製了人們對於男女之性的雙重標準，而造成此現象？在大法官宣告「罰娼不罰嫖」違憲後，卻又因各縣市政府無意願設立專區，而造成全國娼嫖都罰？整體而言，法律對於「性」的管制與規範為何？性是指性慾望？性行為？性傾向？或性認同？更進一步追問：法律又如何透過規範形塑、建構了性、性別、性傾向與性別認同？台灣人民是否確實享有性自由？性自由與性權之平等實踐是否為公民權之一部分？這些問題，《性的解析》提供了美國社會的答案，我很好奇，台灣會如何回應這些問題？邀請讀者一起來思索屬於台灣的答案。

【導讀】

性的解析，就是人生的學習

莊淑靜（台灣性別平等教育協會理事長）

　　「性」，拆解文字，是「心」與「生」，解析其義，就是人的生命。在人的一生當中，與「性」緊密相連。性的解析，也是解析人生。

　　「性」既然對人生有著不可分割的關係，自應好好探究與學習。台灣在二〇〇四年通過《性別平等教育法》，規定各級學校應該進行性別平等相關課程。本書雖然翻譯自英文，卻極為符合台灣《性別平等教育法》的精神與課程內容。尤其目前正值九年國民教育與十二年國民教育的轉換階段，許多學校與教師對於新的學科與議題融入感到困惑與無所適從之時，《性的解析——美國大學性教育講義》此一系列書籍的出版恰好成為教師們備課時的極佳指引。閱讀此書的過程中，我也不斷看到書中描述的美國社會、校園相關性別議題，有些議題的發展竟與台灣如此相似；他國已經歷的歷程，正好可以提供身處相似處境的我們更多參考，我也將台灣目前性別平等教育與相關法令、議題的脈絡交織在本篇文章中，盼能讓台灣讀者更適切地閱讀與使用本書。

　　《性的解析》所解析的「性」教育，是聯合國所主張的全面式性教育（comprehensive sexuality education），不只談生理結構（例如第一冊第三、第四章介紹女性與男性性器官、性生理學與性反應），更將性放在社會、文化、教育的脈絡中進行討論（例如第一冊第一章「性的面面觀」、第二章「當性變成學習」、第五章「性別與性別角色」）。研讀本系列第一冊，已經可以全面、概略地掌握台灣《性別平等教育法》的基本精神。

情感教育不可或缺

　　本書是《性的解析——美國大學性教育講義》系列的第二冊，聚焦於親密關係中的愛、性與溝通，也談及了多元性別的處境，我認為非常合乎台灣《性別平等教育法施行細則》所要求的：「……內容應涵蓋情感教育、性教育、同志教育等課程。」近幾年，台灣陸續發生因為感情議題而導致的重大社會案件，政府當局、社會大眾皆意識到情感教育的重要性，但是校園環境與教科書中，談論親密關係的空間與材料的篇幅，遠不及現實的迫切需求。有些家長、教師常以課業成績為理由，阻止年輕人談戀愛，更遑論教導他們怎麼愛，往往到憾事發生，才呼籲情感教育的重要性，但是究竟要教什麼、學什麼，對許多家長與教師來說，還缺乏具體的想像。本書提供了具體的性教育、情感教育常見的議題與學習方向，提供可以與年輕人對話的敲門磚。

第一章「親密關係中的愛與溝通」，從知識面剖析愛的種類、愛情的關係與不同面貌，並聚焦於親密關係中影響甚鉅的溝通技能學習，列舉各種不同的溝通形式，在細數著彼此距離的遠近、視線接觸、碰觸等非語言溝通方式的過程中，就是在進行情感教育。閱讀此章節時不禁感嘆，當我們面臨台灣校園中起因於「錯誤表白方式」而造成的性平事件大增時，往往強調學生不應該以錯誤的方法示愛，但很少有人跟學生談合宜的表達怎麼進行。年輕人感覺到成人們的擔心與恐懼，卻只感受到一味阻止而不是陪伴與引導。

性教育不會「過早」

在鋪墊了充分的溝通能力後，第一章「親密關係中的愛與溝通」進一步討論性方面的溝通並且接續在第二章談性行為，我非常推薦老師與家長們詳細閱讀這部分，因為在台灣的教室中與家庭裡，有把握能談到性方面溝通的教學者不多，其中極大比例都在談「如何拒絕性」、「如何說不」的技巧，而不是如何談論自己對性的看法、期待或是困難，更遑論如何發起性活動、又如何解決衝突？台灣性別平等教育協會曾經出版《青春水漾》影片 DVD，鼓勵教師與學生討論身體探索、性的正向溝通等議題，與此章的內容不謀而合，但是《青春水漾》遭到部分人士質疑該內容可能誘使年輕人提早進行性探索。若從第二章討論「自體性行為」、「個人腳本」的角度思考，即可了解部分人士擔心「提早進行性探索」的謬誤，透過自體性行為進行性的探索，是伴隨著人的出生、成長，不斷發展與進行狀態，何來「過早」之處？

性可以是愉悅的，但也可能成為騷擾與攻擊和暴力，第四章「性要脅：性騷擾、性攻擊與性侵」詳細說明性騷擾、強暴的概念與迷思，例如調情與騷擾之間的差異在於，彼此之間是否擁有平等權力、接近對方的方式是否恰當……以及性別之間的認知差異。由於校園性騷擾事件比例極高，社會職場上的性騷擾、性侵害、性霸凌事件層出不窮，本章所提出的議題尤其值得我們正視。

保障性少數，刻不容緩

第四章特別深入探討針對男同性戀、女同性戀、雙性戀和跨性別者之騷擾與歧視，對於同性戀的歧視已經由來已久，包括十六世紀宗教機構因同性性行為判處死刑；而近年來男同性戀、女同性戀及其他性少數族群，又逐漸成為暴力攻擊的目標，受害者數量逐年增加，為了保障 LGBT 的生活、就業等相關權益，美國也陸續制定了各項反歧視法案，以維護人權。台灣雖然在簽署了《消除對婦女一切形式歧視公約》（*Convention on the Elimination of all Forms of Discrimination Against Women, CEDAW*）後，認同政府應有積極作為以促進 LGBT 族群的權益，但是進展極為緩慢，並且步履蹣跚。

　　關切同性伴侶合法結婚的讀者一定要閱讀第五章談論同性婚姻的篇章，能夠概要地看到美國關於同性婚姻合法化的演進與爭議，有些部分與台灣面臨的狀況殊為相似，例如：「美國關於同性婚姻的爭議仍相當分歧，……部分反對同性婚姻者宣稱自己是『維護家庭價值』，並強調同性伴侶不適用其對家庭的定義，因此不應以『家庭』為名接受相同的法律權利」。此爭議在台灣於二〇一七年大法官釋字第七四八號解釋後引發更大的反彈，反對者在今年試圖以公民投票將婚姻定義為「一男一女」的關係，佐以大量片面的資訊爭取更多反對同性婚姻合法化的支持，不同立場的讀者也可以參見 263 頁的「想一想」單元，了解同性伴侶是否能組成家庭的相關研究，這裡的內容正好提供站在重要歷史關頭的台灣民眾更多參考。

與年輕學子對話的開始

　　《性的解析》此系列書籍採全彩印刷，加上大量圖片、表格解說，使內容更為詳細完整，例如第一冊介紹男女性器官的圖片就有側面圖、正面圖，相當清楚易懂。此外，從目錄可以發現書中每一章都有以藍色字體標示的「就事論事」、「想一想」單元，提供該主題常見的問題、迷思或新興的話題，輔以相關測驗量表或是批判性思考的題目，以深入探討。例如本書第五章討論的「性露骨素材」就討論了關於年輕人觀看色情作品的經驗分析，若家長或教師想和年輕人聊聊和性相關的話題，又不知怎麼開口時，可以直接從書口翻翻藍色頁面的內容，一定能尋找到許多靈感！

　　近年來，網路上流傳著許多質疑性教育的謬誤言論，引發部分家長與大眾的疑慮，覺得學校的性教育教得太露骨、太早；同時又擔心孩子透過手機、電腦從網路接受太多色情的資訊會讓孩子太過好奇而輕易嘗試。這些對於性教育的誤解，或許與身為父母的我們過去所接受的性教育太少有關，其實相關的研究結果都顯示，孩子接受正確的性教育，可以延緩發生初次性行為的年齡、減低非預期懷孕、性感染疾病等相關風險。因此家長們不妨閱讀本書，幫自己補足性教育學分，相信可以大大增加性教育知識與能力，促進家庭中更良善的親子溝通，與學校一起合作，為孩子打造更健康、更安全的性教育學習環境。

【台灣版序】

客觀看待性，放下偏見與刻板印象，接受真實、獨特的自己

「性如同炸藥⋯⋯可以是針對一段關係的評論，但也能成為使人產生分歧的拉桿。」

──約瑟・弗萊徹（Joseph Fletcher, 1905-1991）

　　得知《性的解析──美國大學性教育講義》第一冊在台灣已經出版問世的消息，我們作為這本書的作者，由衷感到榮幸。我們的目標是讓這本書對所有人都有意義，並反映出性的多元本質與個體性。我們希望這本書能為性在人生中的意義與作用提供新的見解，並有助於各位發展健康的性。有時人在閱讀關於性的內容時會感到不自在，那是因為對性行為進行公開、坦率的討論，往往屬於禁忌。然而，大多數人都想了解人類的性。我們對於台灣讀者勇於追求更多知識與更高程度的了解，由衷感到欽佩。即使可能發現書中某些討論內容不易吸收，我們也希望各位能秉持開放心胸，接受新的觀點，並保持求知慾。正如作家威廉・亞瑟・沃德（William Arthur Ward）的這句洞見之言：「學習如蠟燭，好奇心則為燭芯。」

　　我們在第一冊中討論了對於性的研究。簡而言之，我們認為思考人類的性需要客觀，這是研究人類的性的基礎。客觀的意義在於對事物存在本質的觀察，這與感覺、信仰形成鮮明對比。對於性的研究要保持客觀可能並不容易，因為性經常接受道德觀念的檢視，例如對與錯、道德與不道德、正常與不正常等。對性保持客觀態度，能提升理解的程度，並且放下價值判斷，認識到意見、偏見、刻板印象、自我與我族中心的立場等，如何導致錯誤的結論。身為作者的我們，希望各位能檢視自己對性的看法的形成原因，並在必要時挑戰自己，成為對人類的性能保持客觀態度的人。如同米歇爾・德・蒙田（Michel de Montaigne）曾說：「所有的普世價值判斷，都是薄弱、鬆散、危險的。」

　　性是生而為人不可或缺的一部分。人類的性有幾個層面，包括生物、心理、道德、文化等──在本書中皆有探討。文化對於性的意義有深遠的影響：文化層面的性，是透過家庭、社會組織、宗教、社群媒體、學校來形塑的。從這個角度來看，文化通常定義了性的意義，以及我們在性方面應有的思考、行為方式。事實上，著名性治療師、作家馬蒂・克萊因（Marty Klein）曾挑釁地說：「性不具固有意義。」[1] 他主張個人可以為自己的性經歷賦予意義，除非我們賦予，否則性就毫無意義。人如果相信性具備固有意義，便會希望體驗到符合該意義的性；如果未能體驗到，人便會感到失望，並且開始自責。克萊因聲稱，性應該為人服務，而非由人來服務性；此一觀點使我們得以體驗一系列的性意義與感受。

　　許多文化在性方面，都透露出矛盾或大致為負面、限制的觀點，甚少承認、肯定性表達在根本上的快樂與愉悅，以及個人性吸引、性認同的獨特性與變化性。這通常會導致個人夾在自身的性感

受、性吸引，以及文化傳達出的觀點之間，困惑不已。我們的目標是希望幫助讀者，在互相分享、程度提升、非剝削的表達脈絡之中，調整個人自己對性與性認同賦予的意義。換言之，個人將能擁有自己的性。為了做到這一點，人需要將自身對於性的信念，與他人教導的性觀念區分開來。如此一來，人才能更加接受並欣賞他／她自己的身體，對於性能夠感受到充滿喜悅的憧憬，並能體會「食色，性也」實屬自然。一如神學家特士良（Tertullian）有云：「自然之事應當受人尊崇，而非使人臉紅。」

威廉‧亞伯

芭芭拉‧薩雅德

註 釋

1.　　　Klein, M. (2012). *Sexual Intelligence: What We Really Want From Sex—and How to Get It*. New York: Harper One.

目次

75   第二章   **性 表 達**

133　第三章　性行為的變異

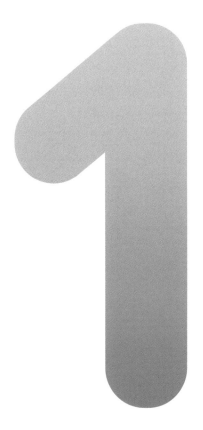

親密關係中
的愛與溝通

Love and Communication in
Intimate Relationships

本章重點
————

————

學
生
們
怎
麼
說

我母親既是瘋狂的毒蟲，也是溫暖的慈母，因此我從小就對女性有非常兩極的看法，我可能瘋狂愛著她們，同時卻又恨她們入骨。這影響了所有我和女性的交往關係，今天我可能真的很愛她們，也能感受到與她們心靈相通，但改天我又會和她們非常疏離，連自己有沒有在關係裡都不曉得。

────二十歲，男性

我沒有辦法相信女人，所以很難和女朋友關係親密。多數情況下，我第一個反應都是懷疑她別有居心。跟別人親近對我而言是件很困難的事，因為我最信任的人都背叛了我。有時候我會覺得自己很孤單，因為我不知道該如何和別人相處。

────二十三歲，男性

我的祖父是一位印度斯坦神職人員，他告訴我很多關於愛情的事，不是用說教的方式，而是講《薄伽梵歌》上的故事給我聽，這部偉大的史詩相當於印度的《聖經》。和他相處的時光讓我了解到要尊重性愛，儘管他從未刻意明說。他形容婚姻是兩個人之間愛的連結，共享彼此的心靈、身體和靈魂，不能有其他人介入。《慾經》和《羅摩衍那》裡的故事聽起來多麼美妙。因為祖父的影響，我希望自己能盡量等到靈魂伴侶出現再發生性行為。

────十九歲，女性

在我念高中和大學的時候，我跟父親的關係有了改善……我和父親同住的那段時間，我發現他無法表達自己的情感，也不擅處理與他人的親密關係。幸好，我發現這沒有影響到我或我和別人的關係。

────二十歲，男性

愛是意義最為深遠的人類情感之一，在不同文化中以各種形式展現。在我們的文化裡，愛讓我們以伴侶、父母、孩子、朋友等關係聯繫在一起。不論性傾向，且跨越所有族群的界線，愛幾乎在每個人的親密關係中都是強大的力量。我們經常依據愛來做出重要的人生決定，例如是否要生養小孩。我們為愛犧牲，甚至可以為了所愛之人放棄自己的生命，有時還會為愛糾結。美國流行文化中的音樂、電影、出版物、網路和電視節目，無不歌頌著愛情。人們會將浪漫的愛情與婚姻畫上等號，且經常透過對愛情的看法，衡量自己的伴侶關係。

愛是一種感覺，也是一種活動。我們可能對某人有愛的感覺，並做出示愛的舉動；但我們也可能對自己所愛的人動怒，或感到挫折、厭煩和淡漠。這就是愛的矛盾之處，它涵蓋了正反兩面，一段愛情關係會包含情愫與憤怒、刺激與枯燥、穩定與變動、羈絆與自由等等。愛的矛盾性質令某些人不禁想問：如果在戀愛當中感受到「不完美」，或關係進展不順利，這樣真的是愛情嗎？然而，愛給我們的並不是完美，愛給我們的是意義。事實上，社會學家艾拉・瑞斯（Ira Reiss）認為，更重要的問題不在於是否感受到愛，而是「我感受到的愛是否能讓我建立長久的關係或婚姻？」[1]

愛不能讓世界轉動，但是愛會讓人生旅途更有價值。

富蘭克林・瓊斯（Franklin P. Jones, 1853-1935）

一段關係剛開始時，當事人往往無法分辨感受到的只是一時迷戀，還是愛情的開端。

溝通能串起性與親密感的連結。溝通的品質影響關係的品質，關係的品質則會影響性愛的品質。良好的關係往往會帶來優質的性愛；關係不良，性生活通常也差強人意。事實上，性經常是關係品質的變化指標。關於性的溝通，對於發展和維持讓人滿足的性與關係至關重要。對性的溝通感到滿意的人，也會傾向於對整體關係感到滿意。一個人陷入愛河時不一定能展現出有效的溝通技巧，但可以經由練習學到如何溝通。

我們多數時候不會關心自己的溝通能力，只有出現問題時才會有意識

地思考。接著我們就會發現自己在溝通上的限制，但更常感受到的是別人的侷限：「你／妳就是聽不懂，不是嗎？」或是「你／妳根本沒在聽我說話。」正如我們所知，溝通失敗的象徵就是感到沮喪、挫折。

本章我們將檢視性、愛與溝通之間的關聯，且著眼於「愛的本質」這個永遠讓人困惑的問題。接著，我們將探討承諾關係之外的性，並檢視社會科學家研究愛的方式，以獲得新的洞見。然後我們會討論愛的黑暗面——嫉妒，以了解愛的動力。我們將會看到愛情如何由熱情轉變成親密，並提供長期關係發展的基礎。接下來則會探討溝通的特質，以及不同情境對溝通的影響。我們會討論身體接觸等非語言的溝通形式，這在性關係之中尤其重要。還有親密關係中關於性的不同溝通方式，以及如何發展能夠提升關係品質的溝通技巧。最後會介紹親密關係中不同的衝突形式與化解衝突的方法。

友情與愛情

友情與愛情為人類注入生命，將我們聯繫在一起、提供情感上的支持、幫助我們緩衝壓力的影響，以及維持身體和心靈上的安適健康。

友情與愛情有何不同？研究顯示，雖然這兩者有若干相似之處，但因為某些關鍵性的差異，使得愛情關係可以比友情獲得更大的回報，也更具價值。[2] 好友關係與配偶／戀人關係有幾點相似之處：接受、信任與尊重的程度，以及交心、理解、自發性和彼此接納的程度。這兩種關係的滿足與快樂程度也很類似。朋友與戀人的差異在於後者更具魅力，對伴侶的獨占慾也比對朋友強。雖然愛情更可能導致痛苦、衝突和互相抨擊，但愛情的深遠與強烈更勝友情。

友情似乎是穩固的愛情關係之基礎。共同的興趣與價值觀、接受、信任、理解與樂趣，是友誼的根基，也是愛情的根本。如果加入熱情與情感上的親密等面向，則會改變友情的本質，產生新的期待與可能性。

由於男性和女性晚婚的比例迭創新高，且女性已經成為職場上的中堅

> 男人使用語言是為了掩飾真實的感受。
>
> 伏爾泰（Voltaire, 1694-1778）

> 一位好友真可謂生命的偉大傑作。
>
> 拉爾夫・沃爾多・愛默生（Ralph Waldo Emerson, 1803-1882）

力量，親密的友情更有可能在我們的生活中成為關係的重要因素。事實上，好友的支持比起緊密的家庭關係，更能決定婚姻是否會長久。[3] 關於自己能接受伴侶在友情關係上的哪些行為，以及和朋友間的情感親密到何種程度，需要彼此溝通並尋求對方的理解。界線必須明確，伴侶之間的想法應該要一致。許多夫妻和情侶不只願意、更渴望交朋友，如同其他伴侶關係中的重要議題，要在愛情與友情之間成功保持平衡，同樣需要雙方有溝通疑慮的能力和成熟度，且有意願去理解婚姻滿意度會如何受到愛情和友情混淆的影響。

愛與性

　　愛與性有著盤根錯節的關係。雖然性一度只能被接受在婚姻的脈絡下發生，但在今日對許多人而言，愛情卻能正當化婚姻外的性生活。隨著「炮友」（friends with benefits）等性表達的標準出現，我們開始以個人主義而非社會規範去合理化與其他人的性行為，以個人標準而非約定俗成的看法去衡量性。這種強調個人責任的轉變，使得愛情在性關係中更為重要。

　　我們甚至能從日常生活用語發現這種愛與性的關聯。想想看我們用來描述性互動的字眼，當我們說自己和某個人「相愛」、「是戀人」、「很親密」，我們通常指的是性方面的關係，而這樣的關係也隱含了喜歡或愛情的弦外之音。但這種潛在意涵卻不存在於「性交」、「吮陽」、「舔陰」等專業用語，或「幹」、「搞」、「勾搭」等通俗說法中。

　　有充分證據顯示，愛情與社會報酬、親密、承諾、平等等諸多要素的結合，是決定性生活滿意度的重要因素。[4] 然而性活動中最重要的兩項因素，在於關係的親密程度與伴侶交往時間的長短。如果一段關係在情感上極為親密並且能夠長久，那麼即使對性的態度較保守的人也會傾向接受性行為。對關係較不投入（或毫不投入）的人，較不會有性行為。美國一項具全國代表性的調查發現，在六千四百二十一位十八到二十六歲的年輕成人中，彼此高度相愛的伴侶，同時也會有較廣泛的性活動，例如男性和女性都可能進行口交。因此，雙方相愛與各種性活動是長期穩定交往關係的

性只是一時之癢，愛則永遠縈繞心頭。

金斯利・艾米斯（Kingsley Amis, 1922-1995）

兩項主要特徵。研究者認為上述的發現顯示，隨著伴侶之間性生活的時間增長，各種性活動的舒適度也會上升。

在關係中享有對等權力者，比起不平等關係中的人更能沉浸於性生活。身兼研究者與教授的羅伊・鮑邁斯特（Roy Baumeiser）分析全球資料，結果發現對照性別不平等的國家，性別平等的國家的性行為較為頻繁。[5] 鮑邁斯特使用來自三十七個國家的兩組資料，包含一項三十一萬七千人參與的國際線上問卷調查，他指出性別平等排名較高的國家有較多隨意的性行為（casual sex）、平均每人有較多的性伴侶、初次性行為的發生年齡較低，且對婚前性行為的接受／贊同度較高。性別平等前十名的國家包含瑞典、芬蘭與挪威（並列第二）、冰島、丹麥、德國與加拿大紐芬蘭（並列第五至第七）等地。鮑邁斯特表示，身處於明顯性別弱勢地位的國家的女性，往往對性較為保留，因此男性基本上要以資源交換性行為。但反過來卻不會有類似的情形出現。

物理條件與文化背景等環境因素，對性活動的程度都扮演重要角色。從最基本的層面來看，物理環境會影響發生性行為的機會。因為性屬於一種私密的活動，可能會因為父母、朋友、室友或子女在場而妨礙性行為的發生。文化環境也會影響是否從事性行為的決定，父母、同儕或信仰團體的價值觀可能會鼓勵或阻止一個人發生性行為。除此之外，個人隸屬的次文化，如大學、社交俱樂部、單身團體、男同性戀和女同性戀社群等，也對性行為的決定有重大影響。

■ 男人、女人、性、愛情

雖然男性與女性的相似處多於相異處，但對於愛情和性的看法則多少有些差異（見第一冊第六章）。舉例來說，男性比女性更有可能把性和愛情分開。研究一致指出，多數男性認為性與愛能夠輕易分離。[6]

異性戀男性認為在進展中的戀愛關係裡，女性若表現出自信、強悍，甚至帶有侵略性的行為，象徵她們對性的興趣與渴望。男性不會將這種行為視為不恰當或威脅，反而能勾起他們的慾望。這點與異性戀女性的觀感

愛情就像汽車一樣沒什麼問題，唯一的問題在於司機、乘客與道路。

卡夫卡（Franz Kafka, 1883-1924）

幾乎沒有任何活動、任何事業如同愛情一般，開始時充滿著無限的希望與期待，而結束時卻毫不例外地落空。

埃里希・弗洛姆（Erich Fromm, 1900-1980）

對男性與女性而言，與非婚姻性行為有關的最重要因素，包含對彼此的吸引力與感受、進行性行為的意願、預先計畫的程度，以及邂逅前的性喚起程度。

相反，她們較容易將男性展現力量的行為視為權力的象徵，認為這些舉動帶有威脅與危險的意味，而非性喚起。女性認為，當戀愛對象舉手投足間散發出信任與自信時，才比較適合發生性行為，也更能引起性慾。[7]

　　愛情對女人而言，是很重要的，但對男人來說，則是次要的——愛情觀存在性別差異的說法，在文學與流行文化中皆存在已久。這種說法認為所有行為上的性別差異，都來自本能或心理上的差異，因此強化了男性和女性對關係的看法與渴望不同這樣的觀念。然而研究結果已經顯示，不僅人口學因素（例如族群、種族和社會階級）能解釋上述男、女對關係的不同看法與渴望，文化差異的影響更是超越性別差異。[8] 事實上，三個檢驗愛情中性別差異之真實性的研究一致指出，唯一穩定不變的性別差異在於女性更渴望關係上的支持。[9]

　　傳統上，女性會因為她們的性經驗與價值觀，而被貼上「好」或「壞」的標籤。「好」女人守貞、純潔且順服，而「壞」女人有性經驗、獨立又熱情。然而這種觀點可能隨著女性與男性年紀增長而改變，一反性別與年齡的刻板印象，四十至五十九歲的女性表示，情感上的滿意程度與肉體上的性愛行為密切相關；同年齡範圍的男性則表示，肉體的愉悅與關係因素

有了愛，再熟悉的行為也很美麗。

沛爾西·畢希·雪萊（Percy Bysshe Shelley, 1792-1822）

有關。[10] 儘管性別規範不斷地改變，但社會大眾對於有性生活和性經驗的女性仍抱持矛盾的態度。

研究者認為，異性戀男性與同性戀男性在隨意性行為的接受程度上相去不遠。如果女性同樣有興趣，那麼異性戀男性從事隨意性行為的可能性就會與同性戀男性相當。然而，女性並非同樣對隨意性行為感興趣，因此異性戀男性擁有的合意性伴侶數量並不如同性戀男性多。[11]

男同性戀尤其可能將性與愛分開。雖然男同性戀重視愛情，但許多男同性戀也重視性，認為性才是主要目的。另外，男同性戀較不注重關係中對於性的獨占。許多男同性戀較容易透過協議，達成性方面開放的交往關係。遵守性方面的協議，似乎是他們最重視的一點。

女同性戀從事性行為的頻率比男同性戀和異性戀低。研究顯示，男同性戀的性行為頻率較高，女同性戀的性行為頻率則低於已婚的異性戀伴侶。[12] 對許多女同性戀而言，愛撫、非生殖器官刺激、深情的前戲，是她們較偏好的性與愛的表達方式。

近年來的研究則顯示，同性伴侶之間也愈來愈傾向獨占性。[13] 舉例而言，同性伴侶中的個體發生關係外性行為或外遇的可能性，在二○○○年較一九七五年低。此外，各類型伴侶就關係外性行為的發展進行討論，並同意不能這樣做的可能性，在二○○○年較一九七五年高。愛情對異性戀、男同性戀、女同性戀和雙性戀者同樣重要，然而許多異性戀者仍覺得女同性戀和男同性戀的愛情關係與異性戀相比，較不令人滿意，雙方也較不相愛。[14]

愛情是深切渴望自己被深深想望。

羅伯特・佛洛斯特（Robert Frost, 1874-1963）

對於女同性戀、男同性戀和雙性戀而言，愛情是形成及接納其性傾向的重要元素。公開宣示愛與承諾，是許多伴侶生命中的里程碑。

■　沒有性的愛情：禁慾與無性戀

身處在似乎時常沉迷於性的社會，竟然有人選擇禁慾的生活方式，或許會令人意外。**禁慾**（celibacy）──避免任何性活動，不必然是某種問題或疾病的症狀。值得注意的是，部分研究者可能將禁慾的定義與**無性戀**（asexuality，缺乏傳統概念上的性傾向，在性方面很少或無法受到男性或女性的吸引）混為一談，但這兩者確實不同。這類討論中隱含一種思考，即什麼構成「正常」程度的性慾。「無性戀」一詞意味著一種假設：具有某種程度的性慾才算正常。

多數人認為禁慾是一種避免與伴侶發生性活動的選擇，低性慾則最可能代表無性戀的狀態。事實上，近期研究發現，無性戀與非無性戀者之間，並沒有性別或關係狀態的差異，無性戀者有較高比例至少完成大學學位，且無性戀與非無性戀者的終身性伴侶數相同。[15] 禁慾對某些人來說可能是一種選擇，例如立下宗教誓約，或者非性愛的感情與尊重就足以使關係圓滿。對另一些人而言，禁慾則是生活情境使然，例如沒有伴侶或是被監禁。還有些人對性的興趣非常低，或擔憂人類免疫缺乏病毒的傳播與感染其他性感染疾病。無性戀的情形較不常見，也較鮮為人知，大約占樣本人口數的百分之一。[16] 美國全國健康與社會生活調查（National Health and Social Life Survey）顯示，百分之四的男性和百分之十四的女性很少、或從未考慮過性行為。[17]

選擇禁慾的個體或許能更加體會友誼的本質；且放棄對於性的索求，便有機會在沒有性緊張的情況下學習與他人建立關係。雖然這些特質也可能在性愛關係中發展，但選擇禁慾的人或許會感覺這種生活方式能釋放能量，有利個人成長或發展其他形式的關係。

男／女同性戀伴侶與家庭，和異性戀伴侶與家庭，是否有任何差異？

性傾向對於關係的長久與品質有何影響？有助於維繫異性戀伴侶或家庭的特質，在同性戀關係上是否有所不同？雖然針對承諾及其他各種因素如何影響同性關係與家庭品質的研究並不多，但目前研究者的發現對於所有渴望維持健康、長久關係的人而言都有其意涵。

同性伴侶及家庭面臨的諸多挑戰之一，便是缺乏社會支持。約略高於半數的美國人認為有小孩的同性伴侶能夠組成一個家庭，相較之下，百分之百的美國人都認為異性伴侶和小孩能夠組成家庭。[18] 大約百分之四十的同性未婚家庭中有兒童。

研究並不支持穩定的同性關係屬於異常，或同性戀是心理上不成熟這樣的看法。男同性戀或女同性戀對關係的滿意度也不會比較差。[19] 事實上，同性關係在很多方面似乎與異性關係類似。在一項研究中，雖然兩個群體都表達了對自己關係的正面看法，但身處承諾關係中的人（包含同性戀與異性戀），比身處異性約會關係中的人更能解決衝突。

女同性戀伴侶特別能同心協力，以解決她們的衝突。[20] 伴侶間共有的溝通程度與溝通類型，正是關係成功（或不成功）的重要關鍵。同性伴侶之間明顯較少出現爭吵、專橫與恐懼等情形，較有幽默感，且表現出比異性戀已婚伴侶更深厚的感情。[21] 然而，當男同性戀伴侶彼此展開爭論時，事後較不可能和好。

研究者在比較民事結合的同性伴侶（同居的同性伴侶），以評估穩定性對關係產生的影響時，發現同性伴侶的交往關係變項（如性行為頻率、與雙親的聯繫等），多半也與異性伴侶類似，且關係的合法化狀態，似乎並非同性關係的主要影響因素。[22]

二〇〇二年，美國兒科學會（American Academy of Pediatrics）表示支持同性戀收養，聲明同性伴侶能提供兒童需要的關愛、穩定和情感健康的家庭生活，異性戀者對男／女同性戀家長之教養品質的疑慮，才稍為減低。事實上，在收養子女或繼子女的家庭中，同性伴侶在教育、就業、自有住宅和居住穩定等方面，與已婚的異性戀伴侶並無顯著差異。[23] 同時，男／女同性戀者仍在爭取應有的法律權利和保障。由於同性戀在美國絕大多數的州仍不能合法結婚，[†] 且反同偏見依舊普遍，

† 美國聯邦最高法院已經於二〇一五年六月二十六日判決同性婚姻合法。——編註

因此監護權、訪視權、收養權等問題，對許多正考慮、或試圖為人父母的同性戀而言，仍構成法律困境或障礙。

晚近與目前進行中的研究亦有相同結論：同性伴侶及家庭，與異性戀伴侶及家庭沒有什麼差異。事實上，這兩個群體都渴望關係能夠健全、長久，彼此仍有許多要向對方學習之處。

批 判 性 思 考

01. 何種特質對於和別人維持承諾關係至關重要？你／妳認為性傾向是否會改變這些特質？為什麼？

02. 為什麼社會大眾始終害怕男同性戀或女同性戀成為家長？

03. 同性關係中有小孩或沒有小孩的存在，會如何影響其關係的長短？

我 該 如 何 愛 你 ？ 愛 情 的 類 型 與 態 度

多數人認為在理想的親密關係中，愛與性密切相關。愛情反映了關心等正面因素，能將人們聚集在一起，並在關係中維繫感情。性同時反映了親密和性興奮等情感與生理元素，並能將愛情和其他形式的愛（如親情）區分開來。雖然性與愛相關，但不必然互相連結，若缺少其中一方，另一方仍能存在；換言之，有可能愛一個人但不牽涉性，也有可能發生性關係但沒有愛。

> 只有愛人，才會被愛。所有的愛都是數學上的平衡，如同代數方程式的等號兩端。
>
> ── 拉爾夫·沃爾多·愛默生
> （1803-1882）

■ 愛情的類型

社會學家約翰·李（John Alan Lee）描述了六種基本的愛情類型。[24] 他提醒這些愛情類型反映的是關係的形式，而非個人的風格。當關係變化或個人進入不同的關係之中，愛情的類型就有可能改變。

社會學家約翰‧李提出六種基本愛情類型──情慾之愛、瘋狂之愛、遊戲之愛、友誼之愛、無私之愛、務實之愛。這對伴侶代表哪一種？為什麼？

如果你愛上了誰，就放他走。如果他回來了，他永遠是你的。如果不回來，他永遠也不屬於你。

佚名

愛不會自然消逝，它的逝去是因為我們不懂得如何為其補充能量。

安娜伊絲‧寧（Anaïs Nin, 1903-1977）

情慾之愛（Eros），原意為厄洛斯，是古希臘的愛神，愛與生育女神阿芙蘿黛蒂（Aphrodite）之子（羅馬人稱他為邱比特）。作為一種愛情的形式，情慾之愛屬於外在美至上的愛情類型。情慾之愛者在觸覺、肉體、即刻的刺激中感受到激情與歡愉。他／她們會被美所吸引（雖然美與不美，在於觀者），喜歡身體的線條、感覺與碰觸，著迷於所愛之人的每一寸身體細節。他／她們的愛熾熱地燃燒，而且甚為理想化，但很快便會閃滅和消逝。

瘋狂之愛（Mania），原為英文單字 Madness 的希臘字源，屬於迷戀與占有的愛。瘋狂之愛者，夜晚難以成眠，白日充滿痛苦與焦慮。最細微的愛情跡象能為他／她們帶來短暫的狂喜，但消失得也快。他／她們的滿足感必須時常更新，否則只能持續一段時間。瘋狂之愛是雲霄飛車式的愛情。

遊戲之愛（Ludus），原意為拉丁語的「戲劇」，是遊戲人間的愛情類型。對遊戲之愛者而言，愛情是一場遊戲，只能玩樂，不能深刻投入其中。愛情終究是「荒唐可笑」之事，邂逅是很隨意、自在的，而且通常不會太用心，「沒什麼大不了」是他／她們的座右銘。愛情類型為遊戲之愛的人

喜歡刻意吸引別人的注意，且經常願意冒險。[25]

友誼之愛（Storge），原意為希臘語中的「親情」，為同伴之間的愛。約翰‧李描述這是「沒有狂熱、騷動或迷戀的愛情，是一種平和又讓人欣喜的情感」。友誼之愛通常從朋友開始，逐漸深化成愛情。這種愛情的結束也會逐漸發生，兩人往往會再次成為朋友。

無私之愛（Agape），原意為希臘語中的「兄弟之愛」，指傳統基督徒式的愛，特徵是貞潔、耐心、隨和與無私，他／她們付出但不求回報，這是聖人與烈士的愛。無私之愛比具體、真實的愛情更為抽象和理想，這種愛情比起個人的愛，更容易走向全人類的大愛。

務實之愛（Pragma），源於希臘語的「商業」一詞，是實用型的愛情。務實之愛者在一開始會以很有效率的方式尋找符合他／她們需求的人，也會運用邏輯，尋求背景、教育程度、個性、宗教和興趣都與自己匹配的伴侶。如果遇到符合標準的人，務實之愛者便可能發展出情慾、瘋狂或其他感受。除了上述純粹的愛情類型外，也有這些基本類型的混合型：友誼—情慾型、遊戲—情慾型、友誼—遊戲型等。

約翰‧李認為，要擁有相互滿足的關係，就必須找到屬於相同類型、對愛情有相同定義的伴侶。兩個人的愛情類型愈不同，就愈不可能了解對方的愛情。

既然對性的想法有助於決定戀愛關係中的選擇以及維持一段關係，人們可能可以想像愛情類型與性態度間存在某種程度的一致性。但男性和女性表達愛情風格的方式，是否有性別差異呢？研究顯示，大學生的愛情類型和吸引力標準存在顯著的性別差異。[26] 調查大學生的愛情類型時，研究者發現男性多屬於遊戲之愛型，而選擇情慾之愛的男性較可能未曾有過性經驗，或只和戀愛關係中的伴侶進行性活動。[27]

■ 愛情三角理論

心理學家、教育家羅伯特‧史登伯格（Robert Sternberg）發展的**愛情**

> 當你向一位漂亮女孩求愛，一小時有如一秒鐘。當你坐在熾熱的煤渣上，一秒鐘猶如一小時。這就是相對論。
>
> 愛因斯坦（Albert Einstein, 1879-1955）

三角理論（triangular theory of love），強調愛情關係的動態性質。[28] 根據其理論，愛情的組成包含三個要素：親密、激情與決定／承諾（見圖 1.1），如同三角形的三點，每個要素在愛情關係的過程中都可能被放大或縮小，影響關係的品質。這些要素亦能以不同的方式組合，形成不同類型的愛情，如浪漫之愛、迷戀、喜歡與空洞之愛等。伴侶雙方可能在同一段關係的不同時期，以不同方式組合愛情三要素。

愛情的組成要素

親密（intimacy）是指當我們愛上某個人時出現的溫暖、親近與連結等感受。史登伯格與蘇珊・葛瑞耶可（Susan Grajek）認為親密有十種特徵：[29]

- 渴望增進伴侶的幸福
- 與伴侶在一起時感到幸福
- 高度重視伴侶
- 當需要時能依靠伴侶
- 了解伴侶

圖 1.1　史登伯格的愛情三角理論

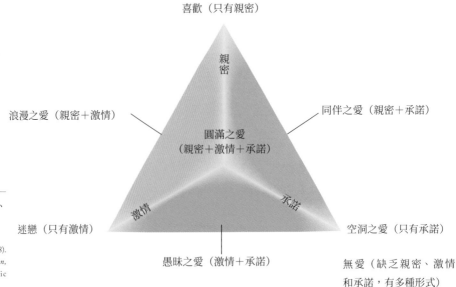

愛情三元素分別是親密、激情與決定／承諾。

資料來源：Sternberg, R. J. (1988). *The triangle of love: Intimacy, passion, commitment*. New York: Basic Books, 1988.

- 與伴侶分享自我與自己的所有物
- 從伴侶身上獲得情感支持
- 提供伴侶情感支持
- 能與伴侶討論私密的事
- 重視伴侶在自己人生中的存在價值

激情（passion）是指關係中的浪漫、吸引力和性等元素。渴望提升自尊、尋求或達成性活動、歸屬、支配或服從都會燃起這些激情的元素。

決定／承諾（decision/commitment）則由兩個獨立的部分組成——短期與長期層面。短期層面是指個體決定自己是否愛某一個人。我們可能有意識或無意識地做此決定，但通常會發生在決意向對方做出承諾之前。長期層面則是指承諾，這是維繫愛情的元素。但決定愛一個人不代表一定要承諾維持這段愛情。

｜ 愛情的種類

根據史登伯格的理論，親密、激情、決定／承諾這三個愛情要素可以組合成八種基本的愛情類型：

- 喜歡（liking，只有親密）
- 迷戀（infatuation，只有激情）
- 浪漫之愛（romantic love，親密與激情）
- 同伴之愛（companionate love，親密與承諾）
- 愚昧之愛（fatuous love，激情與承諾）
- 圓滿之愛（consummate love，親密、激情與承諾）
- 空洞之愛（empty love，只有決定／承諾）
- 無愛（nonlove，缺乏親密、激情和承諾）

這些愛情的種類代表我們可能經歷的少數極端狀況。舉例而言，可能沒有多少人經歷過絕對沒有親密、完全純粹的迷戀；空洞之愛也不算真的愛情。儘管如此，這些類別對於檢視愛情的本質仍有幫助。

不懂得無條件接受與給予的愛情，就不是愛情，而是對損益永遠錙銖必較的交易。

艾瑪・高德曼（Emma Goldman, 1869-1940）

別用愛情威脅我，寶貝。

比莉・哈樂黛（Billie Holiday, 1915-1959）

喜歡：只有親密　喜歡代表只具備親密要素，是形成親密友誼的基礎，但缺乏激情與承諾。因此，喜歡通常是一種持久的愛。男朋友和女朋友可能變動來去，但好朋友會一直都在。

迷戀：只有激情　迷戀是「一見鍾情」的愛。這是一種會將對象理想化的愛情，陷入迷戀的人很少把對方視為像正常人一樣有缺點的「真實」人物。迷戀的特徵是突如其來的激情，以及高度的生理與情緒喚起。這種愛往往既偏執又強烈，沒有多餘的時間、精力或慾望能投注在所愛之人（或對他／她的思念）以外的人、事、物上。會令深陷迷戀的人感到沮喪的，在於迷戀通常並不對等，激情（或癡迷）很少獲得同等的回報。關係中不對等的程度愈大，痛苦就愈大。

浪漫之愛：親密與激情　浪漫之愛結合了親密與激情。這種愛與喜歡類似，差別在於浪漫之愛多了身體或情感的吸引力而更加強烈。浪漫之愛可能開始於兩種要素的立即結合，使友誼加溫成激情，或使激情同樣發展出親密。雖然承諾不是浪漫之愛的基本要素，但也可能在這樣的關係中發展出來。

同伴之愛：親密與承諾　同伴之愛對於形成忠誠的友誼至關重要。這種愛往往由浪漫之愛開始，但隨著激情消逝、親密程度上升，而轉變成同伴之愛。有些情侶對這樣的愛感到滿足，有些則否。不滿足於同伴之愛的人，可能會尋找關係外的伴侶，以維持生活中的激情。也有些人可能會結束原本的關係，另尋能永保浪漫的新戀情。

愚昧之愛：激情與承諾　愚昧或虛假之愛，是旋風般的愛情，兩人相遇的那天旋即開始，並且迅速進展到同居或訂婚，然後結婚。這種愛發展得太快，雙方幾乎不知道發生了什麼事。這樣的關係在延續下去之前，通常沒有發生過太多事情。史登伯格與麥可‧巴恩斯（Michael L. Barnes）指出：「這種愛之所以愚昧，是因為將承諾建立在激情上，缺乏了親密的穩定要素。而親密需要時間來發展。」[30] 激情很快就消退，關係之中只剩下承諾，但承諾相對只有較少的時間能夠深化，持續的關係無法建立在如此

> 我們從未像戀愛時那樣對痛苦毫不設防。
>
> 佛洛伊德（Sigmund Freud, 1856-1939）

薄弱的基礎上。沒有激情和親密，承諾也就消失了。

圓滿之愛：親密、激情與承諾　當親密、激情、承諾結合在一起，形成獨特的組成樣貌時，便為圓滿之愛。這是我們夢寐以求的愛情類型，但別期望它會出現在每個人的愛情關係中。有許多人可以實現圓滿之愛，但久而久之便難以維持。我們必須持續滋養各個不同的組成要素，因為每個要素都會受到時間壓力的影響。

空洞之愛：決定／承諾　這種愛缺乏親密與激情。在空洞之愛中，兩個人湊在一起只是為了表面形式或孩子等原因。

無愛：缺乏親密、激情與承諾　無愛有很多種形式，例如為了經濟因素、害怕，或滿足神經質的需求而依附對方。

┃　愛的幾何學

愛情三角的形狀取決於愛情的強度與各部分之間的平衡。強烈的愛情關係會使三角形面積擴大，也占據更多的人生。正如愛情關係可能平衡或不平衡，愛情三角形也是，三要素的平衡與否會決定三角形的形狀（見圖1.2），當關係中的親密、激情和承諾是相等的，會形成正三角形，但如果不相等，則形成不等邊三角形。愛情三角形的大小和形狀提供了良好的圖像化概念，說明一個人對別人有何種感覺。交往關係中的兩人，若三角形的形狀大小愈契合，代表雙方愈有可能在關係中感到滿足。

■　愛情與依附關係

人類都渴望與他人緊密相連，然而與此同時，許多人也害怕束縛。這些矛盾的衝動與情緒是怎麼來的？它們能被解決嗎？

依附理論是研究愛情最重要的方法，有助於了解成人的關係如何發展、可能發生什麼問題，以及發生問題時能做什麼處理。這個理論將愛情視為一種**依附**（attachment）形式，一種緊密、持續的情感連結，其根源來自於嬰兒期。[31] 研究指出，戀愛和嬰兒與照顧者之間的依附關係有類似的情感動力。

圖 1.2　愛的幾何學

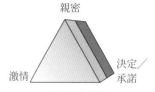

完美適配的關係

接近適配的關係

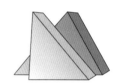

中度不適配關係

重度不適配關係

 自己　　別人

根據愛情三角理論，每個人三角形的形狀與大小，說明了自己與對方的契合程度。

資料來源：Sternberg, R. J. (1988). *The triangle of love: Intimacy, passion, commitment*. New York: Basic Books, 1988, p. 79.

｜ 嬰兒與照顧者間的依附關係

- 依附連結的形成和品質，取決於依附對象（attachment object）的回應和敏感度。
- 依附對象在場時，嬰兒較為快樂。
- 嬰兒會與依附對象共享玩具、發現與物品等。
- 嬰兒會發出咕咕聲，以嬰兒語言說話，且會「歌唱」。
- 嬰兒會與依附對象形成共感。

｜ 愛情關係

- 愛情的感覺與戀人表現出的興趣與互動有關。
- 戀人出現時，人們會感到較為快樂。
- 戀人間會分享彼此的經驗和物品，並贈送禮物。
- 戀人間會輕聲細語、歌唱，並如幼兒般說話。
- 戀人間會形成共感。

依附理論指出，父母與嬰兒的依偎和擁抱，與成年戀人間的行為相似。

依附理論（attachment theory）的意涵相當深遠。依附關係影響我們如何處理訊息、與他人互動以及看待世界。基本上，它影響著我們愛人以及認為自己被愛的能力。[32]

愛的核心要素對兒童與成人而言似乎相同，都需要在情緒上感到安全與保障。舉例而言，當伴侶對需求做出回應時，成人便會認為世界是安全的，這點我們與兒童沒有太大的差別。

依附理論最基本的概念在於，要成為健全的成年人，我們必須接受自己也像孩童一樣脆弱。在一段安全、親密的成人關係中，分享真誠的情緒並非自貶或輕視，也不是病態的表現。能展現脆弱一面，並敞開心胸，接受他人的給予，才能使我們更可愛、更有人性。

根據瑪麗・安斯渥斯（Mary Ainsworth）與其同事所做的觀察，[33] 菲利浦・薛佛（Phlilip Shaver）及其同事假設兒童期所發展的依附關係類型（安全型、焦慮／矛盾型、迴避型）會持續至成人期，其調查顯示成人關係中也出現類似的依附類型。[34]

安全型依附的成年人可能
更容易與別人親近。

　　安全型依附（secure attachment）的成人相對較容易與別人親近，且對
於依靠人與讓人依靠都感到自在，不會經常擔心遭到拋棄、或其他人太過
靠近。相較於焦慮／矛盾型依附與迴避型依附的成人，安全型依附者更容
易覺得別人會喜歡自己，相信一般人都懷有善意且心地善良。這類成人通
常會在愛情中體驗到快樂、友善與信任，且能接納並支持伴侶，關係平均
能持續十年。研究中約有百分之五十六的成人屬於安全型依附。

　　焦慮／矛盾型依附（anxious/ambivalent attachment）的成人認為別人
並非如自己渴望的那樣靠近，時常擔心伴侶並非真的愛自己，或擔心伴侶
將要離開；也會希望能完全跟別人融為一體，但這樣做有時會讓人卻步。
焦慮／矛盾型依附者比其他人更容易陷入愛河，但在愛情中往往會相當執
著，其他特徵包括：渴望與對方合而為一、極易以性去吸引他人、嫉妒等，
關係平均約維持五年。大約百分之十九至二十的成人被歸類為焦慮／矛盾
型依附。

　　迴避型依附（avoidant attachment）的成人在和別人接近時會感到不自
在，對於依賴別人抱持著不信任與害怕的態度。比起其他人，迴避型依附

愛情的科學[35]

綜觀歷史，有許多詩歌、故事、戲劇和繪畫，皆試圖闡釋愛情。每個領域對於激情如何攫住我們，又如何同樣快速地離開我們，都提供了一些見解。近年來，科學透過檢視負責酬賞和愉悅的相關腦區，以及相關化學組成的詳情，來探索愛情所涵蓋的複雜性。

愛情的科學故事，始於大腦主管酬賞與愉悅的區域——腹側被蓋區（ventral tegmental area，中腦裡富含多巴胺與血清素的區域）及尾核（caudate nucleus，位於大腦深處，與控制不自主運動有關）。羅格斯大學教授、人類學家海倫·費雪（Helen Fisher），利用磁振造影掃描儀器來研究愛情的生化途徑。費雪發現愛情會使尾核發亮，尾核布滿多巴胺的受器，這種神經傳導素為大腦中的化學物質，能激發對吸引力的感受，並使得激情隨之產生。吸食古柯鹼時也會產生相同的化學物質。多巴胺在腦中大量湧出時，尾核會發出訊號以獲得更多的多巴胺。紐約阿爾伯特愛因斯坦醫學院（Albert Einstein College of Medicine）神經學家露西·布朗（Lucy Brown）博士表示：「得到的多巴胺愈多，情緒就會愈高漲。」只要多巴胺的濃度適當，就能產生強烈的能量使注意力集中，產生興奮感與渴望。這就是為什麼剛墜入愛河的人可以對生活充滿熱情、不需睡眠、感到勇氣與活力，且願意承擔風險。

親吻等單純的行為，能觸發並傳遞睪固酮等大量化學物質，以及傳遞觸覺、性興奮、親近感與欣快感的神經訊息。[36] 由於嘴唇布滿感覺神經元，當我們接吻時，嘴唇以及舌頭、嘴部的神經元便會發送訊息至大腦與身體，加劇情緒與生理反應。接吻也會釋放出調控壓力、動機、社會連結與性刺激的混合化學物質。

有趣的是，男性和女性在熱戀中的大腦運作似乎並不相同，男性大腦中整合視覺刺激的區域會出現較多活動，女性大腦則以主管記憶的區域較為活躍。女性的大腦活動不同於男性，但這可能是因為女性認真研究男性時，能記住關於對方行為方面的事情，以斷定他是否能成為可靠的伴侶和父親。雖然男性與女性受到刺激時的大腦運作方式互異，但在性高潮時僅有些許差別。[37]

性高潮除了產生強烈、短暫的愉悅感之外，還會因為催產素（oxytocin）的釋放，出現一股溫暖、高潮後的餘韻，催產素一般被認為是形成性配對連結的關鍵。研究亦發現，催產素在信任感、母嬰關係與情緒狀態的知覺上也扮演重要角色。

雖然許多人都猜想，「欺騙感情」者與較忠誠者的腦部化學作用可能會有很大的差異，不過只有一些初步發現支持此論點。[38] 儘管學界對於哪些因素能提升（或破壞）人類長期依附關係有極大的興趣，但在徹底了解性高潮對於人類情感連結所扮演的角色之前，仍有許多研究尚待完成。

科學家從歷史和全球的角度研究浪漫與激情，現已認為浪漫屬於普世存在的特質，自史前時代以來就在我們的大腦中根深柢固。研究也觀察到，所有社會中的激情通常都會隨著時間而消逝。由生理學的角度來看，這樣的現象有其道理：浪漫愛情時的多巴胺氾濫狀態，會逐漸適應、轉變為一種相對較平靜的狀態，這可以解釋為催產素的出現，此荷爾蒙能提升交流與連結的感覺。

研究者由戀人的大腦發現浪漫愛情並非真正的情感，而是一種由大腦深處發動的驅力。這有助於解釋我們為何會為愛瘋狂。

批 判 性 思 考

01. 對於「戀愛中的大腦」的科學研究，其重要性為何？這些資訊對你／妳或別人有何影響？

02. 關於大腦對愛情做出反應時的各種化學變化，你／妳認為準確度有多高？你／妳曾體驗過這些變化嗎？

03. 據你／妳觀察，男生和女生對愛情的反應有何性別差異？

者更傾向認為愛情很少能長久，但有時可以像剛開始那樣強烈。迴避型依附者的伴侶比他／她們更渴望親密，但這類戀人害怕親密，且會經歷情緒起伏與嫉妒。關係平均持續六年。研究中大約有百分之二十三至二十五的成人屬於迴避型依附。

在成人階段，自嬰幼兒期發展的依附類型會與性慾和關愛行為結合，促使愛情產生。然而還有一點必須留意，即個人的過去不必然能決定他／她未來的關係歷程。[39]

■ 單戀

我們都從痛苦的經歷中了解到，愛情並非總是能得到回應。當人們感受到被拒絕或忽視，便可能遭受相當大的痛苦，即使只是想像出來的關係。**單戀**（unrequited love）——得不到回應的愛情，對於求愛的人與提出拒絕的人而言都是種折磨。求愛的人面對失敗的關係時，可能同時出現正面情緒與強烈負面情緒。然而，拒絕者面對此經驗往往會一致出現負面情緒。求愛的人則不同，會認為彼此產生了吸引力，自己便是受此引導，而對方從未明確傳達拒絕的訊息。反觀拒絕者則會認為自己沒有引導對方，且會因為傷害對方而感到內疚。儘管如此，仍有許多拒絕者會認為堅持不懈的對方侵擾到自己的生活，相當令人厭煩，希望對方能理解暗示並離開。拒絕者認為求愛者自欺欺人且不可理喻，求愛者則認為拒絕自己的人喜怒無常又神秘。

嫉妒

許多人認為嫉妒的出現證明了愛情的存在。我們可能會試著與別人調情，企圖讓對方嫉妒，以測試他或她對自己的興趣或感情，如果約會對象或伴侶感到嫉妒，這就會被視為愛的跡象。然而挑起嫉妒只是證明對方的嫉妒心可以被引發，把嫉妒當成愛情的試金石其實是危險之舉，因為嫉妒與愛情不必然相伴而生。用嫉妒來衡量缺乏安全感或不成熟的程度，或許會比用來衡量愛情更為準確。[40]

了解嫉妒很重要，理由如以下幾點。第一，嫉妒是伴隨著憤怒、傷害和失落的痛苦情緒。如果能夠理解嫉妒，尤其是不理性的嫉妒，我們便能消除其導致的部分痛苦。第二，嫉妒能鞏固、也能摧毀一段關係。藉由確保獨占性，嫉妒能幫助維持關係；但若是持續要求與企圖控制，這種不理性或極端的嫉妒會讓關係走向毀滅。我們需要了解嫉妒何時運作、何時不運作，以及如何運作。第三，嫉妒往往與婚姻及約會關係中的暴力有關。[41]此外，婚姻暴力和強暴通常由嫉妒引起。嫉妒的攻擊並非針對競爭者，而是針對伴侶。

■　定義嫉妒

嫉妒（jealousy）是一種厭惡反應，因伴侶與真實、想像，或可能的第三者有所牽扯而產生。嫉妒設下關係中可被接受的行為界線，一旦越界，便難免引發嫉妒。雖然任何愛情關係中皆可預期會有一定程度的嫉妒，但重要的是，伴侶必須開放地溝通彼此的恐懼和界線。嫉妒具有雙面特性，它不必然代表伴侶間出現問題，也不一定會威脅到交往關係。

|　心理層面

大多數人都知道，嫉妒是一種不愉快的情緒，這是混雜了受傷、憤怒、抑鬱、恐懼與懷疑的極度痛苦。當我們嫉妒時，伴侶可能會覺得我們較沒有吸引力、也較難讓人忍受。不過嫉妒也可能因此增加個人對伴侶的關注，而促進關係並迸發激情。德州大學奧斯汀分校的心理學教授大衛·巴斯（David Buss）認為對伴侶而言，完全不嫉妒比起嫉妒更能代表愛情出現凶兆，因為這表示情感已破產。[42] 雖然男性和女性都有可能故意引起對方嫉妒，作為衡量伴侶承諾效力的工具，但兩性利用嫉妒的比例似乎並不相等。巴斯發現，百分之三十一的女性與百分之十七的男性會故意在關係中引起嫉妒。

關於嫉妒出現的情境脈絡與表達嫉妒的方式已被證實有性別差異，例如當伴侶在性方面出現不忠時，男性會比女性更為不滿，而伴侶如果在感情上不專一，女性會比男性更加氣憤。[43] 這樣的結果與許多文化的發現一致。[44] 性別差異可部分以演化模式來解釋，該模式認為由於男性無法百分之百肯定自己確實是關係中任何後代的父親，因此較容易對非獨占的性感到不滿。相較之下，女性則更容易因非獨占的感情而感到不安，這可能反映出男性對關係的長期結果與任何後代都缺乏忠誠。

比較同居伴侶和非同居伴侶，結果顯示當嫉妒引發衝突時，這兩組的情感與生理滿足程度皆不會降低。反觀婚姻關係中的嫉妒反應則最為強烈，其程度超過同居或非同居伴侶。[45] 我們的親密伴侶是如此與眾不同，於是我們產生了期待；與他或她在一起時，我們最能放心與坦誠，最能表現出

嫉妒並非衡量愛情深度的指標，它只記錄了戀人的不安全感有多深。

瑪格麗特·米德（Margaret Mead, 1901-1978）

愛情好比手中的水銀，張開手掌，它就會停留，把手緊握，它就會飛也似地溜走

桃樂絲·帕克（Dorothy Parker, 1893-1967）

激情之愛量表[46]

　　你／妳正愛著某個人嗎？你／妳曾戀愛過嗎？與其他戀人相比，你／妳的感受有多強烈？研究者認為，幾乎每個人都有能力激烈地愛著。社會心理學家伊萊恩‧哈特菲爾德（Elaine Hatfield）與威廉‧沃爾斯特（William G. Walster）如此描述這種愛情類型——激情之愛（passionate love）：「一種強烈渴望與另一人結合的狀態。相愛（與對方合而為一）和圓滿與狂喜有關，而單戀（分離）則與空虛、焦慮或絕望有關。兩者都包括強烈的生理喚起狀態。」[47] 激情之愛有時被稱為「青春之愛」、「迷戀」或「相思病」，往往包含性方面的慾望。下列的激情之愛量表（Passionate Love Scale，簡稱 PLS）能測量這些情感狀態。

說明

　　以下有十五個句子，針對每一句話，由 1（完全不正確）至 9（完全正確）選出一個數字，該數字最能準確描述你／妳對所愛或愛過之人的感受。在每一行圈出相對應的數字以表示答案。

	完全不正確	中等正確	完全正確
01. 如果她／他離開我，我會深深感到絕望。			1 2 3 4 5 6 7 8 9
02. 有時候我覺得無法控制自己對於她／他的迷戀想法。			1 2 3 4 5 6 7 8 9
03. 當我做了什麼讓她／他開心的事，我會感到高興。			1 2 3 4 5 6 7 8 9
04. 比起任何人，我寧願跟她／他在一起。			1 2 3 4 5 6 7 8 9
05. 如果我認為她／他愛上別人，我會感到嫉妒。			1 2 3 4 5 6 7 8 9
06. 我亟欲知道關於她／他的一切。			1 2 3 4 5 6 7 8 9
07. 我在身體、情感與精神上都渴望她／他。			1 2 3 4 5 6 7 8 9
08. 我對於她／他給的愛情有著無限的慾望。			1 2 3 4 5 6 7 8 9
09. 對我來說，她／他是個完美的情人。			1 2 3 4 5 6 7 8 9
10. 當她／他碰觸我時，我感覺得到身體有所反應。			1 2 3 4 5 6 7 8 9

11. 她／他似乎總是在我心頭。 ——————————————— 1 2 3 4 5 6 7 8 9

12. 我希望她／他了解我——我的想法、恐懼和希望。 ——— 1 2 3 4 5 6 7 8 9

13. 我會熱切尋找她／他對我有慾望的跡象。 ———————— 1 2 3 4 5 6 7 8 9

14. 我深深被她／他吸引。 ——————————————————— 1 2 3 4 5 6 7 8 9

15. 當我與她／他的關係進展不順，我會感到極度憂鬱。 — 1 2 3 4 5 6 7 8 9

激情之愛量表的計分方式

極度激情	106 ～ 135	（狂野，不顧後果地戀愛著）
激情	86 ～ 105	（激情，但較不強烈）
一般	66 ～ 85	（偶爾會迸發激情）
冷靜	45 ～ 65	（溫和，不頻繁的激情）
極度冷靜	15 ～ 44	（完全無激情）

批 判 性 思 考

16. 你／妳在此一量表上所得的分數，與其他任何一位曾經熱烈愛過的對象所得的分數相較，兩者有何差異？你／妳認為這個量表的信度如何？

17. 你／妳相信愛情會隨著時間而變化嗎？如果相信，長期關係中能夠維持愛情的激情嗎？如果能，如何保持？

18. 如果你／妳感覺到關係中的激情正在消退，你／妳可能考慮採取什麼做法？

脆弱、關懷和信任，因此一種獨占的感覺便油然而生。與關係之外的人過從甚密會破壞這種獨占的感覺，因為親密（特別是性方面的親密）象徵著獨特性。「不忠」、「欺騙」、「背叛」等字眼，反映了心照不宣的諾言已經破碎的感受。這個未說出口的諾言是一種規範式的期待，即認真的交往關係應該要在性方面排除他人。

研究證實當嫉妒變得過度或病態時，男性比女性有更高的比例會使用肢體暴力、企圖殺害或真的殺害伴侶，且往往以徒手施暴，而非使用物品。反之，女性即使面臨伴侶不忠的威脅，也較少以暴力攻擊伴侶，然而她們有時會為了自衛而使用暴力。[48]

■　管理嫉妒

嫉妒可能因恐懼與幻想而不可理喻，但也可能因現實的威脅或事件而顯得真實。不合理的嫉妒若妨礙個人或交往關係的幸福，就會是個大問題。不理性的猜疑通常很難處理，因為這種感覺會觸碰到我們內心深處最幽微的角落。如前所述，嫉妒往往與個人的不安與內在的匱乏有關。此種嫉妒的根源在我們的心中，而非關係之中。

如果我們能夠處理不安全感的潛在原因，便能有效處理不理性的嫉妒。過度嫉妒的人可能需要相當多的再保證，但是在某些時候，他／她們也必須面對自己的不理性與不安全感，否則他／她們便會在情感上拘禁自己的伴侶。這樣的嫉妒可能會摧毀自己一直拚命守護的關係。

但嫉妒並非總是不可理喻，有時則具有正當理由，例如侵犯到關係的界線。這種情況下，嫉妒的起因不在自己身上，而在關係之中。如果嫉妒有其根據，伴侶或許需要修正或結束與第三者的關係，因為此人的出現是造成嫉妒的開端。修正與第三者的關係能夠降低嫉妒反應，更重要的是，這個做法象徵了伴侶對於主要關係的承諾。如果伴侶不願意這麼做，這段關係可能會因為缺乏承諾、個人需求未獲滿足，或關係中的問題，而陷入危機。這種情況下，嫉妒就有可能成為巨變的肇因。

愛情會在束縛下枯萎，愛的本質是自由。愛與服從、嫉妒、恐懼皆不相容。愛最為純潔、完美、無限，信仰愛的人活得自信、平等、坦率。

沛爾西‧畢希‧雪萊（1792-1822）

當發生多重性關係時，主要關係通常會產生危機。

嫉妒沒有既定的處理原則，每個人都必須根據自己的理解和洞察來解決它。嫉妒和許多人生問題一樣都沒有簡單的解答。

■ 多重戀情

我們的文化有一項基本假設，認為穩定承諾的關係在性方面具有獨占性。每個人在情感和性的親密上，都是另一個人獨有的親密伴侶。**多重戀情**（extradyadic involvement），即與婚姻或約會伴侶之外的人產生性或愛情關係，改變了此一假設。

美國一項具全國代表性的資料顯示，約有百分之十一的人口在過去十二個月內至少有過一段並存或多重的性關係。[49] 另一項研究調查十五至四十四歲的已婚人士，結果發現已婚男性曾有多重戀情的年發生率為百分之七點六，已婚女性則為百分之五點八。[50] 儘管約百分之九十五的同居伴侶與比例更高的已婚人士對於性關係期望能夠獨占，但這些多重戀情的數據仍舊存在。[51] 雖然我們往往認為多重戀情應該單指性方面而言，但實際上，多重戀情可能有數種形式：（1）性方面而非情感方面、（2）性和情感方面皆有，或（3）情感方面而非性方面。

看過他人風流韻事的種種之後，我對自己欠缺類似經驗並不感到後悔。

蕭伯納（George Bernard Shaw, 1856-1950）

當然，天堂禁止某些歡愉，但找得到妥協的方式。

莫里哀（Molière, 1622-1673），《偽君子》（tartuffe）

多重關係的發生率是否有所變化？研究發現，雖然不同婚姻與非婚姻組別的多重戀情發生率都普遍上升，但最顯著的增加是發生在最年長的男性族群（六十五至九十歲），一項研究顯示不忠行為約增加二到三倍，這個情形部分可歸因於威而鋼（Viagra）的問世，及其他勃起功能障礙的治療更容易取得。[52] 此外，最年輕的男性和女性族群（十八至二十五歲，仍處於婚姻初期的伴侶），亦被觀察到不忠行為的比例在十五年中穩定增加。不忠行為在比例上的性別差異似乎也正逐漸拉近，四十歲以下的男性和女性出軌機率相似。

探討人們為何會發生多重戀情的研究仍然相當零散，而且樣本數都很小，因此能推論的範圍有限。儘管如此，研究仍顯示多重戀情與藥物濫用是中、高收入伴侶中較為嚴重的問題。[53] 這意味著性行為可能與社會因素有部分正相關。

｜ 約會與同居關係中的多重戀情

只有一件事會讓我分手，就是她逮到我跟另一個女人在一起。我不容許這種事發生。

史提夫‧馬丁（Steve Martin, 1945-）

同居伴侶與已在穩定承諾關係中的伴侶，通常都期待在性方面具有獨占性。然而，就像有些發誓忠於彼此的已婚男女，這些伴侶並非總能維持性和（或）情感方面的專一。研究發現，同居者更有可能在主要伴侶之外建立其他關係，代表他／她們對於主要關係的投入較少，[54] 或是對性健康有所顧慮。[55] 男同性戀比同居和已婚的男性擁有更多伴侶，女同性戀的伴侶數量則比其他群體都少。

｜ 獨占式婚姻與伴侶關係中的多重戀情

性與情感方面具有獨占性的婚姻和穩定伴侶關係中，強調的是互惠與共享。一般認為多重性關係會破壞婚姻，而不涉及到性的異性關係也可能被認定具有威脅。伴侶感染性感染疾病的可能性也必須考量。

因為獨占性的假設，不論多重戀情是否牽涉到性關係，皆在伴侶不知情或不允許的情況下發生。如果多重性行為被發現，關係通常會出現危機。許多人認為不專一的伴侶違反了基本信任。性生活可以不忠，意味著情感也能出軌。當一個人知道他或她的伴侶另有一段關係，這個伴侶的情感承

諾會受到質疑。他或她該如何證明自己仍然擁有對方的承諾？沒有辦法，承諾是一種假設，永遠無法被證明。此外，多重性關係也可能是對伴侶（正確或錯誤）的暗示：他／她在性方面有所不足或令人感到乏味。

▎ 非獨占式婚姻與伴侶關係中的多重戀情

非獨占式的伴侶關係有以下幾種類型：（1）開放關係，鼓勵與他人產生親密但不牽涉性關係的友誼、（2）開放關係，允許與別人發生性關係，以及（3）群體婚姻／多人家屬關係。**開放式婚姻**（open marriage）中，伴侶間互相達成共識，允許對方與他人有性接觸。其他用來描述這類族群的詞彙包含**性放任者**（swinger）或**多重伴侶者**（polyamorist）。不牽涉性行為的多重戀情與開放式婚姻，皆把已有承諾的關係視為主要關係。只有群體婚姻／多人家屬關係模式中沒有主要關係。群體婚姻可以平等共享伴侶，與多配偶制（polygamy）類似，可以由一男二女、一女二男或兩對伴侶組成。開放式婚姻比群體婚姻更為常見。

> 對一個人忠誠，就是對其他人都殘酷。
>
> 莫扎特（Wolfgang Amadeus Mozart, 1756-1791）

> 不可犯姦淫……除非興致勃勃。
>
> 威廉·克勞德·菲爾茲（W. C. Fields, 1879-1946）

讓愛長久：從激情到親密

激情或浪漫愛情最終可能會轉變或替代為一種更平靜、更長久的愛，否則關係可能會結束，兩人將各自尋找另一個能再次點燃她或他的激情的人。

雖然愛是我們人性中最重要的元素之一，但愛情似乎來來去去。能持續的愛，才是我們所說的**親密之愛**（intimate love）。親密之愛裡，每個人都清楚他或她可以依靠對方；達成其他目標（例如創意、工作、育兒和友誼）所獲得的興奮感，也能從這段關係中獲得。讓愛持久的關鍵似乎不在於維持它的激情，而是將其轉化為親密之愛。親密之愛建構在承諾、關懷與自我揭露的基礎上。

承諾（commitment）是親密之愛的重要元素，它反映了無論日子是苦是甘，都願意維持一段關係或婚姻的決心。承諾是基於意識的選擇，而不是憑感覺，根據感覺所做的承諾，本質上不會長久。承諾包含不管發生

什麼事，皆一同共度未來的許諾。如同積極尋求愛情或婚姻一般，我們也努力尋求著承諾。我們會對某個人或某段關係「做出承諾」。「有承諾」的關係幾乎已經成為愛情的其中一個階段，介於約會與訂婚或同居的階段之間。

關懷（caring）包括把對方的需求視為與自己的同等重要。產生關懷的必備條件，是哲學家馬丁‧布伯（Martin Buber）所說的「我—你」（I-Thou）關係。布伯描述了與人建立關係的兩種基本方式：「我—你」及「我—它」（I-It）。在「我—你」關係中，每個人都被視為「你」，即尊重每個人的生命都是主體的存在。在「我—它」關係中，每個人則被當作「它」，即認為人是有可利用價值的客體。當一個人被視為「你」，他或她的人性和獨特性是最重要的。

自我揭露（self-disclosure）是指透露一些因為具有風險性，所以別人通常不知道的個人訊息。當我們在自我揭露時，會將自己的希望、恐懼和日常想法透露給別人。自我揭露能夠加深別人對我們的了解，也加深了我們對自己的了解，因為當我們向別人敞開心胸時，也會發現自己未知的那一面。如果沒有自我揭露，我們會繼續遮蔽、隱藏自己。如果別人愛著我們，這樣的愛會使我們焦慮：被愛的是真正的自己，或是我們向世界呈現出的形象？

綜合上述原則便有助於轉化愛情。但歸根究柢，維持愛情最重要的方式或許在於我們的一言一行。關愛的話語和行動提供了維持與延伸愛情所需的環境。

在日常生活要維持愛情必須有承諾、同情心，和最重要的溝通。明確的溝通可以免除關係中的猜疑、克制嫉妒、增加整體滿意度，也可能讓伴侶治療師丟掉飯碗。

> 每個人都曾經歷過這般真實：愛情像條奔流的小溪，遭人忽視，被視為理所當然；但是當溪水凍結時，人們才會回想起當初溪水奔流的樣子，並且希望它再度流動。
>
> 紀伯倫（Kahlil Gibran, 1883-1931）

溝通的本質

溝通（communication）是一種交流的過程，在這個過程中我們會使用

文字、手勢、動作等符號，以建立人際聯繫、交換資訊，並增強或改變自己與他人的態度和行為。溝通會同時發生在文化、社會和心理的脈絡中，這些脈絡影響我們制定規則（通常為不成文或無意識）的能力，以明確溝通各種主題，包括性。

■　文化脈絡

溝通的文化脈絡是指使用的語言，以及相關的價值觀、信仰和習俗。傳統上，美國文化反映了猶太—基督教傳承下來的思想，對性有著負面看法，因此與性相關的話題往往成為禁忌。兒童和青少年會被阻止接觸性知識，他／她們也學到不應該談論性。媒體審查風行，電視上的「嗶嗶聲」屢見不鮮，網站與雜誌上出現的「f—k」，都表示被「禁止」的字眼。語言中有各種描述性關係的詞彙，包括科學或客觀用詞（「性交」、「交媾」、「交配」）、具道德意味的語詞（「淫亂」）、委婉的說法（「做」、「勾搭」、「睡」），以及禁忌用語（「幹」、「搞」、「操」）。有些詞彙則將性方面的互動歸類為建立關係的行為，如「做愛」，但愛並非必然牽涉其中，且這樣的詞語並未捕捉到性的情慾特質。此外，由於社會抑制同性行為的公開討論或表達，男同性戀、女同性戀、雙性戀和跨性別等次文化也發展出自己的性暗語或俚語。

文化中不同族群也存在不同的語言模式，影響關於性別與性的溝通方式。舉例而言，非裔美國文化即創造出獨特的溝通模式，其語言和表達方式特點在於情感活力、真實、直接面對，以及對直觀經驗的注重。[56] 情感活力是透過活潑、富有表現性的言語傳達。真實性則是使用具體、非抽象的語言「直話直說」。

拉丁裔美國人之間（尤其是傳統的拉丁裔美國人）的權力不平衡情形，對女性的影響比男性還大。這可能是由於傳統大男人主義（*machista*）社會的文化價值觀使然，這種文化對於男性的定義，在於他們是否能夠持續掌握控制權，以及成為主動的性伴侶來宣示支配地位。傳統拉丁裔美籍人士中，性行為的類型與頻率多由男性決定。[57] 雖然大多數拉丁美籍人士

皆同意性活動往往由男性發起，而提議使用保險套的較可能是女性，但也表示在決定性活動與避孕措施方面，伴侶有共同的責任。

亞裔美籍人士構成的族群，則不能一概而論。此族群包含各種人口、歷史、文化因素與傳統。然而，亞裔美國人也有許多共同的文化特色，如家庭優先、集體目標大於個人願望、重視禮節與社會角色、僅有婚姻中的性行為才屬適切，以及性方面的壓抑與節制。[58] 由於相當強調和諧的關係，亞裔美籍人士通常盡可能避免直接衝突。儘管近幾十年來在現代化與性解放方面有一些重大進展，但許多亞裔美國人對性的看法依舊根植於文化傳統與過去思想。[59] 為了避免衝突，亞裔美國人的口語溝通往往是間接、隱晦的，通常會迴避問題，而不面對問題，因此需要靠彼此來解釋對話的意義或非語言的線索。

對於來自中東地區的族群而言，伴侶間的性行為往往根植於權力，並以主導與從屬地位為基礎。[60] 家庭是伊斯蘭社會的支柱，伊斯蘭教則是中東的主要宗教。穆罕默德規定，婚姻是通往美德的唯一途徑，因此不贊同禁慾，也譴責同性戀。

■　社會脈絡

溝通的社會脈絡，是指我們在社會中作為不同群體成員所扮演的角色。舉例而言，身為男性與女性，我們會扮演陽剛與陰柔的角色。身為婚姻單位成員，我們扮演丈夫和妻子的角色。作為同居單位的成員，我們扮演異性戀，男同性戀或女同性戀的同居者角色。

角色存在於自己與他人的關係中。沒有陰柔的角色，就不會有陽剛的角色；沒有妻子的角色，就沒有丈夫的角色。由於角色的存在與他人有關，**地位**（status）——個人在群體中的位置或排序，就顯得重要。傳統性別角色中，男性的地位高於女性；傳統婚姻角色中，丈夫的地位優於妻子。性傾向方面，社會給予異性戀者的地位，較男同性戀、女同性戀或雙性戀、跨性別者為高。由於存在這種男、女落差，因此異性戀伴侶間權力不平衡的狀況，往往比同性戀伴侶更加嚴重。[61]

■　心理脈絡

　　雖然文化和社會脈絡是溝通的重要因素，但無法決定我們如何溝通，溝通的心理脈絡才能做到這點。我們並非文化與社會的禁臠，而是獨一無二的個體。我們可能會接受某些文化或社會觀點，如語言禁忌，但我們也可能會拒絕、忽視或修正某些觀點，如傳統性別角色。因為每個人都擁有不同的個性，我們會透過溝通的方式來表達自己的獨特性：我們可以自信或順服，可以固執或靈活，可以敏感或遲鈍，也可以表現出高自尊或低自尊。

　　我們的人格特質影響溝通、改變或管理衝突的能力。舉例而言，不管溝通的品質如何，固執的人比靈活的人還難以改變。有高自尊的人也許更能接受改變，因為這類個體不見得會將衝突解釋為對自己的抨擊。某些人格特質，例如對性的感覺是正面或負面，對我們在性方面的溝通有較為直接的影響。

■　非語言溝通

　　世上沒有不溝通這回事。即使我們不說話，也依靠沉默在溝通（尷尬的沉默、劍拔弩張的沉默、溫和的沉默）。我們透過身體動作、頭部位置、臉部表情，與對方的身體距離……等進行交流。我們可以發出非文字的聲音，進行非語言的聯繫。尖叫、呻吟、咕噥、嘆息等聲音，能傳達一系列的感受與反應。看看四周，你／妳身邊的人如何進行非語言的溝通？

　　我們大部分的情感交流是屬於非語言性質。我們會表露心情：快樂的心情招來同伴，陰沉的心情則將人推開；喜悅會感染，抑鬱使人敬而遠之——這些完全不用說到任何一個字。以非語言的方式傳達愛意格外有效，像是溫柔的碰觸、充滿愛的一瞥，或是送上一朵花。

　　然而，非語言溝通其中一個問題，在於訊息的不精確。這個人是在皺眉頭還是在瞇眼睛？微笑代表友善或者緊張？沉默代表反思，或者表示不贊同、冷淡？

最殘酷的謊言往往在沉默中訴說。

羅伯特・路易斯・史蒂文森（Robert Louis Stevenson, 1850-1894）

接近、視線接與碰觸是非語言溝通的構成要素。這對男、女正相互「說」些什麼？

非語言溝通最重要的三種形式為接近、視線接觸與碰觸。

｜　接近

物理空間與時間上的靠近，稱為**接近**（proximity）。我們坐著或站著時與另一人的相對位置，會顯示出親密的程度。許多傳達情緒的詞彙都與接近的概念有關，例如感覺「疏遠」或「親近」，或者被某人「感動」（moved）。還有「跨出第一步」、「接近」別人的伴侶，或者「搬去一起住」。

在社交聚會中，人與人之間開始對話時的距離，是雙方如何界定關係的線索。所有文化都有中等距離的面對面互動，這屬於中立的關係。大多數文化中，縮短距離意味著要求更親密的關係，或代表威脅，拉開距離則表示想要終止互動。當我們在聚會中和另外一個人維持中等距離時，會發出「謝絕親密互動」的訊息。但如果拉近距離，代表我們請求親密互動，也承擔遭受拒絕的風險。

｜　視線接觸

觀察兩人如何注視彼此，就能大致了解一段關係的狀況。與別人視線

接觸時，哪怕只是比平時多了一秒鐘，也象徵對此人有興趣。事實上，短暫的目光與長期的注視，是女性一開始表達是否感興趣的重要方式。當我們無法把視線從某人身上移開，表示我們可能受到他或她的強烈吸引。除了視線接觸，瞳孔放大也可能是對性有興趣的跡象。（但這些也可能表示恐懼、憤怒，以及其他強烈的情緒。）

伴侶談話時視線接觸的程度，能透露哪些伴侶正經歷激烈衝突、哪些沒有。默契程度愈高的伴侶，彼此間有愈多的眼神接觸。衝突中的伴侶往往會避免視線接觸（除非是怒目而視）。然而如同接近的程度，視線接觸的程度也可能因文化而異。

┃ 碰觸

碰觸的重要性，以及對於人類發展、健康和性的意義，無論怎麼高估都不為過。觸覺是最基本的感覺，皮膚含有感覺愉悅和疼痛、熱與冷、粗糙與光滑的受器。人類學家艾胥利·蒙塔古（Ashley Montagu）曾寫道：「觸覺是感覺之母，所有其他感覺都是由觸覺衍生。」[62] 觸覺給予嬰兒生命的力量，如果嬰兒缺乏碰觸，便可能無法成長茁壯，甚至死亡。我們會握手，也會擁抱小孩和所愛之人。不同文化與種族有不同程度的碰觸行為。雖然非語言表達的價值可能因不同的群體和文化而異，但對所有文化而言，非語言的溝通與理解能力依然重要。

但碰觸也可能是侵犯行為。陌生人或點頭之交可能會以不適當的身體接觸，擅自界定原先根本不存在的熟悉程度。約會對象或伴侶可能會以對方不喜歡、不想要的方式碰觸她或他。性騷擾即包括不受歡迎的身體碰觸（見本冊第四章）。

碰觸通常代表親密、直接，以及情感上的親近。事實上，碰觸很可能就是最親密的非語言溝通形式。一位研究者寫道：「如果親密意味著接近，那麼沒有什麼能比碰觸更接近。碰觸是對他人最親密的了解。」[63] 碰觸似乎還與自我揭露密切相關，有較多肢體碰觸的人，似乎更能揭露自我。事實上，碰觸似乎是促使別人多談論自己的重要因素。

> 觸摸是一種語言，它在五秒鐘內傳達的愛，比五分鐘的話語所能傳達的愛還多。
>
> 艾胥利·蒙塔古（Ashley Montagu, 1905-1999）

> 相愛更勝千言萬語。
>
> 中文俗諺

> 我們每個人都擁有碰觸
> 的療癒力。
>
> 朵洛莉絲‧克里格（Dolores
> Kreiger, 1935-）

如果碰觸在你／妳的關係中是個議題，透過討論碰觸對你／妳們彼此的意義，便可開始釐清與探索現有的行為模式。此外，嘗試看看不帶性意味的碰觸，學會享受碰觸對方與接受碰觸。碰觸對方，並且不帶防備地接受對方的回饋。給予對方回饋，特別是言語提示，告訴對方如何碰觸是舒服的、如何是不舒服的。在適當時候開始碰觸，即使剛開始有些尷尬也無妨。不要害怕，大膽去學習，並運用能取悅自己和伴侶的方法。

同時，要準備好接受個人差異。儘管坦承、持續地溝通，但每個人對於舒服與不舒服仍有獨特的標準。再次強調，誠實的回饋有助於你／妳和伴侶找到彼此都能接受的舒適感。如果雙方都能了解並享受碰觸所傳達的豐富、強大訊息，關係就能藉由另一個層次更加多采多姿。

性方面的溝通

溝通對於發展和維持性關係相當重要。在兒童與青少年時期，溝通是傳播性知識與價值觀，以及形成性認同的關鍵。隨著我們建立自己的關係，溝通使我們得以表達對性的興趣，並開啟性互動。在發展成熟的關係中，溝通則使我們探索與維持伴侶間的性。

■ 關係初期的性溝通

人際間的性腳本（sexual script）為我們提供了性方面的行為「指示」，包括如何開啟可能的性關係。由於我們屬於同一文化，有同樣的性腳本，我們知道關係初期應該如何採取行動。那麼我們如何開啟一段關係呢？是什麼原因讓我們受到某些人的吸引？

｜ 月暈效應

想像你／妳獨自在一場派對中，你／妳去拿洋芋片時注意到有個人站在旁邊，你／妳必須迅速決定自己是否對她或他感興趣。你／妳根據什麼做出這個決定？是外表、個性、風格、敏銳度、智慧、氣味，還是其他？

如果你／妳與大多數人一樣，就會有意識或無意識地根據外表做決

定。在初次見面與交往關係的早期階段，外表的吸引力特別重要。如果對一個人一無所知，我們便會傾向以外表評斷。

一般人往往會因為別人的外表而受到吸引，這背後有何道理存在？

多數人會否認自己只因為別人的外表而受到吸引，我們會認為自己更有深度。但外表確實很重要，部分理由在於我們傾向根據外觀來推論本質。這種推論奠基於**月暈效應**（halo effect），此心理效應假設有吸引力或有魅力的人，其社交特質也會比實際展現出來的更令人喜愛。

其中一種最原始的評估方式是氣味。人類就像動物一樣會賦予氣味價值，辨認出對自己有強大影響者。[64] 氣味讓兩性分辨可能導致交配行為的特徵，如睪固酮濃度與排卵，因而縮小潛在伴侶的選擇範圍。（參見第一冊第三章關於費洛蒙與月經同步的討論及本冊第二章關於氣味與伴侶選擇的延伸討論。）

｜　興趣與開場白

根據他或她的外表進行打量之後，男人和女人接下來的互動會發生什麼事？（男同性戀和女同性戀的關係初期，將於後續章節討論。）是否由男性主動出擊？表面上，是的。但實際上，女性經常悄悄發出非語言的訊號，表達她的興趣與可得性。女性的目光可能會「瞥過」男性一、兩次，並「對上」他的眼睛。她可能會微笑或撥頭髮。如果男性移動到女性的身體空間範圍，她便會透過點頭、靠近、微笑或大笑等動作傳達興趣。

如果男性認為自己引起了這位女性的興趣，他便會以開場白開啟對話，測試女性的興趣與可得性。男性的開場白有很多種，根據女性的說法，看似無害的開場白最為有效，例如「我覺得有點尷尬，但我想認識妳」，

或者「妳是這裡的學生嗎？」性意圖明確的開場白效果最差，例如「妳讓我好興奮」。

在網路交友盛行的世界，憑藉文字或一張照片就能吸引（或逐退）潛在的戀愛對象。這種溝通方式不需要有視線接觸或表情線索的詮釋，因此更加安全、大膽、不受限制。如此一來，個人可能傾向在社交網站上更快速、更密切地塑造或展現自己的形象，這類關係的進展速度可能比面對面開始認識還要快。

｜ 第一步及其後續

初次見面時，我們會衡量他或她的態度，價值觀和處事哲學等，看看兩人是否合適。我們會評估他或她的幽默感、智慧、「成為伴侶」的潛能、在關係中承擔責任的能力、性吸引力……等。根據我們的整體判斷，我們可能繼續這段關係。如果這段關係持續進展到戀愛的程度，我們可能會決定進到下一個階段，其包含某種程度的身體親密。為了表明這段關係從非身體上的親密轉變到身體上的親密，其中一人必須「跨出第一步」。跨出第一步代表潛在的性關係已轉變為實質的性關係。

如果這段關係依循傳統性別角色的路線發展，通常會由男性先進一步開啟親密的性關係，無論是接吻、愛撫，或進行性交。發生的時間點通常取決於兩個因素：親密程度與關係長度。兩人在情感上投入愈多，愈有可能發生性關係。同樣地，關係持續的時間愈長，發生性行為的可能性就愈大。[65]

在新的關係中，我們會間接地討論性，因為儘管我們想與對方發生性關係，但也不希望被拒絕。藉由一些間接的策略，例如調暗燈光、靠近對方、觸摸對方臉頰或頭髮等，可以測試他或她是否有興趣從事性行為。如果對方對於暗示做出正面回應，我們便能開啟性接觸。但由於我們在性方面的溝通太過間接、曖昧，或不訴諸言語，遭到誤解的風險極高。

男同性戀和女同性戀與異性戀一樣，同時依靠非語言和語言溝通來表達對他人在性方面的興趣。然而與異性戀者不同，同性戀無法假定感興趣

以前很多男人想要做愛時就會找話聊，但現在他們即使只是想聊天，也常常覺得應該要做愛。

凱瑟琳·懷特霍恩（Katharine Whitehorn, 1928-）

無論性傾向、年齡、性別
與族群，對於性的溝通多
半以非語言方式進行。

的對象與自己有相同的性傾向，反而必須仰賴特定的識別要素，例如在男
同性戀／女同性戀酒吧認識別人、佩戴男同性戀／女同性戀驕傲胸針（gay/
lesbian pride button）、參加男同性戀／女同性戀活動，或經由朋友介紹其
他的女同性戀／男同性戀。在性傾向不明的情況下，有些男同性戀和女同
性戀者會使用「同志雷達」（gaydar 或 gay radar），尋找關於性傾向的線
索。他／她們會模糊暗示自己的性傾向，同時留意來自別人的線索。這些
線索包括特殊習慣、言談方式、使用的俚語和停駐的目光，也可能包括提
起女同性戀或男同性戀頻繁造訪的特定娛樂或休閒場所、可解釋為具有「同
志」意涵的歌曲，或是以男同性戀或女同性戀為主題的電影。一旦確認對
方有相同的性傾向，男同性戀或女同性戀往往會以非語言溝通來表達興趣。

如果不冒任何風險，你
將遭遇更多風險。

艾瑞卡‧鍾
（Erica Jong, 1942-）

｜ 性活動的引導

　　一旦我們開始發生性關係，有幾個任務必須要完成。首先，也是最重
要的，我們必須進行安全的性行為（見第三冊第五章、第六章）。我們應
該收集關於伴侶的性史資料，確認對方知道如何實施安全性行為，並使用
保險套。不同於非語言、曖昧不明的性溝通，進行安全性行為時則需要直

接的口語溝通。其次，異性戀伴侶必須討論生育控制（除非雙方都同意嘗試懷孕，或其中一方不孕）。避孕的責任如同安全性行為，也需要口語溝通（見第三冊第一章）。

除了安全性行為與避孕措施，我們也必須溝通關於自己的喜好。我們喜歡什麼樣的身體接觸？例如喜歡用口還是用手刺激？如何刺激？何種刺激能使對方高潮？我們的許多需求與渴望，可以透過動作或身體暗示等非語言的方式傳達，但如果伴侶沒有接到我們的非語言暗號或提示，我們便需要直接、清楚地討論，以免模糊的訊息產生誤解。

■　成熟關係中的性溝通

正在發展的關係中，伴侶在彼此互動時會開始修改個人的性腳本。隨著伴侶更加適應另一半的獨特之處，腳本也會變得較不呆板也較不傳統。伴侶會發展出共同的性腳本，透過性方面的互動，彼此都會學到對方的喜好、厭惡，以及想要和需要的東西。這種學習多半都以非語言的方式進行，成熟關係中的伴侶如同關係初期的伴侶，性溝通往往間接、模稜兩可。他／她們也像新關係中的伴侶一樣，想避免被拒絕。間接方式讓他／她們既能表達對性的興趣，同時又能保護自己，避免尷尬或丟臉。毫無意外地，溝通可能會導致性滿意度的增加或減少。

■　發起性活動

在成熟的異性戀關係中，男性明確發起性接觸的頻率一向高於女性。但女性仍持續發出意願的訊號，她們會以非語言的提示表現出對性活動的興趣，例如某種「顧盼流連」的眼神，或在床邊點燃蠟燭（她們也可能明確表示想「做愛」）。她們的伴侶會接收到提示，並「發起」性互動。在成熟的關係中，許多女性對於明確發起性行為感到較為自在。某種程度上，這可能與雙重標準的重要性隨著關係發展而降低有關。在新的關係中，由女性發起性交可能引來負面觀感，代表「寬鬆」的性標準，但在發展成熟的關係中，性行為由女性發起則可能帶來正面觀感，代表愛意的表達。這

有疑問時，就說實話。
馬克·吐溫（Mark Twain, 1835-1910）

魅力是一種不需要提出任何問題就能獲得答案的方法。
卡繆（Albert Camus, 1913-1960）

樣的轉變也可能是夫婦在性別角色態度上漸趨平等的結果。在長期關係中發起性行為很自然地會比在新關係或約會關係中更容易成功。

女同性戀和男同性戀關係中，皆會由情感表達能力較強的伴侶發起性互動。較常談論感受，且同時會擁抱、親吻其伴侶的男同性戀或女同性戀，最常發起性活動。

｜ 伴侶溝通的性別差異

雖然男性和女性每天講話的字數相同，但討論的話題存在性別差異。男性經常談論科技、體育和金錢，女性則經常談論社會事件、時尚與關係。性伴侶間的溝通中似乎也有特定性別差異，某些男性可能會避免談論感受和個人議題，某些女性則可能傾向在性關係的脈絡下表現出更多興趣，以及尋求默契與接納。[66]

男人和女人使用相同的文字，但說著不同的語言。

黛博拉·坦南（Deborah Tannen, 1945-）

發展溝通技巧

一般而言，關係問題開始出現之前必然有溝通技巧拙劣的情形。以下內容將有助於了解並發展對於性的溝通技巧。

■ 對性的談論

良好的溝通是健康的親密關係之核心。遺憾的是，建立或維持良好的溝通並不容易。

｜ 性事討論的障礙

闡述我們對於性的感覺是非常困難的過程，原因有以下幾點：第一，我們很少有性方面的談話模式。兒童與青少年時期，我們可能從來沒有和父母討論過性話題，更遑論聽過父母聊性。第二，談論性話題即代表我們對性有興趣，而對性有興趣往往會讓別人產生沉迷於性、不檢點、好色或「壞」的印象。如果討論的性主題是禁忌話題，我們更會冒著被貼上「壞」標籤的風險。第三，我們可能相信討論性話題會對關係造成威脅。我們避談禁忌的性感受、幻想或慾望，因為害怕自己的伴侶可能會感到被排斥或

對地位高於我們的人說出想法並不明智；對地位與我們相等的人說出想法並不禮貌；對地位低於我們的人說出想法並不親切。良好的禮貌介於恐懼與憐憫之間。

昆丁·克里斯普（Quentin Crisp, 1908-1999）

溝通模式與伴侶滿意度[67]

研究者在探討關係滿意度時發現數種溝通模式，提供了增進親密關係的線索。[68] 研究發現，男性與女性在滿意的異性戀關係中，往往具有下列共同的溝通特徵：

■ 揭露或展現私密想法與感受的能力，尤其是正面的想法與感受。對關係不滿意的伴侶傾向於揭露負面想法。對關係滿意的伴侶會說出「我愛你／妳」、「你／妳好性感」或「我覺得自己現在很脆弱，請抱著我」這樣的話。不幸福的伴侶可能也會說彼此相愛，但他／她們更常說出「不要碰我，我真受不了你／妳」、「你／妳讓我興致全消」，或「這段關係讓我非常痛苦和沮喪」之類的話。

■ 相同程度的情感揭露表現。對關係感到滿意的伴侶，雙方皆可能會說出「你／妳讓我開心」、「我對你／妳的愛超過言語所能表達」，或「我喜歡你／妳碰觸我的方式」這類型的句子。

■ 花更多時間談話、討論個人話題，並以正面態度表達情感。對關係感到滿意的伴侶會談論性方面的感受，以及床笫之間的樂趣。

■ 願意接受衝突，且會以非破壞性的方式處理衝突。對關係感到滿意的伴侶將衝突視為親密關係中必然的一部分，這樣的伴侶在性事上出現歧見時，不會指責或怪罪，反而會交換意見、尋求共識，並作出妥協。

■ 衝突頻率較低，花在衝突的時間較少。然而無論伴侶是否對關係感到滿意，衝突往往圍繞著同樣的問題打轉，尤其在溝通、性、人格特質等方面。

■ 將語言和非語言訊息準確編碼（傳送）的能力，以及準確解碼（理解）的能力。傳送與理解非語言訊息的能力，對於尋求性互動之滿足的伴侶而言尤其重要。

你／妳在性方面的溝通能力有多優秀？完成以下的雙方性溝通量表（Dyadic Sexual Communication Scale）即可獲得答案。

說明

下列是關於不同人們與主要伴侶討論性事的陳述。在 0（完全不同意）到 4（非常同意）的量表上圈選出適當的數字，表示你／妳同意或不同意各項陳述的程度。

計分方式

將分數累加，分數愈高（滿分為 16 分）代表性溝通的能力愈好。[†]

† 請注意第 1 題為反向題，需反向計分。——編註

01. 和性伴侶討論某些性方面的事，會令我不安。 ⋯⋯⋯⋯⋯⋯ 0 1 2 3 4
02. 伴侶在向我述說他或她對性的感受及慾望時，並沒有困難。 ⋯⋯⋯ 0 1 2 3 4
03. 對我們兩人而言，談論性都是令人滿意的經驗。 ⋯⋯⋯⋯⋯⋯ 0 1 2 3 4
04. 告訴伴侶我在性關係中會做或不會做的事，不會有太大困難。 ⋯⋯ 0 1 2 3 4

被厭惡。我們也不願討論性方面的困擾或問題，因為這麼一來可能會把注意力都集中在我們的角色上。

┃ 良好溝通的關鍵

了解溝通技巧與實際運用是兩回事。除此之外，儘管我們能自在地向對方分享自己的感受，我們仍可能難以討論自己的性偏好與需求。自我揭露、信任與回饋，是良好溝通的三大關鍵。

自我揭露 自我揭露能營造出相互了解的情境。多數人只能透過我們扮演的傳統女性／男性、妻子／丈夫、父母／子女等角色來認識我們，然而這些角色不一定能反映出我們最深處的自己。如果我們就只照著自己扮演的角色行事，有朝一日便可能再也不認識自己。

透過自我揭露的過程，我們不僅向別人展現自己，也能了解自己是誰。我們會發現自己隱藏、壓抑或忽視的感受。把自我被遺忘的部分帶到表面的同時，也讓它獲得了滋養。此外，自我揭露是相互的，在我們分享的過程中，別人也會向我們揭露自己。能夠表露、展現私密的想法與感受有助於提升關係，尤其是正面的想法與感受。[69] 然而，男性比女性更不可能展露自己私密的那一面。[70] 男性被教導要「堅強而沉默」，因此他們較不願意表達溫柔或脆弱的感受。女性一般則較為容易表露自己的感受，因

不夠真誠是危險的，太過真誠則絕對是致命的。

王爾德（Oscar Wilde, 1854-1900）

有一天晚上，我對我的妻子露絲說：「妳會覺得性和興奮已經離開我們的婚姻了嗎？」露絲說道：「等等的廣告時間我再跟你討論這事。」

米爾頓‧伯利（Milton Berle, 1908-2002）

為她們從童年就習慣於表達自己。[71] 上述差異可能導致男性和女性之間的隔閡。即使步入同居或婚姻，兩人也可能因為極少或缺乏交流而感到寂寞。世上最糟的寂寞，莫過於和我們最想要親近的人在一起，卻仍感到寂寞。

信任　當我們談論親密關係時，最常出現的兩個詞就是「愛」與「信任」。信任是經常與愛聯想在一起的主要特質，但信任究竟是什麼？信任（trust）是相信一個人的可靠與正直。當某個人說「相信我」時，他或她的要求並不容易實現。

信任對於親密關係至為重要，原因有兩點：第一，自我揭露需要信任，因為表露自己會顯示我們脆弱。如果某個人認為自己的訊息可能會被不當使用，例如嘲諷或洩露秘密，他或她就不會自我揭露。第二，對一個人的信任程度，會影響我們如何詮釋他或她傳達的模糊或意想不到的訊息。如果伴侶說今晚想自己看書，倘若我們高度信任對方，就有可能認為這樣的說詞是事實。但如果信任度低，我們可能會認為他或她其實要去和別人見面。

自我揭露具相互性。如果我們選擇自我揭露，我們會期望伴侶也這麼做。我們表露自己時，能建立信任，拒絕表露自己時，則會喪失信任。有所保留意指我們不信任對方，且這麼一來，他或她也不會信任我們。

回饋　溝通的第三個關鍵要素是回饋（feedback），指持續對訊息進行重述、確認準確性、提問和澄清的過程。如果某個人向伴侶自我揭露，伴侶對於揭露內容的回應即為回饋，此人後續的回應則為對伴侶回饋的回饋，這是一個連續的過程（見圖 1.3）。改善關係最重要的回饋形式為建設性回饋，其著重於自我揭露的訊息有助於伴侶雙方理解某個行為對彼此與關係所造成的後果。舉例而言，如果你／妳的伴侶表露出她或他對關係的懷疑，你／妳有多種回應方式可以選擇，包括保持沉默、發洩憤怒、表現冷淡，以及給予建設性的回饋。這些回應中，建設性回饋最有可能促使正面的改變產生。

九十九個謊言或許能拯救你，但第一百個會出賣你。

西非諺語

一半的真相，就是完整的謊言。

意第緒諺語

圖 1.3　溝通迴路

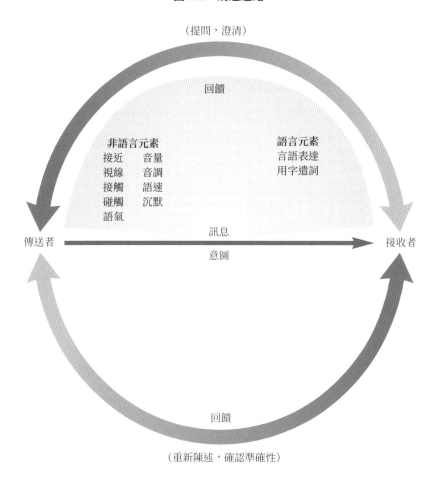

（提問，澄清）

回饋

非語言元素
接近　音量
視線　音調
接觸　語速
碰觸　沉默
語氣

語言元素
言語表達
用字遣詞

傳送者　　　　訊息　　　　接收者

意圖

回饋

（重新陳述，確認準確性）

在成功的溝通中，訊息傳送者與訊息接收者之間的回饋，能確保雙方都了解（或嘗試了解）正在溝通的內容。若想要清楚地溝通，訊息與訊息背後的意圖必須一致，非語言和語言元素也必須支持所欲傳達的訊息。溝通不僅包含語言與用字遣詞，更包含語氣、音量、音調、語速和沉默等非語言特性。

衝突與親密關係

衝突（conflict）是察覺到目標互不相容，且在達成目標途中受到別人干擾的過程。

我們都期待愛能使我們團結，但有時並不能。兩人彼此相愛時並不會合而為一，雖然起初可能有這種感覺或期待。愛或許並非幻覺，但臻至合一的感覺卻是一種幻想。在現實中，我們保有個人的身分、需求、願望與過去，甚至彼此相愛時亦復如此。而矛盾之處在於，愈是親密的兩人愈有可能產生衝突。事實上，沒有爭吵可能代表關係出現問題，因為這或許意味著議題未獲解決，或是關係已變得冷淡。衝突本身並不會危害親密關係，

圖 1.4　伴侶為何爭吵：各種原因所占的百分比

男性和女性所列
出前幾名的爭吵原因

	女性	男性
小孩	9.7	5.6
性	7.1	9.1
家事	8.7	4.2
經濟	8.5	6.2
休閒娛樂	8.1	6.2
飲酒問題	7.2	4.4

單位：百分比

資料來源:Eaker, E. D., et al. (2007). Marital status, marital strain, and risk of coronary heart disease or total mortality: The Framingham Offspring Study. *Psychosomatic Medicine, 69,* 509-513。

處理衝突的方式才會。衝突的存在不必然表示愛情正逐漸衰退或已經消失，反而可能意味著愛情正在成長。願意接受衝突，並以非破壞性的方式加以應對，有助於伴侶提升關係。

性別差異不僅讓我們看出伴侶雙方爭吵的重點不同（見圖1.4），也讓我們看到爭吵如何對雙方造成不同的健康傷害。一項研究顯示，對於女性而言，不論丈夫的爭吵風格是溫和或懷有敵意，都會對她的心臟健康產生最重大的影響；對男性而言，如果為了爭奪掌控權而與妻子產生爭論，心臟疾病的風險就會增加。[72]

這些對於衝突與衝突解決的不同觀點，都會影響到各個群體處理性衝突的意願。了解這些差異將有助於解決性方面的困擾與問題。

■　性衝突

利用性作為與性無關問題的代罪羔羊，以及利用爭吵掩蓋其他問題等常見的做法，往往會導致更多的分歧和誤解。堅持採取這種模式可能會干擾問題的解決，並阻礙衝突的處理。

|　與性有關的爭吵

性方面的衝突會因數種方式而起。伴侶可能因為性方面的不一致而導致衝突，例如一方想要性，另一方卻不想，兩人便可能發生爭吵。

性也可能被用來當作與性無關問題的代罪羔羊。假如某個人因為伴侶說自己的溝通能力糟糕而生氣，他或她可能會在性方面對伴侶發洩怒火，

親密關係中自然會發生衝突，因為每個人都有自己獨特的認同、價值觀、需求與閱歷。

稱對方為糟糕的情人。這時兩人就會在做愛方面的問題上爭吵，而非爭執真正的問題──彼此的溝通。

最後，爭論可能

愛情實驗室的發現[73]

對許多人而言，建立新的關係似乎比維護關係更為容易（也有趣得多）。若非如此，關於婚姻治療與如何維持愛情的文章和書籍便不會如此普及。有位大半職涯皆專注研究伴侶關係之困境的學者——華盛頓西雅圖大學家庭研究實驗室（更廣為人知的名稱是「愛情實驗室」）心理學榮譽教授約翰‧高特曼（John M. Gottman），他過去三十五年來與妻子茱莉和同事錄製了數以千計的伴侶對話，並以厭惡、喜愛、輕視等面部表情來為這些對話的語詞和句子進行評分。雖然這些研究工作多半牽涉已婚伴侶，但其發現仍可應用於任何有意改善關係的伴侶。

高特曼夫婦認為要保持愛情的強度，或挽救已惡化的關係，無論性傾向為何，伴侶們都必須遵循七大原則：

- 擴充愛情地圖。在情感上有智慧的伴侶，對彼此的世界非常熟悉，並擁有具豐富細節的愛情地圖——了解彼此過去生活的重大事件，並隨著伴侶的世界變化，不斷更新資訊。

- 培養喜愛與欽慕之情。若是不認為伴侶值得被嘉許與尊重，便沒有發展有益關係的基礎。提醒自己伴侶的正面特質（即使你／妳們正與對方的缺陷搏鬥），並以口語表達出喜愛和欽佩，就能預防幸福的伴侶關係惡化。

- 面向彼此。長期的承諾關係中，人們會時時「爭取」伴侶的關注、感情、幽默或支持。將注意力轉向彼此，是情感連結、浪漫、激情與良好性生活的基礎。

- 接受伴侶的影響。最幸福、最穩定的伴侶關係，在於彼此都能尊重對方，且不抗拒權力分配與決策。當伴侶間產生歧見，雙方應該積極尋求共識，而非堅持己見。

- 解決自己可解決的問題。透過以下方式，以良好態度處理自己可以解決的問題：（1）和緩的開場，例如以非責難的態度說出自己的感受，表達正面需求，並使用「我」開啟陳述；（2）學習提出與接受修復的企圖（repair attempt），例如減緩緊張的局勢並分享自己的感受；（3）安撫自己與對方；（4）適時妥協。

- 突破僵局。許多持續的衝突都有其堅定的基礎，在雙方固執的立場背後存在著沒有表露的夢想。幸福的關係裡，伴侶會將彼此的目標納入這段關係的概念中。跨越僵局的決定要素，不必然在於成為對方夢想的一部分，而是能尊重這些夢想。

> ■ 創造共同的意義。長期的伴侶關係能有意識地感知共同的目的、意義、家庭價值與文化傳承，形成共同的內在生活。這種關係文化會納入雙方的夢想，且有足夠的彈性，能隨著伴侶的成長和發展而改變。當婚姻或伴侶關係產生這種意義上的共同感受，衝突便較不強烈，長久性的問題也較不可能導致嚴重的僵局。

只是一種掩飾。如果某個人覺得性致缺缺，不想如伴侶渴望的那般經常做愛，這兩人便可能會爭吵，且對方會氣急敗壞而根本不想與他／她發生性行為。

對於有小孩的夫婦而言，早期關係的滿意度往往依循一個可預測的模式發展，育兒時期滿意度會下降，孩子長大後則會恢復到較高程度。如果能對此種模式有所覺察，將有助於衝突程度不斷提升的夫婦。明白關係具有不斷變化的本質，並重視兩人為這段關係挹注的能量，才能適應隨著時間推移必然會有的改變。

■ 衝突解決

伴侶處理衝突的方式反映出關係的幸福程度，或許也有助於增進幸福。溝通時帶著感情與趣味，並適時融入幽默感的伴侶，能利用這種正面影響來消除衝突。[74]

有時歧異無法被解決，但可以與之共處。如果關係穩固，這樣的分歧便能在不破壞基本關係的情況下被吸收。我們太常把雙方的差異視為威脅，而非彼此個性的獨特表現。如果某個人喜歡自慰，伴侶可將之視為他或她獨特的性表現，並加以接受。與差異共處代表要多加留意我們最能掌控的那個人——自己。

要維持和平的婚姻，丈夫應該耳聾，妻子應該眼盲。
西班牙諺語

在於世界中，從非怨止怨，唯以忍止怨；此古聖常法。
釋迦牟尼佛（西元前 563-483）

結 語

　　關於愛情的研究才剛起步，但已經有助於我們了解構成這種複雜情緒的各種組成要素。雖然愛情的神秘感也有好處，但了解愛情如何在日常生活中運作，或許能幫助我們的愛情充滿活力、持續成長。

　　如果我們不去談論自己喜歡什麼、想要什麼，這兩樣便很有可能都會落空。溝通是幸福性生活與良好關係的基礎。溝通和親密是相輔相成的：溝通能創造親密，親密則會創造更良好的溝通。但溝通是經由學習而來的行為，如果我們已經學到不溝通，仍可以學習如何溝通。溝通使我們能夠擴展自我，並且感受到與另一個人更加緊密與親密。

摘　要

友情與愛情

■ 緊密的朋友關係在許多方面與配偶／戀人關係相似。但配偶／戀人關係中的伴侶更具魅力、更有獨占性。

愛與性

■ 性與愛情和我們的文化密切相關。性在愛情關係中最受重視。戀愛關係與婚姻關係相當，皆是性交可接受的道德標準。

■ 交往關係中的年輕人（非青少年）發生非婚姻的性行為已蔚為常態。造成這項轉變的一個重要因素是未婚的男性和女性數量激增。

■ 男人和女人對於愛情、性與吸引力有不同的看法。然而對於異性戀、男同性戀、女同性戀和雙性戀者而言，愛情同樣重要。

■ 由於種種原因，有些人選擇禁慾作為生活方式。這些人或許更能珍視友誼的本質，也更能對長期伴侶關係中的羈絆表示尊重。少數人可能屬於無性戀，即不受任何性別吸引。

我該如何愛你？愛情的類型與態度

■ 社會學家約翰・李提出六種基本愛情類型：情慾之愛、瘋狂之愛、遊戲之愛、友誼之愛、無私之愛、務實之愛。

■ 愛情三角理論將愛情視為三種要素的組合：親密、激情、決定／承諾。

■ 愛情的依附理論指出，愛情與嬰兒時期形成的依附關係在本質上類似。嬰兒與成人的依附（或愛情）類型為：安全型、焦慮／矛盾型、迴避型。

■ 單戀——得不到回應的愛情，會讓求愛者與提出拒絕者同感痛苦。

嫉妒

■ 嫉妒是一種厭惡反應，因伴侶與真實、想像或可能的第三者發生牽扯而產生。嫉妒的反應最有可能在已有承諾或婚姻關係中出現，因伴侶假定這樣的關係具有「特殊性」，其特徵是性的獨占。

■ 隨著雙方更加相互依存，對失落的恐懼也會更大。部分證據顯示，嫉妒可能引發關係中的激情。

■ 多重戀情存在於約會、同居和婚姻關係中。在具獨占性的伴侶關係中，多重戀情通常被認為對婚姻具有破壞性，往往秘而不宣。不具獨占性的伴侶關係則允許擁有多重戀情。開放式婚姻是指雙方允許對方與他人發生性關係。

■ 多重戀情似乎與三個因素有關：價值觀、機會和關係的品質。

讓愛長久：從激情到親密

■ 時間會影響戀愛關係，可藉由言語或行動將其轉變成持續、長久的關係。親密之愛奠基於承諾、關懷，以及自我揭露——透露別人通常不知情的訊息。

溝通的本質

■ 溝通能力對於發展與維繫關係至為重要。在性溝通方面感到滿意的伴侶，往往也對整體關係感到滿足。

■ 溝通是一種交流過程，我們使用言語、手勢、動作等符號，與其他人建立連結、交換資訊，並增強或改變自己和別人的態度及行為。

■ 溝通在文化、社會與心理脈絡下發生。文化脈絡是指溝通所使用的語言，以及相關的價值觀、信仰和習俗。各種族群的性溝通方式各有不同，取決於語言模式與價值觀。社會脈絡是指我們在社會中扮演的角色會影響溝通；與性別及性傾向有關的角色，是影響性行為最重要的因素。心理脈絡是指我們的個性特徵，例如對於性的正面或負面感受。

■ 溝通包含語言和非語言兩種形式。正確詮釋非語言訊息的能力，對關係的成功相當重要。接近、視線接觸與碰觸是特別重要的非語言溝通方式。

性方面的溝通

■ 初次相識時，外表特別重要。由於月暈效應，我們會根據一個人的外表推論其正面特質。女性通常會向男性發出感興趣的非語言暗示，男性則經常以開場白開啟對話。

■ 「跨出第一步」代表關係轉變為身體上的親密。開始第一次性互動時，人們通常會保持非語言、模糊、間接的溝通方式。對性不感興趣時，通常以非語言方式傳達。發生性關係時，伴侶必須以口頭方式溝通避孕、預防性感染疾病、對性的喜好與偏惡。

■ 除非性傾向的線索明確，否則男同性戀和女同性戀皆會嘗試透過非語言線索，判斷對方是否為合適伴侶。

■ 許多女性在成熟的異性戀關係中，比在新關係中更能自在地發起性互動。主動發起性關係，在成熟的關係中較有可能被接受；對性不感興趣時，會以口頭方式傳達。女性在性活動上的限制不會多於男性。

■ 伴侶間的溝通存在性別差異。女性會傳達明確的訊息，男性則往往傳達負面訊息，或者退縮。女性比男性更常決定情緒氣氛，也更常助長爭吵的發生。

發展溝通技巧

■ 有效溝通的關鍵是自我揭露、信任與回饋。自我揭露是指透露關於我們自己的私密訊息。信任是相信一個人的可靠與正直。回饋是對別人的自我揭露提出建設性的回應。

衝突與親密關係

■ 衝突在親密關係中屬於自然現象。與性有關的衝突可能是在性方面出現特定分歧，或者對表面上與性有關，實際上卻與性無關的問題做爭論，或是在錯誤的性議題上產生分歧。

■ 衝突的解決反映出關係的幸福程度，也有助於增進幸福。

問題討論

01. 使用史登伯格的愛情三角理論，找出一段現在或過去的重要交往關係，畫出你／妳自己與伴侶的三角形，並比較每項組成要素。你／妳是否曾與愛情觀相同的人交往？為什麼這個人是／曾是／不是你或妳的「理想伴侶」？關係中的何種特質對你／妳而言很重要？

02. 當被朋友問到：「你／妳們兩個互相吸引嗎？」你／妳的經驗是什麼？人與人之間有可能「只是朋友」嗎？與朋友發生性關係的意義與牽連是什麼？決定發生性關係背後的原因是什麼？

03. 你／妳認為性行為是否意味著性獨占？對你／妳和伴侶而言，在這一點取得共識重要嗎？如果答案是否定的，你／妳怎麼解決這個問題？

04. 你／妳能夠多自在地與伴侶分享過去的性史？你／妳認為每個人都應該選擇性地分享，或者討論自己的喜好、偏惡以及過去的伴侶是有益的？這種類型的揭露會如何影響（約會、同居或婚姻）關係的本質？

性與網路

性智力（Sexual Intelligence）

性治療師以及有執照的婚姻與家庭治療師馬蒂‧克萊因（Marty Klein），已架設一線上新聞網站，內容包含與性相關的資訊、最新消息及政治評論等，網址為 http://www.sexualintelligence. org。前往此網站，選擇近期一篇文章並閱讀，然後回答下列問題：

■ 為什麼選擇這篇文章？

■ 文章的重點是什麼？

■ 作者的觀點如何影響你／妳的想法？

推薦網站

■ Advocate（提倡者網站）

　http://www.advocate.com

　整合女同性戀、男同性戀、雙性戀和跨性別新聞與資源的綜合性網站。

■ American Association for Marriage and Family Therapy（美國婚姻與家族治療協會）

　http://aamft.org

　針對家庭與關係的困難和議題，提供治療師、書籍、文章等推薦。

■ Asexual Visibility and Education Network（無性戀宣傳與教育網）

　http://www.asexuality.org/home/

　致力於創造公開、真誠的無性戀議題討論空間。

■ Intercultural Communication Institute（跨文化交流研究中心）

　http://www.intercultural.org/

　培養對國際與美國國內文化差異的覺察與欣

賞，包含性與性別方面的文化差異。

■ Psychology Today Relationship Center（今日心理學—關係主題）

http://psychologytoday.com/topics/relationships.html

關於友誼、關係階段、性、情緒、行為等文章。

延伸閱讀

■ Ackerman, D. (1995). *A natural history of love.* （《愛之旅》）New York: Random House.

關於愛的歷史與文化觀點。

■ Buss, D. M. (2003). *Evolution of desire.* （《慾望的演化》）New York: Basic Books.

根據一項涵蓋逾萬人的研究，發展出人類配對行為的統合理論。

■ Fisher, H. (2004). *Why we love: The nature and chemistry of romantic love.* （《我們為何而愛：浪漫愛情的先天與化學本質》）New York: Henry Holt.

作者挑戰愛情與浪漫方面的傳統觀念，並證明愛情為何是奠基於基因與環境影響的化學狀態。

■ Gottman, J. M., Gottman, J., & Declaire, J. (2006). *Ten lessons to transform your marriage: America's Love Lab experts share their strategies for strengthening your relationship.* （《改善婚姻的十堂課》）New York: Random House.

幫助伴侶們習得拓展、培養關係的技巧。

■ Peck, M. S. (2003). *The road less traveled: A new psychology of love, traditional values, and spiritual growth.* （《心靈地圖：追求愛和成長之路》）New York: Touchstone.

本書以心理學／靈性的角度來探討愛情，視靈性成長為愛情的目標。

■ Sternberg, R., & Weis, K. (Eds.). (2006). *The new psychology of love.* （《愛情心理學》）New Haven, CT: Yale University.

愛情研究領域頂尖研究學者的優秀論文集。

■ Tannen, D. (2001). *You just don't understand: Women and men in conversation.* （《男女親密對話：兩性如何進行成熟的語言溝通》）New York: HarperCollins.

以充滿智慧、生動的方式，探討女性如何利用溝通達到關係的親密，男性又如何藉溝通達成獨立自主的暢銷書。

■ Tepper, M., & Owens, A. F. (Eds.). (2007). *Sexual health* (Vols. 1-4). （《性健康》）Westport, CT: Praeger Perspectives.

探索性、愛與心理學的綜合性教科書。

性表達

學生們怎麼說

我從小就認為自己會等到結婚才有性行為。這不只是宗教或道德問題，更攸關我是不是一個「好」女孩。當我上大學時，我的新朋友有些已經發生過性關係，對性行為的想法也比較開放。我在大學第一年真的跟某個人上床，但事後我覺得非常尷尬，我以前的一些朋友知道後也很震驚。儘管我的第一次性經驗充滿了愛和承諾，但羞恥、尷尬、震驚的感受讓我接下來四個月都沒跟男朋友一起睡。當時我真的很糾結於「好女孩」與「蕩婦」這些我從小就被灌輸的極端形象。

——二十九歲，女性

有趣的是，現在討論自慰變得很容易。當你上了大學，有一些禁忌話題會解禁，我想至少在男生之間是這樣。誰要是提起打手槍，我們都有那麼一刻會覺得不自在，但接下來我們會開始討論上一次是什麼時候、多久打一次、怎麼清理，還有技巧之類的事，這已經成為我們之間的正常話題。想想我跟多少男生聊過自慰，我覺得這個話題並沒有大家想像的那麼禁忌。

——二十歲，男性

我還記得一個女性朋友第一次告訴我，說她幫一個傢伙口交。那時我十七歲，她十八歲，我們還在念高中。我當時覺得這種事實在是噁心到了極點，根本就無法想像。我得尷尬地承認，我覺得她有點像個妓女。幾個月後，我和男朋友一起試了。我開始覺得自己像個妓女。

——二十歲，女性

身為一個女性，我很受不了其他女人，至少就我認識的幾個而言。她們覺得另一半用嘴巴讓她們爽很髒，但自己用嘴巴讓對方爽就沒關係。這太誇張了！

——二十一歲，女性

性表達（sexual expression）是一種複雜的過程，透過性表達，我們會顯露性方面的自我。性表達不僅涉及性行為，也包括我們的感受。一位學者指出「行為永遠無法不帶情感」。[1] 身為人類，我們不會將感覺與行為分開，性行為也是如此。人們的性行為含括了豐富的情緒——從愛到焦慮，從渴望到憎惡。

要充分了解人類的性，我們必須檢視性行為以及隨之產生的情緒。如果在研究性活動時將情緒排除，我們便會曲解性的意義，也使得人類的性行為形同機械化，不過只是生殖器的互相摩擦。

本章首先將討論性吸引力。接下來，我們會轉向探討賦予性驅力形式的性腳本。最後，我們將檢視最常見的性行為，包括自我興奮式的性行為，如性幻想與自慰，以及人際間的性行為，如口交、性交、肛門性愛等。當我們在討論性行為時會引用許多研究結果，以說明這些行為在社會上的普遍性，然而這些研究結果往往代表某一特定群體的自我陳述，如第一冊第二章所述，性行為的自我陳述並非總是準確或毫無偏見。研究數據提供的僅是實際發生行為的一般概念，並非意指應該如何在性方面表達自己，或何謂「正常」的行為。性是生活中最具個人色彩的面向之一，每個人都有自己的性價值觀、需求與喜好。

性與飲食同樣重要，我們滿足性慾，應該要能像滿足食慾那樣，不多所限制、不故作端莊。

薩德侯爵（Marquis de Sade, 1740-1814）

性吸引力

性吸引力是性表達的重要元素。然而正如接下來將討論的，不同文化的人對於吸引力的看法幾乎都不一致。

你無法控制會被誰吸引，以及誰被你吸引。

卡蘿‧卡塞爾（Carol Cassell, 1936-）

■ 跨文化分析

人類學家克雷恩‧福特（Clelland Ford）與法蘭克‧畢奇（Frank Beach）在一項劃時代的跨文化調查中發現，女性與男性一致認同的性吸引力之重要特質只有兩個——年輕與健康。[2] 所有其他的面向都可能隨著文化而有顯著的不同。即使這項大規模的調查是在半個多世紀前進行，但隨

後更小規模、更本土化的研究,也支持年輕與健康在性吸引力上的重要性,亦顯示文化對於決定性吸引力的意義。有人可能會好奇:為何福特與畢奇的研究中只發現年輕與健康這兩個普遍的要素?為何不是其他身體特徵,如特定的臉部特徵或體型?

我們或許永遠找不到答案,然而社會生物學家提供了一個可能(但無法驗證)的解釋,其理論如同第一冊第一章所述,所有動物在本能上都會想要複製自己的基因,因此人類和其他動物皆會採取特定的生殖策略,其中一種便是選擇能為自己繁殖後代的配偶。男性偏好年輕女性,因為她們最可能具備生育能力。健康狀態良好也與生殖的潛力有關,因為健康的女性更有可能同時具備生育和撫養後代的能力。演化心理學家大衛·巴斯(David Buss)指出,人類的祖先會尋找能表現出女性健康與青春的特定身體特徵。[3] 巴斯發現了每個文化皆認為與美有關的一些身體特徵:良好的肌肉張力、豐滿的嘴唇、明亮光滑的皮膚、有光澤的頭髮,和清澈的眼睛。我們的祖先也會尋找行為線索,例如生動活潑的面部表情、輕快且精神抖擻的步態、精力充沛等。這些象徵年輕與健康(進而代表生殖能力)的外顯身體線索,構成了許多文化中對於美的標準。

> 飽暖思淫慾。
>
> 孔子(西元前 551-479)

男性的活力與健康對女性而言也很重要。女性偏好稍微比她們年長的男性,因為較年長的男子可能更為穩定和成熟,並擁有更多資源可投資於後代。同樣地,在動物世界裡,雌性也會選擇能提供食物與保護等資源的配偶。就美國女性而言,巴斯表示無數研究指出女性比男性更重視經濟保障與就業狀況。如果觀察約會網站或任何報紙上的個人廣告,便能輕易證實這種性別差異。女性刊登的廣告通常寫道:「活潑、聰明的女性,尋找專業、負責的紳士,期望發展穩定關係。」男性刊登的廣告則通常是:「經濟穩當、健康的男性,尋找有吸引力、對共度愉快時光感興趣的女性。請傳照片。」

女性也偏好健康及體能良好的男性,如此才能成為一個好的家庭供養者。如果一位女性選擇的對象有遺傳方面的健康問題,她將背負把男方的不良基因傳給孩子的風險。此外,不健康的伴侶較有可能早死,女方與子

不同文化對於什麼樣的身形具有性吸引力有著不同的定義。

女可得的資源也就減少。福特與畢奇發現，健康不佳的徵候普遍被公認不具吸引力。[4]

　　然而，除了年輕與健康之外，福特與畢奇找不到關於身體性吸引力的共同標準。事實上，他們發現各文化間對於身體哪些部位具有情慾意涵，存在相當大的差異。在某些文化中，眼睛是性吸引力的關鍵；某些文化重視身高與體重；某些文化更認為生殖器的大小與形狀最重要。以女性乳房為例，這在美國文化被認為是情慾的象徵，而在其他文化中則不然。

　　自福特與畢奇的經典研究以來，持續有研究者試圖找出影響性吸引力的其他因素，如身體特徵、人格特質、生育因素等。透過來自不同文化的調查，目前已知吸引力最重要的身體特徵之一即對稱性。換言之，人的左右兩側要相同。舉例而言，雙眼的形狀要相同，耳朵要長得類似，手的大小要相同，手臂的長度也要相同。整個動物界，包含人類的男性和女性皆認為左右對稱者更具吸引力。一項非常顯著的身體特徵就是臉孔，研究顯示臉型愈對稱，對另一個性別的人會愈有吸引力。[5]

　　性吸引力的另一個重要因素是氣味。我們的氣味（即他或她天生的體

味，與每天散發的氣味之混合）扮演著重要的角色，能夠將人們湊在一起，並找到理想伴侶。有些人表示一聞別人身上的味道，就能馬上知道他或她是不是自己想要的人；當然相反地，也有些人以他或她的體味來斷定戀情「破局」（關於費洛蒙的討論，見第一冊第三章）。心理學家瑞秋・赫茲（Rachel Herz），同時也是《氣味的奇幻力量——撩撥情緒慾望，左右行為反應的神秘第五感官》（*The Scent of Desire: Discovering Our Enigmatic Sense of Smell*）[†] 一書作者，她指出：「體味是免疫系統的外顯特徵，而我們認定具吸引力的氣味，來自基因上與我們最適配的人」。[6] 有趣的是，延續先前關於對稱性的討論，身體氣味被別人認定為性感的男性和女性，也更有可能擁有對稱的臉孔。因此，看來找到體味好聞的人相當重要。若想知道自己真正的氣味，可以試著幾天不擦香水。人們可能會擔心自己的氣味，而且可能有些人確實不喜歡，但總有其他人會被自己的天然體味吸引。[7]

† 該書中譯本由方言文化於二〇〇九出版，於二〇一六年出版修訂版。——編註

　　文化間對於哪些身體部位帶有情慾意涵或許能夠達成共識，但對於哪些是構成吸引力的要素仍可能意見相左。關於何謂漂亮的女性，美國文化認為身材苗條才具有吸引力。但放眼世界，美國人的看法實屬少數，因為各文化多青睞豐腴的女性體型。同理，美國人喜歡小臀部，但福特與畢奇研究的多數文化則認為豐臀最具吸引力。美國文化中，豐滿的乳房最為理想，但其他文化較喜歡偏小或長而下垂的乳房。近年來，結實的胸部、手臂、腹部肌肉已成為理想男性身體的要項。有趣的是，一項針對女大學生的研究指出，肌肉發達的男性比肌肉不發達或非常發達的男性更加性感，而考慮到長期關係時，肌肉發達程度中等的男性最具吸引力，也最受歡迎。[8] 研究參與者認為，愈強壯的男性會愈霸道、搖擺不定，亦對伴侶較不忠誠，而肌肉程度中等的男性在性方面會更專一，也更浪漫。

■ 演化的擇偶交配觀點

　　性策略理論（sexual strategies theory）[9] 是解釋人類擇偶交配行為最出色的一項理論。該理論一個很重要的部分，在於從演化上的擇偶交配觀點，探討短期與長期異性戀關係中的性別差異。其假設，在「隨意」／短期的

交配行為，以及長期／生殖性的擇偶行為中，男性與女性會面臨不同的適應問題，導致不同的解決策略或行為。女性可能選擇能立即提供食物或金錢等資源的伴侶，進行短期配對行為，至於長期的擇偶行為，關鍵在於更大量的實質資源。對男性而言，他們可能會選擇能夠隨意性交的女性，以發展短暫的性關係，但在選擇長期配偶時，則會避免這種類型的女性。[10]

大衛・吉爾里（David Geary）及其同事回顧關於擇偶交配行為的演化理論與實證研究，找出男、女性發展短期與長期性關係的潛在代價和利益（見表 2.1）。[11] 最根本的差別在於女性考量到生育的代價，不論是短期或長期關係都最有可能在擇偶時精挑細選。即使選擇短期配偶時，女性亦會比男性更挑剔，因為女性會將對方當作潛在的長期配偶來評估。但一般而言，女性可能會避免短期關係，因為要付出的代價可能會超過帶來的好處。反觀男性的情況則完全相反，潛在的好處會高過代價。選擇短期伴侶時，男性可能會盡量不給出承諾。一旦男性投入長期關係，代價便會提升，且擇偶的要求條件預計也會增加。塔德・沙克爾福德（Todd Shackelford）及其同事於短期的性關係之研究中發現，女性偏好未涉入其他關係的短期伴侶，因其較有潛力成為長期伴侶，男性則比女性更有可能追求短期或隨意的性關係。[12]

現在的青少年與年輕成人有自己的隨意性關係形式，通常稱為**勾搭**（hooking up）或「**炮友**」（friends with benefits）。這些類型的隨意性行為類似於上一世代的「一夜情」（one-night stand），指兩人發生從接吻到性交等性互動，但雙方並不指望再次發生性行為或許下浪漫的承諾。勾搭的兩人可能是、也可能不是朋友，但「炮友」就是友情與身體親密行為的混合，且雙方可能會一再發生性行為。儘管上述關係於許多校園中相當常見，但關於勾搭與「炮友」關係的前置因素及正面、負面後果的研究才剛開始。[13] 如欲了解關於時下大學生隨意性關係的近期研究成果，請參閱第83頁的「想一想」單元。

演化生物學家假設，男性的短期求偶策略根植於渴望性的多樣化，而一項橫跨世界十個主要區域、包含一萬六千兩百八十八人的大規模跨文化

滥交的人就是比你更常發生性行為的人。

維克多・羅恩斯（Victor Lownes, 1928-）

表 2.1　短期與長期性關係的代價和效益舉例

	代價	效益
女性短期擇偶		
	性感染疾病的風險	來自伴侶的部分資源
	懷孕的風險	來自伴侶的良好基因
	作為長期伴侶的價值減少	
女性長期擇偶		
	性的機會受限	來自伴侶的重要資源
	配偶的性義務	父系投資
男性短期擇偶		
	性感染疾病的風險	繁衍後代的可能
	投入部分資源	無父系投資 [a]
男性長期擇偶		
	性的機會受限	繁衍後代的確定性增加
	大量父系投資	高素質子代
	大量關係投資	性與社交情誼

[a] 低父系投資可能導致子代素質下降，但這對男性而言並非代價，因為並不會降低男性投資其他關係的能力。

資料來源：Geary, D. C., Vigil, J., & Byrd-Craven, J. (2004). Evolution of human mate choice. *Journal of Sex Research*, 41(1), 29。

研究似乎也證實這點。[14] 這項研究探討對於性的多樣化之渴望是否存在性別差異，結果發現世界各地似乎普遍存在巨大、確實的差異：男性比女性更渴望擁有多樣化的性關係，也更有可能尋求短期關係。無論研究參與者的關係狀態或性傾向為何，結果皆是如此。研究者的結論認為，這些發現證實男性的短期性關係策略是源自於結交多位伴侶的渴望。從演化角度視之，這類行為能將繁殖的成功率最大化。有趣的是，該研究亦發現，在同意性交之前，男性需要考慮的時間比女性少。

大學生的「勾搭」行為[15]

　　一些大學生以「勾搭」來描述與別人發生性行為,勾搭行為取代傳統的約會模式(事實上很多人從未約會過),而其涵義與「發生性行為」一詞同樣含糊不清。對許多大學生而言,結婚已不再是緊接著畢業之後的目標。為了「隨意性關係」而勾搭,讓大學生得以拖延認真談感情的時間,而與他人有性關係的同時,也能自由追求個人與職業目標。大學生之中亦存在另一種類似的交配策略,即結交「炮友」或「約炮」,這些行為是指直接或間接徵求非長期的性伴侶。[16] 美國東南部一所大學的研究發現,過去十二個月中,百分之七十六的男性與百分之六十的女性曾有過勾搭行為,而百分之五十四的男性與百分之四十三的女性表示曾經有過至少一位「炮友」。[17]

　　雖然勾搭聽起來是不錯的主意,但隨意性關係也許沒有想像中那麼簡單。社會學家凱瑟琳・博格爾(Kathleen Bogle)曾研究兩所大學在校生與校友的勾搭行為。[18] 她發現雖然這類性行為能提供男性和女性更多性方面的選擇,但此種關係有利於男性「腳踏多條船」,卻不利於女性想將隨意性關係演變為交往關係。

　　上述引用的美國東南部大學之研究,除了說明勾搭行為與「炮友」的盛行率,也檢視了這類隨意性關係的結果與預測因素:

■　相較於女性,男性對於勾搭行為的反應較為正面、較少負面情緒反應,但不論男、女皆表示這類經驗大致上正面反應多過於負面反應。

■　相較於在勾搭行為中涉及性交或無涉及性交的女性,以及無涉及性交的男性,勾搭行為涉及性交的男性有較少的負面情緒反應。

■　以涉及性交的勾搭行為而言,女性表示使用保險套有較少的正面情緒反應、較多的負面情緒反應,但對於男性而言,使用保險套引起的負面情緒反應較少。

■　對男性和女性而言,與勾搭行為有關的負面情緒反應,也與憂鬱症狀以及孤單感受有關。

■　相較於男性,女性更希望勾搭關係能進展成具有承諾的交往關係。

■　研究中參與者提到出現勾搭行為的原因,包括對勾搭的正面反應、酒精使用(女性較多)和寂寞等。

■　「炮友」關係與正面情緒反應的關聯高於負面情緒反應,不過這樣的落差在男

性之間較大。酒精使用愈多，就愈有可能出現結交「炮友」的行為，在女性之間比較能看到這樣的相關性。[19]

其他研究則發現隨意性關係並非毫無「羈絆與束縛」，例如一項針對六百四十二名都會成人的研究顯示，相較於認真的交往關係，非戀愛與隨意約會情境下的性關係較缺少成就感、滿意度較低。[20] 另一項評估一百四十名大一學生在性方面的勾搭行為顯示，插入式性行為會增加女性的心理困擾，但不影響男性。[21]

上述研究凸顯出大學生有必要了解勾搭、「炮友」關係等許多大學校園中相當常見的性關係新模式，認識酒精使用與隨意性關係之間的關聯尤其重要，了解這些有助於大學生在性方面做出更明智的決定。[22]

批 判 性 思 考

01. 如果你／妳認識的人曾經有過勾搭或「炮友」關係，他／她們是以正面或負面的態度談論此事？

02. 你／妳曾經和某個人發展過如上所述的隨意性關係嗎？如果有，你／妳的經驗與此處的研究結果類似嗎？

03. 男性是否比女性更能接受隨意性行為？

04. 你／妳認為勾搭或「炮友」關係是否已在你／妳的大學裡取代傳統的約會方式？如果是，這樣是好或壞？

另一項針對大學生的研究，檢視想像中次年期望的性伴侶數量是否有性別差異。[23] 這些想像情境包括：性很安全，不會罹患性感染疾病或者懷孕，以及性行為有風險且相對難以獲得。研究發現，多數女性期望次年擁有一位性伴侶。相較之下，男性則顯示出對多位性伴侶的期望，尤其是想像負面疑慮較少的情境。研究者認為這個結果可以透過先前提過的性策略理論，以及社會角色理論（social role theory）[24] 來解釋。社會角色理論認

為，男性在社會化的過程中被形塑為追求性互動中的愉悅成分，女性則更關心性行為的關係成分。

有一種擇偶交配策略稱為**伴侶偷獵**（mate poaching），這種行為是故意引誘某位已經處於穩定承諾關係中的對象，發展暫時、短期的私通或長期關係。巴斯指出，伴侶偷獵之所以演變為擇偶交配策略，是因為理想伴侶會吸引許多追求者，且結果通常會產生交往關係，因此要尋找合適的伴侶，往往需要嘗試尋找（偷獵）已經有交往對象的人。[25] 圖 2.1 呈現一百七十三名大學生（四十五名男性、一百二十八名女性）經歷過浪漫吸引與伴侶偷獵經驗的頻率。[26] 如圖所示，伴侶偷獵是一種常見的情形，發生在男、女大學生的頻率幾乎相同，發生頻率僅僅比試圖吸引某個對象還少。絕大多數人曾經歷過別人試圖偷獵自己或自己的伴侶，但許多嘗試都沒有成功。研究亦評估了伴侶偷獵的策略，其中包括試圖破壞關係、提升外型、提供容易發生性關係的機會、發展情感連結，以及表現出自己擁有資源等。關係中非獨占的性（例如伴侶偷獵）會構成嚴重的適應性威脅。參考第八章關於多重戀情的探討，了解非獨占關係在統計結果與反應上的性別差異，以及可用於保留伴侶的策略（亦稱**伴侶守衛**〔mate guarding〕）。

■　大學生的觀點

雖然吸引力很重要，但外表並非一切。一項進行了近六十年的研究，讓男性和女性大學生評價十八個伴侶特質的重要性，其中包含「好看的外表」。[27] 該研究以問卷評分的方式於美國不同區域的大學進行，一九三九年和一九五六年在一所大學、一九六七年和一九七七年在四所大學、一九九六年則於三所大學進行。此種貫時性的比較，讓研究者得以評斷在這個文化產生急遽變化的半世紀期間，何種重要的伴侶特質有了改變，以及在評分上是否存在性別差異。其中一項研究者注意到的文化變遷，即具外表吸引力的模特兒與演員，其視覺影像透過電視、電影、網路迅速擴散的現象。研究者解釋：「從演化心理學角度來看，這些影像可能會『欺瞞』我們在演化上的擇偶交配機制，使我們誤以為自己身邊有數以百計具吸引力

性是九個轉世輪迴的理由⋯⋯另外八個都不重要。

亨利・米勒（Henry Miller, 1891-1980）

圖 2.1　大學生戀愛吸引與伴侶偷獵經驗頻率

伴侶吸引經驗	「你／妳是否曾……？」	
	男性 (%)	女性 (%)
試圖吸引某人		
成為長期伴侶	87	86
成為短期伴侶	91	74
試圖偷獵某人		
成為長期伴侶	52	63
成為短期伴侶	64	49
有被他人試圖偷獵的經驗		
成為長期伴侶	83	81
成為短期伴侶	95	91
被人從過去伴侶身邊偷獵成功 [a]		
成為長期伴侶	43	49
成為短期伴侶	50	35
有被他人試圖偷獵你／妳的伴侶的經驗		
成為長期伴侶	70	79
成為短期伴侶	86	85
過去伴侶被人從你／妳身邊偷獵成功 [a]		
成為長期的伴侶	35	30
成為短期伴侶	27	25

[a] 「你／妳是否曾……？」定義為在 1 分（完全不成功）到 7 分（非常成功）的成功經驗量表上，得分超過 1 分。

資料來源：改寫自 Schmitt, D. P., & Buss, D. M. (2001). Human mate poaching: Tactics and temptations for infiltrating existing partnerships. *Journal of Personality and Social Psychology*, 80, 894–917。

的對象，也有數以百計的潛在同性競爭對手。」研究者的疑問在於，此種二十世紀大量充斥的視覺影像，是否會提高外表吸引力相對於其他特質的排序。

　　該研究在長達五十七年的調查期間發現有幾種模式（見圖 2.2），包括相互吸引與愛情、可靠的品格、情緒成熟與穩定、討喜的個性等，無論何時皆獲得高度評價。這意味著外表吸引力並非選擇伴侶時最重要的特質。

圖 2.2　跨越六十年的大學生伴侶特質排序，依性別分析

男性的排序

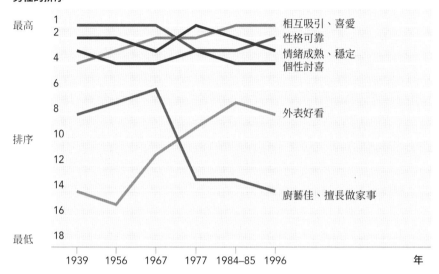

女性的排序

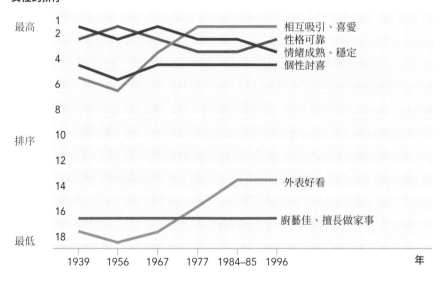

資料來源：改寫自 Buss, D. M., Shackelford, T. D., Kirkpatrick, L. A., & Larsen, R. J. (2001). A half century of mate preferences: The cultural evolution of values. *Journal of Marriage and Family*, 63, 491-503。

然而這幾年來，外表好看對兩性的重要性都有了很大的轉變。對男性而言，外表從一九三九年的第十四名躍升至一九九六年的第八名，對女性而言則從一九三九年的第十七名，提高至一九九六年的第十三名。媒體上激增具吸引力者的形象，可能促成了這種轉變。化妝品、減重、整形手術、運動課程和肌肉增長產品之普及，也明確反映了外表吸引力至上的價值觀提升。有趣的是，研究者指出男、女大學生的配偶特質重要性排序，五十年間逐漸趨於一致，最高的排序相似度出現在一九九六年。此外，對男大學生而言，配偶處理家務能力的重要性於幾十年間大幅下降。

部分網路配對服務在為渴望尋找伴侶者進行配對時所用的資訊，類似上述巴斯及其同事的研究中的十八個配偶特質。[28] 這些網路服務認為要找到「長久的愛情」，需以適配性與共同興趣為基礎。雖然這些服務已為許多人成功配對，然而全美知名的人類性學領域頂尖學者——卡蘿·卡塞爾（Carol Cassell）卻針對這種尋找適配者的行為，提出了一個有趣的警告。卡塞爾在她的著作中指出，伴侶間的適配性在長期關係中固然重要，但它並非是唯一或最有價值的要素。[29] 卡塞爾主張：「如果有一段自在、互相適配的愛情，卻沒有性的火花，這樣擁有的還不夠。」她繼續表示，配對方式若沒有考量到性的化學效應，很少能夠燃起伴侶的熱情。

■ 性慾

慾望和外顯、身體上的性表達可以獨立存在。如同第一冊第三章所探討，慾望是驅動性行為的心理生物因素，然而針對性慾的科學研究並不多，研究者避免此類研究的主要原因之一，在於慾望難以定義，亦難以量化。

正如本書的探討內容所示，性慾會受到身體、情感和性關係議題的影響。生活事件可能對性慾同時具有正面與負面效應。（參見第三冊第四章的討論內容，了解性慾障礙者與伴侶間的慾望差異。）性渴望與性恐懼是影響性慾的兩項因素，**性渴望**（erophilia）是對於性的正面情緒反應，而**性恐懼**（erotophobia）則是對性的負面情緒反應。研究者假設，如果一個人陷入性渴望／性恐懼之間的連續狀態中，對其外顯的性行為會產生強烈影

一副功能強大的眼鏡，有時足以治癒陷入情網之人。

尼采（Friedrich Nietzsche, 1844-1900）

響。[30] 舉例而言，相對於性恐懼者，性渴望的男人和女人對於性比較能接納與享受、發生性行為較不會感到內疚、會尋求性方面的情境、進行更多自體與人際的性活動、樂於談論性，且較可能採取性健康的措施，如了解和使用避孕的方法。此外，性渴望者較有可能具備正向的性態度、進行更多性幻想、較不恐同，且比性恐懼者更常看情色作品。一個人對性的情緒反應，也與她／他如何評價性的其他面向有關。例如性渴望者往往對性露骨的作品有較正面的評價。

性渴望與性恐懼並非不變的特質。正面的經驗可以隨著時間推移，改變性恐懼的反應。事實上，某些治療方案即假定持續的正面行為，如關愛、肯定、關懷、碰觸與溝通等，對於減少性方面的恐懼與焦慮有許多助益。正面的性經驗也有助於消除性恐懼者的大量焦慮。

性腳本

第一冊第五章曾提到性別角色對於我們在性方面的行為有顯著影響，對於性所產生的行為與感受，受後天學習的影響多於生物本能。人的性驅力幾乎能被塑造成任何形式。所謂的「自然」就是社會認為的自然，很少有自發、未經學習的行為。如同所有其他形式的社會行為（如求愛、課堂行為和運動等），性方面的行為也要仰賴腳本。

回顧第一冊第五章也可以發現，腳本如同組織、指導我們行為方向的計畫。美國文化中的**性腳本**（sexual scripts）呈現出高度的性別區隔，意味著這些性腳本強烈影響男性或女性應該有的性行為。[31] 性腳本有幾項不同的組成要素：[32]

- 文化。文化要素提供了性行為被期望的一般模式。舉例而言，我們的文化腳本強調異性戀、優先重視性交，且不鼓勵自慰。
- 個人。個人要素包括一些內在與生理狀態，這些狀態會導致、伴隨或被視為性喚起，例如心跳加快、勃起或陰道潤滑。
- 人際。人際要素包括使兩人得以進行性行為的共同慣例與訊號，如肢體語言、措辭和帶有情慾的碰觸。

一個人的性愛程度與本質，反映出其靈魂的終極巔峰。

—— 尼采

我從來不因性慾而困擾。其實我寧可享受性慾。

—— 湯米・庫珀（Tommy Cooper, 1921-1984）

■ 文化腳本

　　我們的文化設定了性腳本的大致輪廓，告訴我們哪些行為可被接受（「道德」或「正常」），哪些行為不能接受（「不道德」或「異常」）。舉例而言，常規的性腳本可能依序包含接吻、愛撫生殖器和性交。想像來自不同文化的兩個人正試圖開啟性接觸，其中一個人遵循上述腳本，另一位來自不同文化的人所依循的順序卻是從性交開始，接著愛撫生殖器，最後以熱吻結束。至少在一開始，這對伴侶便可能會經驗到挫折與混亂，因為其中一位試圖以親吻發起性關係，另一位則想從性交開始。

　　然而這種混亂經常發生，因為文化所認為的情慾與任何特定個體所稱的情慾，兩者並非直接相關。文化設定了大致模式，但個人性格、社經地位與族群上的差異太多，不可能人人都有完全相同的情慾腳本。因此，性腳本可能非常不明確且多樣化。

　　我們可能會認為每個人的腳本都和我們自己特定的腳本相同，而將我們的經驗投射到別人身上，假設別人定義為情慾的物品、手勢與情境和我們相同。但別人往往從一開始就並非如此。我們的伴侶可能來自不同的社經地位、族群或宗教背景，在性方面也可能有不同的學習經驗。[33] 我們每個人都必須學習對方的性腳本，並能夠加以補充和調整。如果希望雙方的腳本能夠整合，必須透過語言、手勢和動作上真誠與開放的溝通，讓對方知道我們的需求。這就是許多人把自己的初次性交看作一場鬧劇或悲劇的原因，也或許兩種情形都有一點。

在美國社會中，熱情地接吻是性互動的文化腳本之一。

■ 個人腳本

個人層面上，性腳本使人得以對其生理反應賦予意義，而意義大多取決於情境。舉例而言，勃起並非總意味著性興奮。年輕男孩受到驚嚇、焦慮或擔心時，有時也會勃起。早上醒來時，男性可能會經歷非伴隨興奮的勃起。青少女有時候會經驗到性喚起，卻不知道這些感覺的意義，她們表示這些感覺有趣、怪異，或帶來焦慮、恐懼和胃部不適。直到她們較為年長之後將這些感覺與性腳本加以連結，生理狀態才獲得明確的情慾意義。

個人腳本透過作為激發生物事件和釋放壓力的機制，提供一組身體動作的次序，例如我們會學習到自慰時刺激陰莖或陰蒂能產生性高潮。

■ 人際腳本

人際層面包含共同慣例，可使性活動成為可能。我們的公共生活很少與性有關，但有些語言和非語言的手勢及訊號，能將邂逅定義為與性有關。我們透過交流時的樣子、音調、身體動作，以及其他文化上共同的現象，使性方面的動機明朗。舉例來說，臥室或飯店房間可能是帶有情慾意涵的地點，教室或辦公室就可能不是。我們用使自己或他人興奮的動作以激發情慾；文化中會有導致親密性行為的規範腳本。

性經驗少的人（尤其是青少年）往往不熟悉性腳本。接吻後該做什麼？擁抱嗎？往腰部以上愛撫？或是往下？最後，他／她們會根據文化傳遞的訊息、個人與伴侶的喜好，學習到自在的順序。對男同性戀和女同性戀而言，學習性腳本較為困難，因為這種腳本受到社會的汙名化。性腳本也和年齡有關，年齡較大的兒童與較年幼的青少年，腳本通常僅限於接吻、牽手與擁抱，而他／她們也能徹底感到滿足。接吻對他／她們而言的刺激興奮程度，正如性交之於較有經驗的人。當他／她們的腳本範圍擴大，便會喪失幼年階段一些在性方面的強烈感受。

　　性腳本的概念已被頻繁使用於研究中，以進一步解釋個體和伴侶間的性表達。哥倫比亞大學研究者雪莉‧德沃金（Sheri Dworkin）與露西亞‧歐蘇利文（Lucia O'Sullivan）進行一項與大學生切身相關的研究，她們解釋並指出男性在性方面傾向於忽視性腳本（例如性活動的積極發起者與安排者）或文化的主流腳本。[34] 透過訪問三十二名男大學生，她們發現這些男性確實希望能與伴侶共同發起性行為、享受當一個被渴望的性對象，且希望有平等的性腳本。德沃金與歐蘇利文認為，上述發現可能「意味著有更多的性別關係朝著更同盟式的規範標準轉變，這是一種傳統腳本的擴展、對平等關係的渴望，或女性和男性在權力上的社會結構改變，使得性腳本更具有彈性」。這些結果似乎與大學生「勾搭」行為的研究發現相反，可能的原因是，有勾搭行為的男大學生或許渴望與女性建立更平等的關係，但受到大學校園中主流腳本的影響，而有勾搭行為。

自體性行為

圖 2.3　用於遏制自慰的器具

由於十九世紀時普遍認為自慰對身體有傷害，因而出現各種預防自慰的方式。

資料來源：Crooks, R., & Baur, K. (2005). *Our sexuality* (9th ed.). Belmont, CA: Thomson Wadsworth; Rathus, S. A., Nevid, J. S., & Fichner-Rathus L. (2002). *Human sexuality: A world of diversity.* Boston: Allyn & Bacon。

　　自體性行為（autoeroticism）指稱的性活動僅涉及自己。自體性行為是一種個人的活動，而非人際間的活動。這種行為包含性幻想、春夢，以及**自慰**（self-masturbation，刺激自己的生殖器以獲得快感）。無論何種形式的自體性行為都是一種普遍現象，[35] 這是我們性慾初開時最早的表達方式，也是在傳統上會受到社會譴責的行為。（圖 2.3 為一個設計來遏制自慰的器具）。然而由於對自體性行為的譴責，我們的文化也深植下對性的負面與抑制態度。

　　許多人會為了自體性行為而購買或尋找用具和活動。在美國全國健康與社會生活調查中，研究者發現過去一年有百分之四十一的男性與百分之十六的女性曾進行自體性行為。男性最常見的自體性行為活動是觀賞限制級影片（百分之二十三）與前往裸體或半裸舞孃俱樂部（百分之二十二）。女性最常見的自體性行為活動亦為觀賞影片（百分之十一），其次是前往

俱樂部與閱讀性露骨的書籍或雜誌（各占百分之四）。百分之十六的男性表示會購買內容露骨的書籍或雜誌。其餘活動則包括使用振動按摩器或其他情趣用品，以及撥打性愛電話。[36]

人們是因為沒有性伴侶才進行自體性行為嗎？同一項調查發現答案為否：[37]

自體性行為相對較少的人，較不可能偏好各式各樣的性愛技巧，也較不可能擁有伴侶。如果這類型的人有伴侶，則較不可能時常發生性行為，或進行口交與肛交。而會進行各種自體性行為的人，則往往會被種類廣泛的性愛嘗試吸引，也較有可能擁有一位以上的伴侶，並且頻繁發生性行為。個體若時常想到性、時常自慰，且過去一年內曾接觸某些種類的色情／情色作品，較有可能陳述自己曾行使縝密的人際性腳本。

■ 性幻想與春夢

男人與女人時常會想到性，尤其是男人。性學研究者哈洛・萊坦伯格（Harold Leitenberg）與克里斯・漢寧（Kris Henning）指出，大約百分之九十五的男性與女性表示自己曾於某種情境下產生性幻想。[38]《細節》（Details）雜誌針對一千七百多名大學生進行調查，結果發現百分之九十四的男性與百分之七十六的女性，每天至少會想到一次關於性方面的事。[39]

情色幻想也許是最為普遍的性活動。幾乎人人都有過這樣的幻想，但由於觸及個人或社會不能接受的感覺和慾望，因此沒有被廣泛討論。此外，許多人都有過從未付諸實行的「禁忌」性幻想。

無論自發性地產生或由外部刺激引起，性幻想都是身體正常、健康運作的一部分。研究指出性幻想與性驅力有關，性驅力愈高，性幻想的頻率與性生活滿意度也會愈高。[40] 性幻想能幫助我們創造環境與內在自我之間的平衡，而這正是我們所追求的狀態。我們也利用性幻想來增強自慰的體驗，提升口交、性交等各種與他人進行的性經驗之快感。

有一項性幻想研究，從美國中西部的城市招募了八十五名男性與七十

> 允許自己和戀人幻想的自由。性幻想是正常、健康的，且能提升性致。
>
> 麥克・凱瑟曼（Michael Castleman, 1950-）

七名女性，年齡皆介於二十一至四十五歲之間。此項研究發現性幻想存在性別差異，其中多數反映了兩性各自從文化中學到的常見性腳本：[41]

- 男性的性幻想與女性形成對比，更加露骨，也更有可能包含多位伴侶。女性的性幻想則更具浪漫情懷，較有可能只牽涉一位伴侶。
- 男性較常幻想著支配，女性則較常幻想著臣服。男性的支配幻想與他們較能接受強暴迷思有關，而女性較能接受強暴迷思則與浪漫情懷的幻想主題有關。
- 女性的性幻想往往與自己的慾望和歡愉有關，與伴侶較無關。相較之下，男性的性幻想則會同時涉及伴侶與自己的性慾和快感。

研究者指出，相對於關乎性慾和愉悅的幻想，傳統文化的異性戀性腳本鼓勵女性將伴侶的性慾和愉悅置於自己之前。研究者認為「所以這點很合理，在幻想的世界裡，女性可以選擇強調自己的需求，而非男性伴侶的需求」。

至於性傾向是否和性幻想類型有關，萊坦伯格與漢寧發現，男同性戀和女同性戀的性幻想內容往往與異性戀相似，差別只在於同性戀想像的是同性伴侶，異性戀則想像另一個性別的伴侶。[42]

在另一項研究中，湯瑪斯・希克斯（Thomas Hicks）與哈洛・萊坦伯格發現性幻想對象包含非現任伴侶（關係外性幻想）的比例有性別差異。[43]在三百四十九名身處異性戀交往關係的大學生與職員樣本中，百分之九十八的男性與百分之八十的女性自陳在過去兩個月內曾出現關係外的性幻想。

｜ 性幻想的功能

性幻想有數個重要的功能。第一，性幻想有助於引導、定義我們的情慾目標，它能為我們概括化的性驅力賦予具體畫面與特定內容。我們會幻想某些類型的男性或女性，且透過幻想的參與，使我們更加受到吸引。遺憾的是，我們的幻想模式可能不盡合理或無法實現，這是幻想的其中一項缺點。我們可以想像完美，但完美很少在現實生活中出現。

> 擺脫誘惑的唯一方式就是屈服於它。
>
> 王爾德（Oscar Wilde, 1854-1900）

　　第二，性幻想使我們得以規劃或預期可能出現的情況。性幻想提供一種排練形式，讓我們在腦海裡練習如何在各種情況下採取行動。我們幻想約會時、派對後、與伴侶在床上可能發生的事，當作一種準備的方式。

　　第三，性幻想能讓我們逃離枯燥或壓迫的環境。在進行固定或重複的行為時常常會出現幻想，用來應付無聊。

　　第四，即使性生活令人滿意，我們也可能沉溺於性幻想，為關係帶來新奇與刺激。幻想讓我們對性的好奇有了一個安全的出口。一項研究發現，有些女性只能透過幻想來體驗性高潮。[44]

　　第五，性幻想有類似夢境能傳達意義的功能。我們的性幻想提供了某些線索，讓我們明白目前的興趣、快樂、焦慮、恐懼或問題是什麼。舉例而言，反覆幻想多重戀情可能意味著對婚姻的強烈不滿；而以勃起困難為主的腦海畫面，可能代表對於性或特定關係的恐懼。

｜ 性表達時的幻想

　　很多人會在進行性行為時出現幻想。這種幻想通常是白日夢或自慰幻想的延續，例如將伴侶轉變成知名、有吸引力的好萊塢明星。伴侶們時常認為發生性行為時應該完全專注於對方，不能想到其他人，尤其是跟性有關的想法。然而，在性行為的激情之中，很多人不僅會想到自己的伴侶，還會想到過去的戀人、朋友和電影明星等。許多人為這樣的想法感到內疚，覺得自己對伴侶有「精神上的不忠」。然而性治療師認為，幻想其他情人相當正常，且必然是常見的情形。

　　幻想自己被迫進行性活動或受害的女性，並不見得希望這種事情實際發生。然而，這類女性比起不會產生上述幻想的女性，往往對各種性活動更感興趣，也更有性經驗。

｜ 春夢

　　金賽（Alfred Kinsey）的研究中幾乎所有的男性與三分之二的女性表示曾經做過明顯帶有情色或性意味的夢。[45]夢中的性愛畫面往往非常強烈，

> 兩個人做愛時，至少有四個人在場──兩個確實在那兒的人，還有兩個是心中想著的人。
>
> 佛洛伊德（Sigmund Freud, 1856-1939）

然而儘管人們對於清醒時產生的幻想通常會感到自責，但春夢卻不那麼使人困擾。

雖然明顯與性無關的夢也可能引起性興奮，但明顯與性有關的夢並不見得會讓人興奮。倘若半夜醒來，注意到自己勃起或陰道濕潤，或是發現身體動作如同做愛一般，這並非不尋常的現象。人們也有可能經歷夜間性高潮（或遺精）。大約百分之二到三的女性高潮可能出現於夜間，而男性則可能在百分之八左右。[46]

春夢幾乎都會伴隨夜間性高潮。作夢的人可能會醒來，男性則通常會射精。雖然夢的內容可能沒有明顯的性意涵，但總會伴隨著情慾上的感覺。所有可能的性行為型態，都會在春夢裡出現，例如：異性、同性或自體性行為；或是像亂倫、支配與臣服、戀獸或戀物等行為。相較於男性，女性似乎對於夜間性高潮較不會感到內疚或害怕，也更容易接受這種愉悅的體驗。

■ 自慰

自慰，名詞。一種由其他所有人定期實行的極端噁心行為。

羅伯特・特佛頓（Robert Tefton）

人們表示自己會自慰的原因包括：放鬆、緩解性緊張、伴侶不能或不想有性行為、獲得生理上的愉悅、幫助入眠，以及避免性感染疾病。自慰有可能出現在特定時期，或整個人生階段（見表 2.2）。對於年長者而言，

女性自慰：許多人透過自慰「發現」自己的性潛力。女性有時會透過自慰來學習達到高潮，然後將這種能力帶進交往關係中。

在喪偶之後，自慰通常能大量恢復早年的意氣風發，而且往往是最常見的性活動。

　　自慰是我們了解自己身體的重要方式。透過自慰，兒童與青少年學習到什麼是性愉悅、如何移動自己的身體，以及屬於自己的自然節奏。自慰並不會造成身體的傷害。雖然個體若規律與他人進行性交，就會減少自慰的次數，但自慰不必然是性交的暫時替代品，它本身就是一項正當的性活動。性治療師可能會鼓勵個案以自慰作為克服特定性問題的一種方式，並發現個人的性潛能。自慰無論是單獨進行，或與伴侶相互進行（見圖2.4），都是一種更安全的性行為。（請參閱第一冊第六章，了解更多有關自慰與兒童、青少年的資訊。）

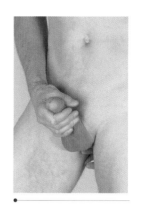

男性自慰：自慰是個人探索情慾能力，並為自己帶來快感的一種重要性行為形式。

圖 2.4　相互自慰

自慰是一種本質上嚴重脫序的行為。

《梵蒂岡性倫理宣言》，一九七六年

許多伴侶喜歡互相自慰，這是一種安全的性行為類型。

表 2.2 十四至七十歲以上的美國人，過去一年曾進行選項中性行為的百分比

性行為	年齡組									
	14-15 歲男性 %	14-15 歲女性 %	16-17 歲男性 %	16-17 歲女性 %	18-19 歲男性 %	18-19 歲女性 %	20-24 歲男性 %	20-24 歲女性 %	25-29 歲男性 %	25-29 歲女性 %
單獨自慰	62	40	75	45	81	60	83	72	84	72
與伴侶一同自慰	5	8	16	19	42	36	44	48	49	48
接受女性的口交	12	1	31	5	54	4	63	3	77	3
接受男性的口交	1	10	3	24	6	58	6	72	5	72
為女性口交	8	2	18	7	51	2	55	3	74	3
為男性口交	1	12	2	22	4	59	7	76	5	76
陰道性交	9	11	30	30	53	62	63	87	86	87
接受陰莖插入肛門	1	4	1	5	4	18	5	21	4	21
將陰莖插入肛門	3	-	6	-	6	-	11	-	27	-

性行為	年齡組									
	30-39 歲男性 %	30-39 歲女性 %	40-49 歲男性 %	40-49 歲女性 %	50-59 歲男性 %	50-59 歲女性 %	60-69 歲男性 %	60-69 歲女性 %	70 歲以上男性 %	70 歲以上女性 %
單獨自慰	80	63	76	65	72	54	61	47	46	33
與伴侶一同自慰	45	43	38	35	28	18	17	13	13	5
接受女性的口交	78	5	62	2	49	1	38	1	19	2
接受男性的口交	6	59	6	52	8	34	3	25	2	8
為女性口交	69	4	57	3	44	1	34	1	24	2
為男性口交	5	59	7	53	8	36	3	23	3	7
陰道性交	85	74	74	70	58	51	54	42	43	22
接受陰莖插入肛門	3	22	4	12	5	6	6	4	2	1
將陰莖插入肛門	24	-	21	-	11	-	6	-	2	-

註：數據來自五千八百六十五位美國人

資料來源：Herbenick, D., et al. (2010). Sexual behavior in the United States: Results from a national probability sample of men and women aged 14–94. *Journal of Sexual Medicine*, 7, 255-265。

評估對自慰的態度[47]

自慰罪惡感是一種習得的腳本,指與自慰有關的內疚、噁心、羞愧與恐懼等負面感受。[48] 如本章所述,長期以來自慰都與羞愧、內疚的感受有關,直到近年來才出現正面態度。不過,仍然有很多人對於自己的自慰行為感到罪惡。完成下列量表,以了解自慰的負面訊息對你/妳的影響程度。

說明

指出下列每項陳述對你/妳而言的正確程度,從「完全不正確」到「非常正確」,在量表上圈選出適當的數字。

	完全不正確				非常正確
01. 人們自慰是為了逃避緊張與焦慮的感受。	1	2	3	4	5
02. 自慰的人無法像抑制自慰的人一樣享受性交。	1	2	3	4	5
03. 自慰屬於個人私事,既不傷害、也不影響他人。	1	2	3	4	5
04. 自慰是一種害己的罪過。	1	2	3	4	5
05. 童年時期的自慰有助於發展對性的自然、健康態度。	1	2	3	4	5
06. 成年人自慰既幼稚又不成熟。	1	2	3	4	5
07. 自慰可能導致偏差的性行為。	1	2	3	4	5
08. 實際上不可能有過度自慰的情形,因此無需掛慮。	1	2	3	4	5
09. 如果過度沉迷於自慰,將無法學習與性伴侶建立關係。	1	2	3	4	5
10. 人們在自慰後會感到丟臉。	1	2	3	4	5
11. 女性的自慰經驗可能有助於在性交時達到高潮。	1	2	3	4	5
12. 我對自慰有罪惡感。	1	2	3	4	5
13. 當沒有「真正的朋友」時,自慰可以是「有需要時的朋友」。	1	2	3	4	5
14. 自慰可以為性幻想提供一個出口,才不會傷害別人或危害自己。	1	2	3	4	5
15. 過度自慰可能導致男性的勃起問題,使女性無法獲得性高潮。	1	2	3	4	5
16. 自慰是一種逃避機制,使人無法發展出成熟的性觀點。	1	2	3	4	5
17. 自慰能以無害的方式紓解性緊張。	1	2	3	4	5

18. 玩弄自己的生殖器很噁心。 — 1 2 3 4 5

19. 過度自慰與與精神官能症、憂鬱以及行為問題有關。 — 1 2 3 4 5

20. 任何自慰行為都太過分。 — 1 2 3 4 5

21. 自慰是一種強迫性、成癮性的習慣，一旦開始便幾乎無法停止。 — 1 2 3 4 5

22. 自慰是有趣的。 — 1 2 3 4 5

23. 當我自慰時，我很厭惡自己。 — 1 2 3 4 5

24. 頻繁自慰與內向性格和社交疏離有關。 — 1 2 3 4 5

25. 公開承認自己曾經自慰會讓我感到羞愧。 — 1 2 3 4 5

26. 過度自慰會導致心智遲鈍與疲勞。 — 1 2 3 4 5

27. 自慰是正常的性出口。 — 1 2 3 4 5

28. 過度沉浸於性方面的想法才會導致自慰。 — 1 2 3 4 5

29. 自慰能教我們享受自己身體的美好。 — 1 2 3 4 5

30. 自慰後，我會因為無法控制身體而對自己感到厭惡。 — 1 2 3 4 5

計分方式

將圈起來的數字相加，得到一個介於 30 到 150 的分數，即為自慰罪惡感指數。累加之前，注意以下十題要反向計分：3，5，8，11，13，14，17，22，27，29；換言之，1 分會改以 5 分計算，2 分以 4 分計，4 分以 2 分計，5 分則以 1 分計。得分愈低，代表對自慰的罪惡感與負面態度愈低。

┃ 自慰的盛行率

如表 2.2 所示，美國全國性健康與性行為調查（National Survey of Sexual Health and Behavior，簡稱 NSSHB）中，十個年齡組包含十四至七十歲以上的男性和女性，皆表示前一年曾單獨、或與伴侶共同自慰。圖 2.5 與圖 2.6 顯示了該調查中，依種族／族群分析十八至三十九歲的男性和女

圖 2.5　十八至三十九歲的美國女性中，曾進行選項中性行為的百分比

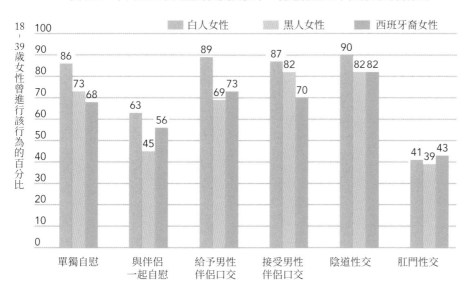

資料來源：Reece, M., Herbenick, D., Schick, V., Sanders, S. A., Dodge, B., & Fortenberry, J. D. (2010c). Findings from the National Survey of Sexual Health and Behavior (NSSHB). *Journal of Sexual Medicine*, 7(Suppl. 5), 243-373。

圖 2.6　十八至三十九歲的美國男性中，曾進行選項中性行為的百分比

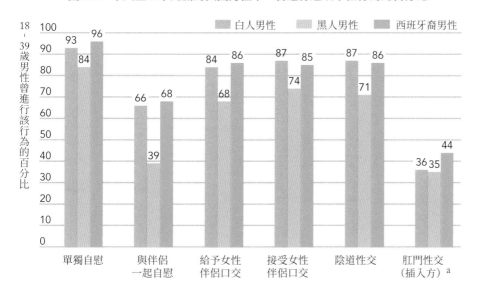

資料來源：Reece, M., Herbenick, D., Schick, V., Sanders, S. A., Dodge, B., & Fortenberry, J. D. (2010c). Findings from the National Survey of Sexual Health and Behavior (NSSHB). *Journal of Sexual Medicine*, 7(Suppl. 5), 243-373。

[a] 將陰莖插入女性或男性伴侶的肛門。

性，曾獨自自慰或與伴侶共同自慰的百分比。從以上圖表顯示，自慰是一種可以單獨進行或在伴侶關係中進行的常見行為，發生於所有年齡層與族群，可被視為個人和伴侶性行為中典型且讓人愉悅的一部分。

一項針對大學生（七十八名男性，一百四十五名女性）的研究發現，

幾乎所有男性（百分之九十八）與多數女性（百分之六十四）皆表示自己
曾經自慰、也都顯示出頻繁的自慰行為：過去三個月中男性平均三十六次，
女性十四次。這項研究也探討了能預測頻繁自慰的因素。對於男大學生而
言，如果認為同儕經常自慰，其自慰的頻率便會較高。認為自慰令人愉悅
的男大學生，也會呈現出較高的自慰頻率。對於女大學生而言，自慰頻率
與覺察到的愉悅最為相關，與性交頻率亦多少有關。研究者得出以下結論：
就此樣本而言，覺察到的社會規範、覺察到的愉悅程度以及性行為等，皆
有助於解釋與理解大學生的自慰行為。[49]

自慰行為會受教育、族群、宗教和年齡的影響，其中教育因素的影響
力特別強大。一個人的教育程度愈高，他或她的自慰頻率也會愈頻繁。英
國一項具全國代表性的研究，調查一般大眾（十六至四十四歲）的自慰行
為，結果發現教育程度和社會階級愈高，且較年輕的男性和女性，自慰頻
率也比較高。[50]

> 自慰是人類主要的性活
> 動。十九世紀時，自慰
> 是一種疾病；到了二十
> 世紀，自慰成了一種療
> 癒的方式。
>
> 湯瑪斯・薩茲（Thomas Szasz,
> 1920-）

┃　成年期的自慰

自慰在年輕時期最常發生，在成年早期達到高峰，接下來幾年則會下
降（表 2.2）。

女性與自慰　女性熟悉自己性反應的其中一種方式即為自慰。美國全
國性健康與性行為調查發現，女性於上一年度曾經自慰的百分比範圍，從
二十五至二十九歲年齡組的百分之七十二，降至七十歲以上年齡組的百分
之三十三（表 2.2）。[51] 年齡介於十八至三十九歲的白人、黑人與西班牙裔
女性，曾獨自進行自慰的百分比分別為百分之八十六、百分之七十三與百
分之六十八。曾與伴侶一同進行自慰的白人、黑人和西班牙裔女性比例，
則分別為百分之六十三、百分之五十六與百分之四十五（圖 2.5）。[52] 針對
英國一般大眾自慰行為的研究則發現，下列幾種類型的人最常自慰：過去
四週陰道性交較頻繁、有較豐富的性技巧，如口交和肛交、前一年有最多
的性伴侶、自陳有同性伴侶，以及較不篤信宗教的人。[53] 會自慰的女性似
乎抱持較正面的性態度，且比不自慰的女性更可能達到性高潮。[54] 雖然多
數女性認為透過自慰達到的性高潮與性交不同，但能感受到同樣的性滿意

度。[55]

　　儘管女性自慰的方式不盡相同，但皆會使用幾種常見的方法以達到高潮。多數包含某種類型的陰蒂刺激，例如使用手指、摩擦物體或使用振動按摩器。摩擦或刺激的行為在高潮前往往會加劇，高潮期間更會持續。

　　由於陰蒂頭太敏感，不適合長時間的直接刺激，女性傾向於輕柔地在陰蒂體上撫摸。另一種較不會對陰蒂直接施力的常見方法，是輕撫維納斯丘或小陰唇。個人喜好對於自慰方法的選擇、刺激的強烈程度、自慰的頻率、是否搭配使用振動按摩器或精油等情趣用品，皆為關鍵的因素。舉例而言，有些女性可能會發現用溫水沖洗外陰處，或坐在熱水浴缸靠近出水處，能夠引發性興奮。刺激乳房與乳頭也很常見，或是撫摸肛門區域。某些女性喜歡將一根手指或其他物體插入陰道內，但這比刺激陰蒂少見。有些女性會在 G 點區域施加深壓，能帶來不同類型的高潮。只要運用相關的清潔常識，例如不將進入過肛門的物體或手指插入陰道，以及保持振動按摩器與其他插入用品的清潔，即有助於預防感染。

　　男性與自慰　美國全國性健康與性行為調查結果顯示，男性在前一年曾經自慰的百分比範圍，從二十五至二十九歲年齡組的百分之八十四，降至七十歲以上年齡組的百分之四十（表 2.2）。[56] 年齡十八至三十九歲的西班牙裔、白人與黑人男性，曾獨自進行自慰的百分比分別為百分之九十六、百分之九十三與百分之八十四。曾與伴侶共同進行自慰的西班牙裔、白人與黑人男性比例，則分別為百分之六十八、百分之六十六與與百分之三十九（圖 2.6）。[57] 英國一般大眾的自慰研究則發現，陰道性交頻率較低的男性，以及同性戀伴侶，其自慰盛行率較高。[58]

　　男性和女性一樣，在自慰方面有個人的偏好與模式。幾乎所有方式都包含某種類型的手部對陰莖直接刺激。一般而言，陰莖體會被握在手上，以上下或繞圈移動的方式搓揉，如此會刺激龜頭與包皮繫帶下側周圍的陰莖頸邊緣。用力的程度、搓揉的速度、使用多少根手指、手指的位置、手上下移動的距離等，皆因人而異。是否要刺激乳房、睪丸、肛門或其他身

我喜歡自慰的原因在於完事後不必聊天。

米洛斯・福曼（Milos Forman, 1932-）

體部位，也取決於個人，但上下搓揉或摩擦陰莖似乎才能引發高潮。搓揉的速度在射精前往往會加劇，射精期間則會放慢或停止。

為增加變化或刺激，某些男性可能選擇使用潤滑液、圖像或文字類的情色作品、假陰道、充氣娃娃，或可讓陰莖插入的橡膠套。無論使用何種情趣用品或自慰技巧，重要的是要注意清潔以預防細菌感染。

性關係中的自慰　儘管比例顯著下降，但多數人在婚後或進入穩定交往狀態時仍會繼續自慰。美國全國健康與社會生活調查發現，已婚人士在過去十二個月中自慰的可能性，低於未婚或曾有過婚姻的人士。已婚的男性和女性自陳過去一年曾有過自慰的比例，分別為百分之五十七與百分之三十七左右。未婚或曾有婚姻的男性和女性，過去一年曾經自慰的比例則分別約為百分之六十九與百分之四十八。[59]

有許多原因致使人們在婚姻或其他性關係期間仍繼續自慰，例如：自慰令人愉悅、伴侶不在身邊或不願配合、性交無法令人滿足、伴侶（們）害怕自己有性功能障礙、將個人幻想付諸實行、試圖舒緩壓力等。在關係出現衝突的期間，自慰可能會成為一種保持距離的手段，伴侶其中一方選擇以自慰取代性互動，作為情緒上保護自己的方式。

與他人的性行為

我們往往認為性行為指的就是性交，但性行為不限於性交。異性戀會進行各式各樣的性活動，包括帶有情慾意味的碰觸、接吻、口交和肛交等。除了陰道性交外，男同性戀和女同性戀伴侶進行的性活動，基本上與異性戀相同。哪些「性」活動實際上能構成性行為？大眾已經針對此議題進行過辯論，主要拜美國前總統柯林頓所賜，他宣稱自己未曾與莫妮卡‧陸文斯基（Monica Lewinsky）發生性行為，儘管她確實曾幫他口交。（要了解具代表性的年輕成人樣本認為構成「發生性行為」的要素是什麼，請參閱第 106 頁的「想一想」單元。）

■ 最近一次伴侶性行為

如同許多全國規模的性行為調查，美國全國性健康與性行為調查也評估了各種性行為的頻率，其主要的發現皆摘述於本書中（如第一冊第二章與第三冊第四章）。然而該調查不僅是典型性行為統計數據的分析，還評估最近一次伴侶性行為的其他背景因素。[60] 這項背景因素的研究對象是來自全美三千九百九十名成人（年齡介於十八至五十九歲之間）所組成具代表性的樣本，其調查結果讓我們更加了解伴侶性行為的情境與經驗，如性行為發生的地點和對象，以及性行為過程中的性功能狀況等（如快感、興奮和高潮）。某些較為有趣的發現，讓我們得以快速了解美國人最近一次伴侶性活動的形式：

■ 多數參與者表示最近一次性活動發生在自己或伴侶的家中。

■ 最近一次發生的性活動大多和穩定關係或約會對象進行，但也有為數可觀的少數人表示最近一次性事件的對象是朋友。然而，多數十八至二十四歲的參與者表示自己的伴侶是屬於隨意性關係或約會的對象。

■ 絕大多數人（但並非全部）表示，最近一次性活動是和另一個性別的對象發生。

■ 參與者的性活動有相當多種花樣，在單次的性活動中會出現各式各樣的性行為。

■ 陰莖—陰道性交是男性和女性最近一次性活動最常見的性行為，不過口交（施予與接受）的發生也很頻繁。

■ 最近一次性活動過程中僅進行陰莖—陰道性交的男性和女性比例最多，然而有些人表示只從事非性交行為，例如與伴侶進行口交與自慰。

■ 多數男性和女性參與者表示自己與伴侶在最近一次性活動期間未曾使用酒精或大麻。

關於參與者對最近一次伴侶性活動的評價（如興奮、快感、高潮、性功能障礙等），調查結果將於探討性功能問題的章節介紹（參見第三冊第四章）。

愛情是我們編造出的自我妄想，為了合理化做愛帶來的麻煩。

丹·格林伯格（Dan Greenberg）

如果⋯⋯，你／妳會說你／妳「發生性行為」[61]

當人們說自己「發生性行為」、「勾搭某人」或「做了某事」，卻沒有發生性關係，他／她們是指什麼？人們對於何謂發生性行為的看法各異，端看其採取的行為準則。社會與法律對於「性行為」以及「發生性行為」的相關罪行，都有不同的定義，且有時界定模糊，取決於起因為何。伴侶或個人可能會為了保持或失去童貞、避免讓別人被「劈腿」，或相信自己發生了性行為，而以某些定義來界定陰莖─陰道性交或陰莖─肛門性交之外的各種親密行為。缺少「發生性行為」的共同定義，可能會導致混淆或錯誤的假設。[62]

美國印第安納大學的金賽性、性別與生殖研究所和愛滋病／性傳染病偏鄉防治中心，有幾位研究者針對一群具代表性的成人樣本進行了輿論研究，以確認特定的性活動以及男性射精、女性高潮、使用保險套、短促的陰莖─陰道性交或陰莖─肛門性交等，是否代表「發生性行為」。該研究透過隨機數字撥號的電話訪談，收集到四百八十二名不同年齡層的成年印第安納州居民的意見。（十八至二十九歲的參與者意見，如下一頁表格所示。）

毫無意外地，幾乎所有的參與者皆認為陰莖─陰道性交（甚至是表列的特殊情境下）是「發生性行為」。陰莖─肛門性交的調查狀況大致相同，惟回答「是」的比例較低。一如預期，認為口交與對生殖器的手部刺激「是」性行為的比例低於性交，有趣的是不同性別在回答上有明顯的差異，女性針對這兩種行為回答「是」的比例高出男性許多。

另外兩項針對大學生進行的研究，則使我們進一步了解年輕成人對「發生性行為」的定義。一項研究調查一百六十四位加拿大異性戀大學生對於「發生性行為」的看法、構成性伴侶的條件，以及何謂性伴侶「出軌」。結果顯示，學生對這三個議題的看法大相徑庭。舉例而言，雖然僅百分之二十五的學生認為口交屬於性行為，但超過百分之六十的學生認為口交的提供者或接受者屬於性伴侶，更有超過百分之九十七的學生認為，性伴侶與別人進行口交即為出軌。[63] 此外，儘管只有不到百分之四的學生認為在別人面前自慰達到高潮屬於性行為，但有百分之三十四的學生表示這種行為會使對方成為性伴侶，且百分之九十五的學生認為若是在非伴侶面前這樣做則屬於出軌行為。

最後，另一項研究詢問兩百九十八位加拿大異性戀大學生對「禁慾」和「發生性行為」的定義，得到一些有趣的結果，例如研究者發現一項明確共識——如果只有深吻，則屬於禁慾行為，另外，多數學生認為如僅止於共浴、撫弄乳房等，沒有牽涉生殖器，也屬禁慾行為。其他研究則發現，大家一致認為陰莖—陰道與陰莖—肛門的活動並不屬於禁慾的範圍。[64]

批判性思考

01. 你／妳對於「發生性行為」之定義的任何研究結果是否感到意外？你／妳是否同意這些研究發現？

02. 「發生性行為」如何被定義是否有任何差別？

03. 你／妳如何定義「發生性行為」？你／妳的定義會隨著時間而改變嗎？

十八至二十九歲的印第安納州居民（三十一位女性，三十一位男性），針對「假如你／妳參與過最親密的行為是……，你／妳會說自己與某個人『發生性行為』？」這個問題，回答「是」的百分比。[65]

行為	女性 %	男性 %
觸摸、愛撫或以手刺激伴侶的生殖器	29.0	9.7
伴侶觸摸、愛撫或以手刺激你／妳的生殖器	32.3	16.7
以口部（嘴巴）接觸伴侶的生殖器	61.3	33.3
伴侶以口部（嘴巴）接觸你／妳的生殖器	67.7	40.0
陰莖—陰道性交	93.5	96.7
陰莖—陰道性交但未射精，即男方並未「到了」	93.5	90.0
陰莖—陰道性交但女方未達到性高潮，即女方並未「到了」	90.3	96.7
陰莖—陰道性交但非常短暫	96.8	96.7
陰莖—陰道性交，使用保險套	93.5	100
陰莖—肛門性交	83.9	76.7
陰莖—肛門性交但男方未射精	83.9	76.7
陰莖—肛門性交但女方未達到性高潮	83.9	76.7
陰莖—肛門性交但非常短暫	83.9	76.2
陰莖—肛門性交，使用保險套	83.9	83.3

■ 伴侶性關係類型

心理學家與著名性治療師巴瑞‧麥卡錫（Barry McCarthy）及其妻子艾蜜莉‧麥卡錫（Emily McCarthy），在《發現您的伴侶性關係類型》（*Discovering Your Couple Sexual Style*）一書中，挑戰已婚或未婚伴侶對於性所抱持的不合理期待，並要求伴侶發展成熟的性行為。麥卡錫夫婦認為，每對伴侶都會發展出自己的性關係類型，問題在於雙方如何保持獨立性，同時又感受到自己在親密與情慾的性關係中。麥卡錫夫婦在與伴侶會談時表示：「大部分伴侶需要六個月或更長的時間，才能從浪漫愛情／激情性愛／理想化階段，轉變為發展出成熟、親密的伴侶性關係。」[66] 接下來則會要求這些伴侶發展彼此都感到自在的親密程度，這種親密感能促進性慾和情慾，並為關係提供能量。

麥卡錫夫婦發現四種伴侶性關係類型，並指出沒有最好的「正確」風格，多數伴侶會維持自己的核心性關係類型，因為這樣才會自在和滿意，但麥卡錫夫婦也鼓勵伴侶們隨著關係進展，在性方面要持續進行調整與修正。

｜ 互補型

這是最常見的性關係類型。這種關係允許伴侶雙方能積極表達自己對於性的各種想法，卻又能保有親密關係。選擇這種類型的伴侶會發現，一位投入、性興奮的對象，即為最佳的催情劑。伴侶雙方都為自己的性慾和反應負責，並且都能自在地發起性行為、拒絕性行為，以及要求不同的性愛情境。在此種關係中，伴侶的角色並非讓對方達到高潮，而是一個親密的朋友，願意接受、回應對方的性感受與喜好。這種類型的優點在於其變化性、靈活性，以及雙方對親密與情慾的重視。然而這種關係有一個可能的弱點，即性可能流於例行公事，如果伴侶把性和對方都視為理所當然，就可能對性關係逐漸感到失望與挫折。

｜ 傳統型

這是最容易預測、最穩定的性關係類型，因高度重視和平、承諾與穩

定,所以通常被稱為「接納與保障」關係。這種將衝突最小化的關係中,有一點至關重要,即傳統的性腳本屬於男性的領域,情感與親密則為女性的領域。由於不鼓勵情緒和情慾的表達,這類型的關係最不親密、最不帶有情色意味,性的優先順序低於其他伴侶性關係類型。性行為由男性發起,女性在情慾方面較不主動,但接受男性的喜好。此類型的優點在於可預測、有保障、角色定義明確,以及性很少會成為引起爭論的議題。弱點在於彼此之間以及性關係的親密度不足,且是所有性關係類型中最抗拒變化者。

靈魂伴侶型

成為靈魂伴侶,意味著體驗最高程度的親密與親近感,這種伴侶性關係可謂「完美」類型。屬於此類型的伴侶會分享感受、花大量時間在一起、享受共同的經驗,並將滿足對方的需求列為高度優先。其基本原則在於:親密度愈高,性就愈美好。優點是感受到真正被接納、被愛、被渴望、被珍惜,且不怕受到批評或拒絕。當運作良好時,這種關係能真正滿足伴侶對於親密與安全的需求。然而主要風險在於關係太過緊密、容易預測時,可能會破壞性行為,且伴侶可能互相「去情慾化」。換言之,伴侶其中一人可能與對方太過親近,以至於失去情慾的感覺。在這種類型中,伴侶面對關係出現的問題時會猶豫不決。屬於這種性關係類型的人需要有足夠的自主性,才能維持自己對於性的發言權,伴侶間應致力於整合親密與情慾。

情感表達型

這種伴侶性關係最具有情色意涵,特色是強烈的情緒與戲劇化的事件。伴侶雙方皆能以言語和行為,自由表達正向與負向的激情。在四種伴侶性關係類型中,此種類型最為迷人、刺激、有趣和不可預測。其關注能提升情慾的外部刺激,而較不重視親密。對於情緒與性表達的開放性,以及自發性的特質,為此種類型的主要優點。四種伴侶性關係類型中,此種類型最具彈性與吸引力,且伴侶間經常在衝突後以性行為重新維繫關係。主要缺點在於關係的不穩定度為所有類型中最高,伴侶會因為彼此的情緒波動而「互相耗損」。屬於此種性關係類型的伴侶,應尊重個人界線,且當問題涉及性行為時,不應傷害對方。

■ 觸摸

　　無論性行為是由心靈或生殖器開始，觸摸是將兩者鎔鑄為一的火苗。觸摸既是關愛的訊號，也是興奮的象徵。

　　觸摸不必然要針對生殖器或性感帶，人的全身皆能對碰觸或撫摸產生反應。對於在性方面互相吸引的兩人而言，即使是牽手也帶有情慾。女性似乎對於觸摸特別敏感，而傳統性別角色下的男性則較不重視碰觸。某些男性認為觸摸只是性交的前戲，在這種情況下，觸摸便成為要求性交的方式，而非親密的表達或情慾的遊戲，這類男性的伴侶可能會變得不願意碰觸對方或展現情感，因為擔心自己的動作會被誤解為引誘對方發生性行為。

　　威廉‧麥斯特斯（William Masters）與維吉妮亞‧強生（Virginia Johnson）提出一種稱為「愛撫」的觸摸形式。[67] **愛撫**（pleasuring）是指不接觸生殖器的碰觸與撫摸，伴侶雙方都不會試圖激起對方的性慾，只是探索、發現對方的身體是如何回應碰觸。伴侶其中一方會將對方的手引導至他／她的身體上，告訴對方何種觸摸方式感覺良好，接著會互換角色。這種分享能讓彼此知道對方的反應，亦使雙方得以探知對方的喜好和偏惡。我們無法假設自己已經知道特定對象的喜好，因為人與人之間的差異太大，然而觀看伴侶自慰可以獲得線索，了解他／她喜愛被何種方式刺激。愛撫開啟了溝通之門，伴侶會發現不只是生殖器，全身都是性感帶。事實上，麥斯特斯與強生指出，女性往往偏好在觸摸生殖器之前先撫摸全身，而許多男性則較喜歡對方儘早撫摸生殖器。

　　某些形式的觸摸直接與性有關，如撫摸、撫弄和摩擦自己或伴侶的生殖器與乳房。吮吸或舔舐耳垂、頸部、腳趾，或大腿、手掌和手臂內側，可能會帶來高度刺激感。以口部刺激女性或男性的乳房和乳頭往往令人興奮，將生殖器或乳房在伴侶的臉、胸口、乳房或生殖器上游移，對於某些人而言非常情色。兩人身體緊壓，生殖器相互磨蹭的動作稱為**交叉體位**（tribidism），亦稱「磨豆腐」，異性戀伴侶則稱為「剪刀式」。許多女同性戀喜愛這種類型的生殖器刺激，能帶來全身的接觸與性慾亢進，有

我幾乎無法把手從你身上移開。

奧維德（Ovid，西元前 43- 西元 17）

事實上，性被稱為最高形式的觸摸。在最深遠的意義上，觸摸是性愛的真實語言。

艾胥利‧蒙塔古（Ashley Montagu, 1905-1999）

圖 2.7 交叉體位

時伴侶雙方會將骨盆部位貼合在一起，提供相互的陰蒂刺激（圖 2.7）。將陰莖置於對方大腿間摩擦的觸摸方式，則稱為**股間性交**（interfemoral intercourse）。為了避免懷孕，沒有採取避孕措施的異性戀伴侶，必須確定男方不會在陰道口附近射精，無論可能性有多低。

以手掌或手指刺激伴侶的陰蒂或陰莖，可增加興奮感並導致高潮。必須注意的是，若直接刺激陰蒂頭，可能會讓某些處於特定興奮階段的女性感到痛苦，因此刺激陰蒂兩側可能會更有效果。當然，在進行大量觸摸之前，陰蒂與周圍區域必須為濕潤狀態。將一根或多根手指插入伴侶濕潤的陰道，並以女方喜歡的速度進行有節奏的移動，亦能令對方產生快感。某些女性喜歡對方舔舐陰蒂，或一手刺激陰蒂，另一手進入陰道。男性喜歡陰莖受到潤滑，伴侶的手才能在陰莖體與龜頭上順暢滑動。（如果稍後要使用保險套，務必使用水性潤滑液，因為油性潤滑液可能導致保險套變質損壞。）自慰時由伴侶握住另一隻手，會讓兩人都產生高度情慾；互相自慰也能帶來強烈性慾。有些人會使用假陽具、振動按摩器或陰道訓練球等性玩具來增強性碰觸。（性玩具將於第三冊第四章探討）

《倡導者》（*Advocate*）是一份關注同性戀議題的雜誌，曾經對其讀者進行一項針對關係與性的調查。極大多數的女同性戀表示自己喜愛許多不接觸生殖器的性活動：百分之九十一喜愛擁抱、撫摸與依偎，百分之八十二喜愛法式接吻，百分之七十四喜愛單純牽手。四分之三的女同性戀喜愛

觸摸有助於放鬆,並增強親密感。

碰觸女性生殖器,也喜歡自己的生殖器受到觸摸;約百分之八十喜歡撫摸對方的乳房,或吸吮其乳頭,百分之六十八喜歡受到如此對待。[68] 約百分之八十五的男同性戀也將擁抱、親吻和依偎列為最喜愛的性活動。[69]

　　性治療師與心理學家巴瑞・麥卡錫及其妻子艾蜜莉・麥卡錫,將觸摸的五個面向(從情感到性交等)加以概念化。麥卡錫夫婦以新穎的方式,將這五種觸摸類型比喻為手排車的五個檔位。請參閱第 113 頁「想一想」單元,了解更多關於五種觸摸檔位的資訊。

■　親吻

　　親吻通常是我們與他人最早的性體驗,其原始的強烈程度可追溯至我們嬰兒時期吸吮乳房的行為。親吻如同魔法:童話故事持續訴說著古老的信念──一個吻可以解除魔咒,令王子或公主復活。父母的吻是愛的表現,往往能療癒童年時期的小傷痛。

　　接吻或許是所有性活動中最能被接受的行為。戀人溫柔的吻象徵愛情,帶有情慾的吻當然代表激情,其本身即為激情。男性和女性都認為親吻是一種浪漫的表現,同時也是情感與慾望的象徵。

> 親吻起源於第一隻雄性爬蟲類動物舔舐第一隻雌性爬蟲類動物,以一種微妙、恭維的方式,意味著她就像他前一晚吃的小爬蟲類那般美味多汁。
>
> 費茲傑羅(F. Scott Fitzgerald, 1896-1940)

給予和接受愉悅的觸摸：「接觸的檔位」

性的本質，即給予和接受以愉悅為導向的觸摸。

──麥卡錫夫婦[70]

　　性治療師與心理學家巴瑞·麥卡錫和其妻子艾蜜莉·麥卡錫，在《發現您的伴侶性關係類型》一書中指出，健康的性伴侶會學習重視一系列身體、情感上的接觸與再接觸方式，以維持性生活的活力與滿足。要達到這點有一項重要的方式，即透過以愉悅為導向、沒有特殊要求的觸摸，包含從情感式的觸摸到性交式的觸摸。性表達不見得會演變成性交，沒有特定要求的愛撫，便確立了非性交式觸摸的價值。麥卡錫夫婦表示：「無論最終是否會發生性交，觸摸都至關重要。」事實上，性愛經常不會走到性交這一步。

　　以愉悅為導向的觸摸，這個選項的概念有助於屏除傳統男性─女性的性腳本，以及關於性的權力鬥爭。一般而言，男性通常急於促使性交發生，只將觸摸視為「前戲」，這往往會讓女性感覺到壓力而非挑逗，她也會對於為了性交才主動觸摸感到矛盾與衝突。因為抱持著「只要性交，其餘免談」的觀點，其他以愉悅為導向的觸覺經常受到貶抑和忽視。麥卡錫夫婦以「接觸檔位」這樣的比喻，概念化五種觸摸面向，包括情感、感官、嬉鬧、非性交的情慾、性交。想像五種觸摸層次為一輛手排車的五個檔位，從一檔開始，一路換檔直至五檔。麥卡錫夫婦也運用性興奮的十點量表：零為無感，五為性觸摸的開始，十為性高潮。

- 　　一檔：情感的觸摸。這類觸摸包含享受與伴侶初次約會時相同的溫暖、浪漫經驗。這是真誠地「接觸」對方，且感覺安全與關係緊密，並有助於感受感官與性的連結。情感觸摸的例子包含穿著衣服時的互動，如牽手、擁抱、親吻、挽臂行走等。此檔位相當於十點量表上的一分，不帶性方面的意味，卻是親密關係的重要一環。認識一檔可能達到的互動程度，便能提升當下的喜悅。

- 　　二檔：感官檔位。此檔位相當於十點量表上二至四分範圍內的興奮程度，進行時可穿著衣服、半裸或全裸，且會觸摸生殖器以外的身體部位。這種非生殖器的觸摸檔次，被性治療師標榜為沒有特定要求的愛撫，意即此人享受觸摸對方以及伴隨的快感，但除了觸摸的良好感覺之外，不期望任何回報，伴侶雙方皆不會要求跨越二檔。此檔次的例子包含看電視或 DVD 時互相依偎、睡前親吻

或摟抱、給予及接受背部按摩、手臂交纏擁彼此入懷等。

■ 三檔：嬉鬧檔位。此檔位涉及玩鬧式的觸摸，可碰觸或不碰觸生殖器，進行時可全裸或半裸。嬉鬧式的觸摸會很有趣、挑逗且帶來驚喜，相當於十點量表上的四至六分。嬉鬧觸摸被性治療師稱為生殖器的愛撫，例如全身按摩、一起淋浴或泡澡，以及逗弄對方的身體。嬉鬧觸摸如同其他檔位的觸摸，本身即具有價值，但也可作為性慾與性交的橋樑。

■ 四檔：情慾檔位。此種檔位相當於十點量表上的七至十分，包含帶有情慾意味、但非性交式的觸摸，例如以手部和口部觸碰生殖器、摩擦、以振動按摩器刺激等，可令伴侶一方或雙方高度興奮與高潮。因此，對於享受觸摸，但不希望因為可能進展到性交而產生壓力的伴侶而言，這是最具挑戰性的檔位。這個檔位往往會導致性交，但其本身即具有價值，可當作性交的情慾替代方案。四檔可能會有多種假想情境和技巧，其本身即可帶來滿足感。

■ 五檔：性交。五檔牽涉到性交，但這個概念與「性等於性交」不同，差異在於五檔僅被當作以愉悅為導向的觸摸層面之一。有些伴侶在性交的競速中，會快速完成前四檔轉換（稱為「性愛直線加速賽」）。有些人一旦達到足以性交的興奮程度（通常是十點量表上的五分）就會快速進展到性交，但伴侶們也可以學習玩味各種愉悅導向的觸摸，待達到高度興奮程度（十點量表上的七至八分）再進行性交，如此性交的發生才會成為持續情慾流動的一部分。此外，愛撫時對多種刺激技巧樂在其中的伴侶，也可將這些行為納入性交過程中，以增強性功能與滿意度。

觸摸是共享歡愉的邀約。認識彼此的碰觸將有助於伴侶培養、發展屬於自己的性愛風格。麥卡錫夫婦表示：「透過慶祝彼此相愛的日常喜悅，並將五種觸摸層面融入關係之中，便能學習重視各種富於變化的性愛方式，讓伴侶關係保持活力與滿足。」

批判性思考

01. 「只要性交，其餘免談」的立場，傳達給男性和女性什麼訊息？屏除此概念的好處是什麼？

02. 為何許多伴侶會陷入「性愛直線加速賽」的陷阱？

03. 怎麼做才有助於伴侶接受、重視所有的「接觸檔位」？

　　嘴唇和口部對接觸非常敏感，也是身體上敏銳的情慾部位。親吻能發現、探索和刺激身體，也與味覺和嗅覺有關，這點尤其重要，因味覺與嗅覺能激發潛意識中的記憶與聯想。熟悉的氣味，如體味或香水味，若與特定的性事記憶相關，往往令人感到興奮。在某些語言（如婆羅洲語），「親吻」一詞的字面翻譯就是「嗅聞」。事實上，愛斯基摩人與紐西蘭毛利人並不親嘴，僅互碰鼻子以利嗅聞。

　　雖然接吻似乎是單純的行為，但在許多層面皆是極度親密的表現。青少年的初吻往往被視為一個里程碑，一項必經的儀式，是成人之性的開端。這是一個重要的發展階段，標誌著年輕人開始進入性的世界。（請參閱第116 頁「想一想」單元，了解親吻〔包含初吻〕對一群大學生樣本而言有何意義。）

　　親吻的次數因性傾向而異。女同性戀伴侶比異性戀伴侶更常接吻，男同性戀伴侶則比異性戀伴侶少接吻。[71]

　　一般認為平常的接吻是較安全的性行為，法式接吻基本上也算安全，除非親吻時因用力導致出血，或伴侶中有一方的口腔內部或周圍有潰瘍或傷口。

■　口交

　　近年來，口交已成為許多人的性腳本之一。口交（oral-genital sex）有舔陰（cunnilingus）與吮陽（fellatio）兩種類型，可單獨或同時進行。第一冊第一章曾提到，舔陰是由女性的伴侶以嘴部與舌頭對其外陰與（或）陰蒂進行情慾刺激，也提過吮陽是指男性的伴侶透過吸吮或舔舐，以口部對陰莖進行刺激。兩人同時對彼此進行口部刺激時，此種活動有時稱為「六九式」。「六九式」一詞來自數字「69」的外形結構，一看便能意會該活動進行的方式。

　　不論對於何種性傾向的人而言（尤其是高中與大學生），口交在性自我之中都是日漸重要的層面。表 2.2 列出了美國全國性健康與性行為調查

> 如果你追求的是那邊的高舉，那邊的衝刺，就別再言語，將嘴唇與舌頭留作他用。
>
> 賀拉斯（Horace，西元前 65-8）

> 說到「六九式」這種上下顛倒的交纏方式，我個人一直都感到極度困惑，這就像試圖同時拍你的頭和揉你的胃。
>
> 海倫‧勞倫森（Helen Lawrenson, 1904-1982）

初吻會使戀情破局？[72]

親吻除了嘴唇互碰，是否還有更多涵義？意外的是，這個主題的科學研究非常少，儘管哲學家早已寫了幾個世紀的「吻」。然而一項刊登於科學雜誌《演化心理學》（*Evolutionary Psychology*）、針對大學生與親吻的開創性研究顯示，接吻過程有大量的訊息交流。[73] 這項研究採用深度訪談的方式，以美國東部一所大型大學一千零四十一名在校生為樣本（僅限於偏好或主要與另一個性別親吻者），提供了親吻行為的描述性紀錄。大約百分之七十的受訪學生表示曾親吻過六個人以上，百分之二十的受訪者估計親吻過二十人以上。關於親吻對象的數量與戀愛初吻的年紀，男性和女性之間並沒有發現差異。

這項研究發現一個有趣的現象，數量相當的男性和女性皆指出不好的吻會讓戀情「破局」，經常導致可能的新關係結束。百分之五十九的男性與百分之六十六的女性表示自己曾經受到某人吸引，但接吻之後便不再感興趣。其中一名研究者戈登・蓋洛普（Gordon Gallup）表示，一個吻或許不能促成一段關係，卻足以扼殺一段關係，且「或許有一種潛意識的機制，能讓人透過親吻評估基因的相適性」。[74]

蘇珊・休斯（Susan M. Hughes）及其同事的研究顯示，親吻對於男性和女性的涵義極為不同。[75] 該研究發現接吻對女性的意義較為重大，能評估對方是否為潛在的伴侶，也能發起、聯繫與維持一段長期關係，並監控長期關係的當前狀態。反之，男性則較不重視親吻，尤其是與短期伴侶的親吻，且似乎以親吻作為達到目的之手段，亦即獲得發生性行為的機會。不論是在短期或長期關係中，大約有一半的男性認為接吻會導向性行為，相較於女性只有約三分之一會這麼認為。蓋洛普指出，對男性而言，親吻是維持伴侶對自己身體感興趣的一種方式，他表示：「由於交換的男性唾液會持續很長一段時間，可想而知男性唾液中的睪固酮便能刺激女性分泌性荷爾蒙，使女性更容易接受性行為的發生。」[76]

該研究發現的其他主要性別差異包括：

- 口腔味道與氣味對女性而言較為重要。
- 女性較有可能因為伴侶沒有先親吻，而拒絕與對方發生性行為。
- 較多女性表示，會拒絕與接吻技巧差的人發生性行為。

- 男性較可能希望於接吻過程中交換唾液，且更偏好舌頭接觸與張嘴親吻。

- 男性較有可能認為親吻能讓爭吵停止。

- 較多男性認為初次約會就能接吻，且女性伴侶可以主動索求初吻。

初吻是難忘、一生一次的經驗。一項針對美國西部一所大型大學三百五十六名異性戀學生的研究，檢視初吻通常會伴隨何種情緒反應。[77] 研究者發現，多數人在迎接初吻之前，會產生一連串的情緒——擔心、緊張、害怕、尷尬和疑惑等。另外，情緒會在親吻過程中變化，男性的焦慮與害怕會轉變為喜悅、幸福、性喚起、愉快等正面感受。女性則會經歷複雜的情緒反應，包含厭惡、無所適從、無聊、愉快、柔情與刺激等。初吻過後，多數男性會持續感受到正面情緒反應，但有些會經歷尷尬或其他負面感受。女性方面，雖然許多人表示會產生正面感受，但失望、後悔和煩惱等負面情緒反應則更為常見。

批判性思考

01. 你／妳是否同意不好的初吻可能令潛在的新關係「破局」？這種事曾經發生在你／妳身上嗎？

02. 對你／妳而言，親吻在一段關係中有多重要？

03. 什麼是好的親吻？親吻是否會導致性交？

04. 你／妳的初吻經驗是什麼？

中，十個年齡組的男性和女性於過去一年曾對男／女性進行口交，或接受男／女性口交的百分比。此外，十八至三十九歲的男性和女性曾對伴侶進行口交、或接受口交的比例，如圖 2.5 和圖 2.6 所示。社會學家菲利浦·布隆斯汀（Philip Blumstein）與佩珀·史瓦茲（Pepper Schwarz）發現，百分之五十的男同性戀、百分之三十九的女同性戀與百分之三十的異性戀伴侶，做愛時經常或總是將口交列為例行項目。[78]

一項針對男性和女性大學生的研究顯示，個體對其生殖器的態度可能為性互動中一個重要層面。[79] 假設某個人認為自己的生殖器迷人、性感，比起對自己的生殖器感到難為情的人，前者在性互動的過程中會更自在。同一項研究也發現曾進行過口交的參與者之中，絕大多數同時會給予和接受口交。一項針對近兩千名大學生的研究指出，幾乎所有曾經性交過的學生也都進行過口交，相較之下，無性經驗者之中只有約四分之一曾進行口交。[80] 在兩性的比較上，男性比女性更容易在接受和給予口交時獲得快感。幾乎所有研究樣本皆表示給予或接受口交最重要的原因，在於讓伴侶感到愉悅。研究也發現學生（尤其是女性）認為口交的親密程度不如性交。另外，多數研究參與者指出在承諾關係中進行口交能感到自在。一份針對女同性戀和男同性戀之性行為的調查則顯示，十名女同性戀和男同性戀中，約有七人喜歡給予和接受口交。[81]

┃ 舔陰

舔陰時，女性的伴侶會以舌頭或嘴部刺激她的生殖器，即以輕柔、有節奏的方式，輕觸、舔舐陰蒂及周圍區域（圖 2.8）。在性興奮期間，伴侶

圖 2.8　舔陰

可以用口或嘴唇啃咬、舔舐和親吻大腿內側、腹部與陰阜等處，接著轉往敏感的小陰唇與陰蒂區域，如此透過有節奏地刺激陰蒂，便有可能帶來性高潮。某些女性在被舔陰的過程中，也喜歡對方將手指插入陰道或肛門，以獲得額外刺激。許多女性認為舔陰最容易達到性高潮，因為舔陰帶來的刺激相當強烈。

女同性戀經常以舔陰來獲得性高潮。然而根據一項研究，多達百分之二十五的女同性戀很少或從未有過舔陰的行為，她們反而較仰賴牽手、接吻、手部刺激、彼此充滿情慾地緊貼等活動。[82] 然而在研究中，女性進行口交的頻率愈高，愈有可能對性生活與伴侶感到滿意。

但某些女性對於舔陰抱有疑慮，最常見的擔憂為對方是否喜歡這類性行為，尤其會擔心外陰是否有難聞的氣味。對於陰道氣味的疑慮可透過清洗解決，例如未經脫臭處理的白皂可洗去令人不舒服的氣味，且不影響陰道自然產生的情慾味道。女性的生殖器若有難聞的氣味，可能是陰道受到感染。

女性也可能擔心伴侶因為是給予快感者而非接受者，所以不喜歡這種體驗，有這類擔心的女性並不了解，舔陰帶來的性興奮往往是相互的。由於我們的嘴巴與舌頭皆為敏感的情慾部位，因此給予口交者在令她／他的伴侶興奮時，自己也會感受到情慾的刺激。

吮陽

吮陽的過程中，男性的陰莖會被放進伴侶的口中。伴侶會舔舐龜頭，並輕輕刺激陰莖體（圖 2.9），陰囊也可能會被輕柔地舔舐。如果原本陰莖尚未勃起，吮陽後通常會在短時間內勃起。隨著興奮感增加，伴侶吸吮的力道會加大，以有節奏的移動方式向下至陰莖的根部，接著向上，但必須注意不可咬得太大力或以牙齒刮傷陰莖。男性接受口部刺激的同時，伴侶亦可用手撫摸其陰莖體。輕柔地逗弄睪丸也能引起興奮，只要別抓太緊即可。如同舔陰，伴侶應該在過程中進行嘗試和實驗，以找到最能讓對方興奮的方式。男性應留意，將陰莖插進伴侶的喉嚨時不可插得過深，否則可

圖 2.9　吮陽

能會導致嘔吐反射，應該交由伴侶控制陰莖深入口中的程度。伴侶可從嘴唇下方抓住陰莖，以控制其深入程度。另外，給予口交的人若是在上方，則較不容易出現作嘔反應，也可藉由慢慢增加陰莖插入口中的深度來控制。有些女性感覺吮陽的親密程度高於性交，也有些人認為親密程度較低。吮陽是性工作者最常對男性進行的性活動形式。[83] 多數男性認為吮陽能引起高度興奮。

　　吮陽在男同性戀的性行為中是一個重要部分，然而如同性交之於異性戀男性，吮陽僅是男同性戀眾多性愛節目中的一項活動。一般而言，男同性戀伴侶愈常給予／接受口交，便會愈感到滿足。[84] 由於口交往往具有權力的象徵意義，因此相互性很重要。如果伴侶其中一方總是負責給予口交，他可能會覺得自己的地位低於對方。滿意度最高的男同性戀伴侶會彼此輪流給予及接受口交。

　　人們對於吮陽的共通疑慮跟射精有關，是否可以射精到伴侶的嘴裡？有些人認為精液略帶苦味，但也有人喜歡其味道。有些人認為射精途中或

射精後更用力吸吮陰莖相當刺激，有些人則不喜歡口中充滿精液。對許多人而言，關鍵在於是否要吞下精液。有些人會吞下，有些人則會吐出，這只是個人偏好的問題，接受吮陽的人應該包容伴侶對此問題的感受，並避免認為不喜歡吞食精液就等於對個人的排斥。

某些人會試圖為自己的陰莖提供口部刺激，這種做法稱為**自我口交**（autofellatio）。金賽及其同事發現許多男性會嘗試此種行為，但研究對象中只有不到百分之一的人能實際做到。[85]

■　性交

相較於陰道性交、陰莖—陰道性交與交媾這些用詞，**性交**（sexual intercourse）是較常見，較不學術性的說法。性交一詞有時也用於描述陰莖—肛門性交，但我們在此處討論的「性交」是指陰莖—陰道性交。性交有強烈的個人意義，它是愉悅、溝通、連結與愛情的泉源，但強迫性交則是一種造成攻擊與痛苦的手段。性交的意義會隨著我們涉入的情境而改變。我們對性交的看法可能取決於感受與動機、使用的技巧或所經歷的性高潮。在渴望與另一個性別發生性關係的人之中，性交是最受重視、最多人尋求的性行為，盛行率非常高，如表 2.2 和圖 2.5、圖 2.6 所示。

｜　性交的意義

雖然性交對於多數有性關係的伴侶而言非常重要，但其對男性和女性的意義往往不同。許多男性認為「性就等於交合」，且性交的有無相當於一種表現測驗的通過或失敗。多數男性在單次性活動的性交部分會達到一次高潮。然而對許多異性戀女性而言，性交是她們性滿意度中最核心、但並非唯一要素。在所有異性戀者的性行為之中，性交是伴侶雙方最能平等參與的活動，彼此都能同時給予和接受，因此女性在性交中感受到的共享親密度，可能高於其他的性活動。麥卡錫夫婦指出最重要的一點，在於將性交視為歡愉和情慾歷程的自然延伸。[86]

> 發生在時間中的性愛行為，正如空間中一躍而起攫取獵物的老虎，是一種過剩的能量。
>
> ——喬治·巴代伊（Georges Bataille, 1897-1962）

> 性是偉大的業餘藝術。
>
> ——大衛·柯特（David Cort）

▍體位

　　伴侶的玩興、種種身體姿勢的變化以及獨特的巧思等，可以產生無限多種性交體位。在不同情境下使用相同體位，也可能帶來強烈激情，化平凡為非凡。

　　最常見的是男性在上的面對面體位（圖 2.10）。許多人偏好這個體位的原因有幾個，第一，這是我們文化中傳統、正確或「正式」的體位，是許多人認為可行、有效的性姿勢。（男性在上的體位通常稱為傳教士體位，因為這是過去傳統上傳教士鼓勵人們使用的體位。）第二，讓男性在交媾過程能有最大的活動、移動與控制度。第三，女性得以自由刺激陰蒂，協助達到高潮。這種體位的主要缺點是男性難以在撫摸伴侶或刺激其陰蒂的同時，以雙手支撐自己；女性則較難控制陰莖插入的角度、速度與深度。除此之外，由於陰莖受到高度刺激，某些男性採取這個姿勢時會難以控制射精。

圖 2.10　面對面體位，男方在上

圖 2.11　面對面體位，女方在上

　　另一種常見體位是女性在上的面對面體位（圖 2.11），女性會趴或跨坐於伴侶身上。這種體位讓女性能以最大程度活動、移動和控制，如此她便可以控制陰莖插入的深度。此外，當女性跨坐於伴侶身上時，任何一方皆能撫摸或刺激她的陰唇與陰蒂，促使女性達到高潮。這種體位與男性在上的體位同樣便於接吻。缺點是某些男性或女性對於交媾時女性採取主動的體位，可能會感到不舒服。這種體位對男性而言通常較不刺激，因此較容易控制射精。

　　性交也能以男性在女性身後的姿勢進行，這種背後進入式體位有數種變化，女性可以跪著並以手臂支撐身體，讓陰莖由後方進入陰道。伴侶雙方也可以側躺，讓女性背對其伴侶（圖 2.12）。這種體位可以由各種方式進行，且在懷孕期間特別適用，因為最能大幅減少女性腹部的壓力。此體位有助於女性刺激其陰蒂，通常也能讓男性在性交過程刺激女性。

圖 2.12　背後進入式體位

　　採用面對面側躺體位時，伴侶雙方會側躺並面對彼此（圖 2.13），兩人皆更能自由撫摸與刺激對方。與背後進入式體位相同，此種體位的主要缺點在於陰莖較難保持在陰道內。

　　密宗性愛（tantric sex）是一種根據東方宗教信仰的親密性愛類型，約西元前五千年左右起源於印度。密宗性愛的技巧包含伴侶的「能量」共享，一開始以最小幅度插入，再透過緩慢的體內運動產生能量，接著兩人想像生殖器的能量向上移動至身體（圖 2.14），雙方呼吸得以協調，並達到親密（經常對視）、狂喜、無拘無束的境界。許多書籍皆以密宗性愛為主題，亦有許多專為此架設的網站。

■　肛門性愛

　　肛門性愛（anal eroticism）指涉及肛門的性活動。肛門上脆弱的薄膜（以及其禁忌性質），能使許多人感到性興奮。這類活動包括舔肛

> 如果我說我做了七個小時的愛，那麼吃晚餐與看電影也包含在內。
>
> 菲爾・柯林斯（Phil Collins, 1951-）

圖 2.13　面對面側躺體位

圖 2.14　密宗性愛

（analingus），指舔舐肛門區域（俗稱「毒龍鑽」或「拌沙拉」）。肛門—手部接觸包括以手指刺激肛門區域，有時可能將整個拳頭插入（白人男同性戀稱為「拳交」〔fisting〕，非裔美籍男同性戀則稱為「指交」〔fingering〕）。許多進行肛門性愛的伴侶，會同時進行吮陽或性交。雖然此種性活動的盛行率仍不清楚，但由於肛門周圍皮膚的敏感性，許多人表示肛門性愛能令人高度興奮。肛門區域保持乾淨非常重要，因為延伸至肛門的腸道會攜帶各種微生物。

肛交（anal intercourse）指男性將勃起的陰莖插入伴侶的肛門（圖2.15），異性戀和男同性戀都會進行肛交。表 2.2 呈現美國全國性健康與性行為調查中十個年齡組過去一年的肛交發生率。該調查中，年齡在十八至三十九歲之間的群體（圖 2.5 和 2.6），約四成的男性表示曾經在與男性或

圖 2.15　肛交

女性伴侶進行肛交時插入對方，同樣約四成的女性表示曾經歷過肛交。[87]

　　肛交在男同性戀之間是一種重要的性表達：《倡導者》雜誌的調查發現，百分之四十六的男同性戀喜歡作為肛交的插入方，百分之四十三喜歡作為接受方。[88]肛交在男同性戀中相當盛行，雖然研究顯示這類型的性行為比口交少見。例如英國一項研究發現，過去一年與同性發生性關係的男性中，略有一半以上表示曾進行肛交（百方之五十七為插入者，百分之五十四為接受者），而約有七成左右曾進行口交（百分之七十一為插入者，百分之七十一為接受者）。[89]澳洲一項針對男性最近一次同性性行為的研究，發現約三分之一的性行為包含肛交（百分之三十八插入，百分之三十接受），約四分之三為口交（百分之七十六插入，百分之七十六接受）。[90]雖然異性戀的想像認為插入者較「陽剛」，被插入者較「陰柔」，但這種想像通常不反映同性戀的真實狀況，肛交對於同性戀伴侶雙方而言都屬於陽剛行為。

　　肛交雖然能提高進行該活動者的情慾，但從健康的角度來看，肛交比其他多數形式的性互動更具風險，直腸特別容易受到性感染疾病的感染（見第三冊第五章、第六章）。

■　性活動對健康的益處

　　本章與其他章節中，我們強調幾種提升性愉悅的方法。當然，體驗性愉悅本身即為參與性活動的強大動機。當性行為是愉快的，便能帶來獨特的喜悅與滿足。但性表達除了能夠帶來愉悅之外，性行為對健康是否有益？艾瑞克‧布雷弗爾曼（Eric Braverman）醫師指出：「性就像一個電荷，而高潮就像重新啟動整台電腦，以多種方式為健康提供能量。」[91]布雷弗爾曼認為擁有性生活能夠減輕壓力、增加關係的親密程度，並維持睪固酮、雌激素和催產素等「愛情荷爾蒙」的高度分泌，藉此幫助我們常保年輕。

　　研究指出頻繁參與性活動的人會體驗到許多好處，例如更長的壽命、更健康的心臟、更能預防疾病、緩解疼痛、降低血壓、更健康的體重、降低攝護腺癌風險、更高的認知能力、更好的荷爾蒙濃度、降低乳癌風險，

以及更令人滿意的關係。[92] 但究竟是美好的性行為增進健康，或良好的健康提升了性行為的頻率與愉悅程度？性學研究專家貝弗莉‧惠普（Beverly Whipple）表示：「……我們目前仍尚未完全清楚，是性行為讓人更健康，或者健康的人傾向有更多的性行為。」[93] 幾乎所有關於性行為有益健康的研究都屬於相關研究。換言之，這些研究只顯示性與健康有相關，但並非因果關係。[94] 然而可以確定的是，美好的性行為與良好的健康能相輔相成。[95]

結語

正如我們於本書中所見，性行為無法獨立於吸引力和慾望。我們的自體性活動對性的重要性，不亞於人際間的性活動。雖然本章所探討的是社會中最常見的性行為，但也有許多人從事其他較不典型的性活動。在下一章將探討這些非典型行為。

摘要

性吸引力

- 構成性吸引力的特質因文化而異。青春與健康似乎是唯一的共同點。身體的對稱性與氣味，對性吸引力至關重要。美國的文化喜好苗條、乳房豐滿的女性，以及肌肉發達，但不會過於強壯的男性。一項橫跨五十年、針對大學生的研究發現，潛在伴侶「長相好看」的重要性，在男性和女性皆有增加。

- 勾搭與「炮友」關係在大學校園相當常見，這樣的情形有許多優點和缺點。

- 性慾會受到性渴望（對性的正面情緒反應）以及性恐懼（對性的負面情緒反應）的影響。

性腳本

- 性腳本組織我們的性表達。性腳本有三個主要組成要素：文化、個人、人際。文化腳本提供特定社會中性行為被期望呈現的一般形式。個人腳本能解讀生理反應是否與性有關。人際腳本則是促成兩人之間發展性活動的共同慣例與訊號。

自體性行為

- 自體性行為指僅涉及自身的性活動。自體性活動包括性幻想、春夢、夜間性高潮，以及自慰，即刺激生殖器以獲得快感。進行各類自體性活動的人，亦較有可能行使縝密的人際性腳本。

- 性幻想和春夢可能是所有性行為中最為普遍

的類型，屬於性的正常層面。情色幻想有幾個功能：捕捉我們概括化的性驅力，並加以定義和引導、使我們得以規劃或預期情慾的情境、提供逃離例行公事的愉快解脫、帶來新奇與刺激，並提供潛意識的線索。

- 多數的男性和女性都會自慰。自慰可能早在嬰兒時期就開始，並且持續到整個老年期。對自慰的態度因族群而異。

與他人的性行為

- 每對伴侶皆會發展出自己的性關係類型，雖然可能需要幾個月的時間。四種常見的性關係類型為互補型、傳統型、靈魂伴侶型與情感表達型。

- 性交是對男、女異性戀最具吸引力的性活動，儘管除了性交還有包含數種層面、以快感為導向的觸摸行為。

- 觸摸的情慾潛力通常被低估，尤其是在男性之間，因為我們的文化傾向以高潮為目標。

- 女同性戀和男同性戀皆表示最喜愛擁抱、親吻和依偎等情慾活動。

- 帶有情慾意味的接吻，通常是我們最早經歷到的人際性行為，為進入成人之性的必要儀式。

- 口交的接受程度逐漸提升，尤其對年輕成人而言。舔陰指的是以舌頭與口部刺激外陰，男性與女性皆會進行。吮陽指的是以口部刺激陰莖，男性和女性亦皆會進行。

- 性交是兩人之間親密、有益的性行為。性交既為生殖的方式，亦為一種愉悅的溝通形式。

- 肛門性愛是指牽涉到肛門的性活動。異性戀、男同性戀、女同性戀皆會進行。

- 良好的健康和美好的性行為間有高度相關。

問題討論

01. 在發起與他人的性行為時，你／妳的性腳本是什麼？你／妳比較希望性行為由自己、對方，或兩人共同發起呢？

02. 你／妳多久有一次性幻想？你／妳對於自己有性幻想感到自在嗎？你／妳是否曾與任何人分享過自己的性幻想？

03. 該怎麼做才能幫助人們更願意接受以快感為導向、但不包含性交的觸摸行為？

04. 你／妳是否認為口交或多或少比性交親密？你／妳認為給予或接受口交的主要原因是什麼？

推薦網站

- JackinWorld（自慰的世界）

  http://www.jackinworld.com
  提供與自慰相關之坦白、直接和明確的資訊。

延伸閱讀

- Bogle, K. (2008). *Hooking up: Sex, dating, and relationships on campus.*（《勾搭文化：大學校園中的性、約會與關係》）New York: New York University Press.

  一位社會學家與兩所大學在校生及畢業生的深度訪談，從歷史及現行脈絡了解勾搭文化。

- Braverman, E. R. (2011). *Younger (sexier) you.*（《更年輕［更性感］的你》）New York: Rodale.

  一位醫師提出恢復、振興性生活的計畫。

- Cornog, M. (2003). *The big book of masturbation: From angst to zeal.*（《自慰大全：從焦慮到激情》）San Francisco: Down There Press.

  一部跨領域作品，探討關於自慰的歷史、演進、心理學、文學、現代文化與幽默等。

- Corwin, G. (2010). *Sexual intimacy for women: A guide for same-sex couples.*（《女性的親密性愛：給同性伴侶的引導》）Berkeley, CA:

  本書作者為臨床心理學家，書中包含多種練習與案例，幫助同性關係中的女性增進親密程度。

- Giles, J. (2008). *The nature of sexual desire.*（《性慾的本質》）Lanham, MD: University Press of America.

  本書以心理學、哲學與人類學的角度探索性慾，內容與性互動、情慾快感、性別體驗和浪漫愛情等主題有關。

- Joannides, P. (2009). *Guide to getting it on* (6th ed.).（《調情指南》）Waldport, OR: Goofy Foot Press.

  一本大受歡迎、資訊完整的性愛手冊，已翻譯成十餘種語言。書中包括精美的人體與性行為插畫。

- Kouth, M. R. (Ed.). (2006). *Handbook of the evolution of human sexuality.*（《人類的性演化手冊》）Binghamton, NY: Haworth Press.
  頂尖專家探討演化理論與性的各種層面。

- McCarthy, B. W., & McCarthy, E. (2009). *Discovering your couple sexual style.*（《發現您的伴侶性關係類型》）New York: Routledge.
  本書目的在於協助人們發現並喜愛其伴侶性關係類型。

- Moalem, S. (2009). *How sex works.*（《老天決定我愛你》）New York: HarperCollins.
  本書以廣受喜愛的寫作風格，從心理學、關係、生物學與歷史層面，討論眾多與性有關的主題，並融合各種軼事趣聞。

- Silverstein, C., & Picano, F. (2003). *The new joy of gay sex* (3rd ed.).（《男同志性愛聖經》）New York: HarperCollins.
  關於男同性戀性愛方面的說明指引。

性 行 為 的
變 異

學生們怎麼說

我非常喜歡性愛，但我不會說自己性愛成癮。我認為對性上癮只有干擾到一個人生活的其他部分時，才是一件壞事。

──二十七歲，男性

我覺得根本沒有所謂的非典型性行為，每個人都應該找到讓自己感覺愉快且自在的性愛方式，別人的意見和研究數據都不重要。

──二十歲，男性

我覺得某些迷戀物品的傾向是好的、健康的。有些人會被腳或一雙鞋子挑起性慾，我真的不認為那有什麼問題。不過我倒是對喜歡玩綑綁的人有很大的意見，因為那樣實在很變態。

──二十一歲，女性

在我看來，戀物症錯失了性行為的主要重點：身體的歡愉與情感的親密。這種感覺與情感的「情慾交流」，是不需要鞭子、尿布或任何其他的花樣和道具，就可以完全實現。對我來說，戀物症是把心理上的殘缺帶到床笫之歡。這種帶著童年問題、未解決的衝突和過往創傷的情形，最好還是求助於心理師。

──二十三歲，女性

我的男朋友總覺得被舔腳很怪、很噁心。我從來沒試過，或讓別人在我身上嘗試，但我聽說不少人真的很喜歡，所以情人節那天，我試了，現在他喜歡舔腳的程度幾乎和口交一樣。事實上，他現在光聽到我赤腳走來走去就會興奮起來！

──二十歲，女性

性可以用各種方式表達，有些常見，有些較不常見。許多較不常見的行為被大眾貼上負面的標籤，往往意味著這樣的行為不自然、病態，或「變態」。本章將探討性行為的變異，如跨性別裝扮、支配與臣服等，這些舉動超出一般人通常會進行的性行為範圍。接下來，我們將探討被美國精神醫學學會（American Psychiatric Association）列為非高壓型性偏好症的性行為，包括戀物症及異裝症。最後，我們會討論高壓型性偏好症，包括戀獸症、戀童症、性施虐症、性被虐症和戀屍症等。

> 任何人的性生活如果公諸於世，幾乎無不充滿震驚與恐怖。
>
> 薩默塞特・毛姆（Somerset Maugham, 1874-1965）

性變異與性偏好行為

人類性行為的範圍幾乎無邊無際，而我們大部分的性活動與性幻想，如性交、口交和自慰，以及異性戀、男同性戀、女同性戀和雙性戀等性傾向，形成了一般範圍內的性行為與性慾望，而不在此一般範圍內的行為與幻想則屬變異。本章將以**性變異**（sexual variations）一詞，指涉統計學上在美國非典型的性行為，或非「主流」的性表達方式。

■　何謂性變異？

「性變異」是最常見的說法，雖然也有人使用**非典型性行為**（atypical sexual behavior）或怪誕性愛（kinky sex）這樣的用詞。然而必須注意的是，非典型不必然意味著異常，只是代表多數人不會進行這種特定的行為，或指超出文化認可範圍之外的性行為。儘管今日社會對於性行為的批判較少，使得進行性變異行為者較不會感到羞愧和內疚，但美國精神醫學學會認為某些性變異行為相當極端，可被歸類為精神疾患或性偏好症。性偏好行為通常具有強迫性、持續很長的一段時間，且對個體造成極大的痛苦。性偏好症這樣的診斷類別之存在，代表我們的文化仍持續尋找不被接受且需要治療的性行為。

> 當你想不出任何新的變態把戲可嘗試，這著實令人非常不安。
>
> 詹姆斯・迪奇（James Pickey, 1923-1997）

■　何謂性偏好症？

根據美國精神醫學學會《精神疾病診斷與統計手冊》第四版（修訂

版）（*Diagnostic and Statistical Manual of Mental Disorders*，簡稱 *DSM-IV-TR*）[1]，**性偏好症**（paraphilia）是一種精神疾患，特徵為出現重複且強烈的性喚起，呈現在幻想、衝動或行為上，且持續至少六個月，並涉及（1）非人類物體、（2）自己或伴侶產生痛苦或羞辱感，或（3）兒童或其他未經同意者。重點在於幾乎任何行為都可能具有情慾意義，表 3.1 列出了八種最常見與六種較不常見的性偏好症類型。為求盡量避免標籤化帶來的負面訊息，並表現對個體諸多面向的認同，使用「患有性偏好症的人」這樣的詞彙，會比「性偏好症者」更為合適。本書即採用「患有性偏好症的人」一詞。

表 3.1　性偏好症

性偏好症	性喚起活動
暴露症	於公開場合對某人或一群人露出生殖器、臀部或乳房（女性）。
戀物症	被鞋子、內衣褲等無生命物體或身體的某部位吸引。
摩擦症	於公開場合未經他人同意，即以生殖器或陰部碰觸、摩擦對方。
戀童症	與青春期前兒童發生主要或排他的性行為。
性被虐症	遭受真實、非模擬的羞辱、毆打、捆綁，或因其他方式造成的痛苦。
性施虐症	對另一人造成心理或身體的痛苦。
異裝戀物症	以另一個性別的服裝做跨性別裝扮（通常為男性）。
窺視症	觀察其他人在不知情的情境下進行脫衣或性行為等私密行為。
較不常見的性偏好症	**性喚起活動**
戀糞症	因糞便而達到性喚起。
灌腸症	因接受灌腸而達到性喚起。
戀屍症	與屍體進行性活動。
戀猥褻電話症	撥打色情、猥褻的電話。
戀尿症	因看見或想到尿液而達到性喚起。
戀獸症	與非人類動物進行性活動（獸姦）。

資料來源：引用自《精神疾病診斷與統計手冊》第四版修訂版（2000 年）。美國精神醫學學會。

儘管患有性偏好症的人也可能從事其他的性活動，但性偏好行為才是主要的性行為形式。這群人可能每日、或一日數次進行此種行為，或是會參與各種性偏好活動。縱使這種行為可能導致法律或人際問題，但由於使其滿足程度太高且難以抗拒，使得他／她們持續參與其中。患有性偏好症的人通常認為有迫切、強迫或強制性的衝動，促使自己必須進行此種行為。[2] 輕微的性偏好症可能只以令人不安的幻想為表現方式，通常於自慰時出現。嚴重的性偏好症則可能包括對兒童的性侵害，或對其他成年人使用威脅或暴力行為。[3]

絕大多數罹患性偏好症的人都是男性，[4] 通常在十五至二十五歲時最有可能參與性偏好活動。其中一種最常見的性偏好症——性被虐症（sexual masochism），在女性身上被診斷的頻率明顯較低，其男、女比例估計為二十比一。[5] 性偏好症可見於所有族群、社經群體和所有性傾向的人士之中。

> 所有性偏差中，最怪異的是貞操。
>
> 雷米·德·古爾蒙（Remy de Gourmont, 1858-1915）

性變異與可能被歸類為性偏好症之行為的區別，有時比較是屬於程度上的差異，而非類型上的不同。舉例而言，許多男性認為某些物品，如黑色性感內衣，可提升他們的性喚起程度，有些男性則認為必須有這類物品才能產生性喚起。第一個例子並無不尋常之處，但如果某位男性沒有性感內衣便無法達到性興奮，且性行為的目的是為了使他能接觸性感內衣，此種舉動即為美國精神醫學學會所認定的戀物症（fetishism）。[6]（關於戀物症的探討，見本書第 144 頁。）

另外有一點也必須注意，某些看似來自科學或臨床醫學領域的詞彙，可能根本不科學，甚至是隱含道德批判的偽科學用語，例如「女性色情狂」（nymphomania）和「男性色情狂」（satyriasis）。**女性色情狂**是指女性有「異常或過度」性慾的貶意用詞，且通常用於形容性活躍的單身女性。然而「異常」或「過度」的定義往往具有道德意味，並不科學。美國精神醫學學會並不認為女性色情狂是一種臨床病症。[7]「女性色情狂」一詞的使用最早可追溯至十七世紀，而在十九世紀因為理查·克拉夫特—埃賓（Richard von Krafft-Ebing）等人而廣為流傳。在十九世紀，如果女性的性行為偏離當時的道德標準，內科與精神科醫師便使用這個詞彙來病態化其行為（見

第一冊第二章）。即使到了今日，「女性色情狂」、「花痴」、「慕男狂」等詞，仍帶有病態的意涵。

很少有研究深入了解被文化規範認為是「性慾高漲」的女性或男性。性慾非常強烈的美國女性，大多被研究者忽略以及受到社會的汙名化。然而，有一項研究訪談了四十四名二十至八十二歲、性慾強烈的女性，讓我們了解這些女性的性生活，以及性慾對她們造成的影響。[8]「性慾高漲」的定義為女性（1）渴望自行或由伴侶提供性刺激，通常希望達到性高潮，發生頻率達每週六次或七次以上，且如果情況許可，無論何時皆會順從渴望而行動，或（2）認為自己具有強烈性慾，心中時常想到性，且認為其性慾面向強烈、頻繁地影響她的行為、人生選擇以及生活品質滿意度。這些女性表示自己的生活受到性慾的強大影響，因為性慾旺盛以致於無法忽略，且對某些人而言，這是影響她們時間與精力的主要因素。許多人也提到由於自己的性慾而被冠上「女性色情狂」、「性成癮」等歷史上視為病態的字眼，使得人生充滿掙扎與挑戰，儘管進行訪談的研究者所做的結論認為「成癮」或「強迫行為」等用詞皆不適用於描述這些女性。不過她們也表示身為性慾高昂的女性，讓生活充滿了滿足與喜悅的經歷。事實上，即使能夠選擇，這些女性皆不願意永久改變自己的性慾。研究者亦指出，許多女性表示她們想參與這項研究的原因是希望社會能夠更加了解、接受她們，也讓其他性慾旺盛的女性能更接受自己，減少對於自己性慾的痛苦感受。

男性色情狂是指男性擁有「異常」或「無法控制」的性慾，由於社會上普遍認為並期待男性的性慾比女性強，因此這個詞不如「女性色情狂」常見，而有鑑於此，男性色情狂的定義很少包含「過度」這個形容詞，反而主要以「不可控制」一詞反映出男性性慾為一強大驅力的概念。美國精神醫學學會並未將男性色情狂納為臨床病症。[9]

閱讀本章時請記住，必須明確區分各種詞彙的臨床醫學、評斷或通俗意涵。你／妳或許會很容易就將某個不喜歡或不贊成的行為定義為性偏好症，但除非受過臨床醫學訓練，否則不可將某人（包括自己）診斷為精神疾患。

禁止之聲經我而出。
性愛與情慾之聲……
聲音原被掩蓋，我便揭開它，
因我而清澈、美化的淫穢聲音。

華特・惠特曼（Walt Whitman, 1819-1892）

「性興趣疾患」是性偏好症的可行替代診斷，
或是徹底不同的概念？

美國精神醫學學會自從於一九八○年出版的《精神疾病診斷與統計手冊》開始將某些性變異行為列為「性偏好症」，性偏好症的建構概念便遭受廣泛批評。批評這個診斷類別的人堅稱，性偏好症的行為列表僅僅是試圖將那些不被社會認可的性行為視為病態。醫師與性學專家查爾斯・莫瑟（Charles Moser）同意此立場，並提出一種替代的類別。[10]

莫瑟表示「性偏好症」一詞受到性學專家約翰・曼尼（John Money）的推廣，以一種非批判的方式描述非典型或不尋常的性行為。[11] 不幸的是，他提出之性偏好症一詞被納入《精神疾病診斷與統計手冊》，反倒成為一種病理學的分類。《精神疾病診斷與統計手冊》是定義精神病理學（精神疾患）的全球標準資料來源，亦即決定哪些行為和慾望屬於健康或不健康。

莫瑟認為每個人都有自己獨特的性行為模式，導致了性行為的變化與社會接受度的差異。他的解釋如下：

> 簡單而言，一般大眾會認為某些性興趣可以接受（婚姻中的異性戀交媾），某些或許能接受（同性吸引），某些很怪異（戀鞋症），某些則令人厭惡（戀童症）。可被接受的性興趣會橫跨文化、時代而改變。過去一個世紀以來，我們看到北美社會與科學界對自慰、口交與同性戀的觀點已相對反轉。過去認為上述這幾種行為是精神疾病的原因、徵兆或結果，對兒童而言尤其危險，但這些行為的接受度現在已相對提高。

然而社會上仍持續將某些性行為歸類為不被接受的行為，導致表現出這些行為的個體受到言語及身體上的騷擾、個人痛苦，且／或家庭瓦解。

莫瑟提出一種新的診斷類別——「性興趣疾患」（sexual interest disorder，簡稱 SID），以取代性偏好症。這個新類別強調性興趣對個人的影響，而非暗示進行某些性行為的人屬於「疾病」的本質，也能避免為特定的性行為命名。為符合性興趣疾患的診斷，行為必須符合下列兩項準則：

■ 該性興趣並非導致臨床顯著痛苦與社交、職業或其他重要領域之功能缺損的特定幻想、性衝動或行為。

■ 該性興趣無法以第一軸診斷（如思覺失調症、情緒障礙症或焦慮症）來做更好解釋，並非源於一般醫學疾病的影響，也非藥物使用、誤用或濫用之結果。

這個新的診斷類別並不假設所有的性興趣皆可接受，也不認為應該給予任何性興趣特殊權利或保障。莫瑟以戀童症為例，他表示：「很顯然地，成人對兒童的性接觸，在任何情況下皆不應該受到寬宥。」[12] 莫瑟進一步指出，與未成年人發生性行為屬於應受到懲罰的犯罪行為，但目前仍不清楚這類行為是否屬於精神疾患。

批判性思考

01. 你／妳認為《精神疾病診斷與統計手冊》將特定性變異行為分類為性偏好症，是「企圖病態化不被社會接受的性行為」，或是一種必要的處理方式，因為某些性行為確實是精神疾患？

02. 莫瑟提出的替代診斷分類──性興趣疾患，這是《精神疾病診斷與統計手冊》中性偏好症的可行替代診斷，或是徹底背離原本概念的診斷？

如前所述，性變異與性偏好症之間的界線往往不甚分明，而將特定舉動貼上任一「標籤」不僅有待進一步確認，也缺乏科學驗證。然而，為了討論上的方便，有數種性行為的變異已條列於《精神疾病診斷與統計手冊》（第四版，修訂版）的分類項目下。有些心理衛生專家認為，將部分性行為歸類為性偏好症有其瑕疵，也反映出控制性慾的偽科學企圖（參見第 139 頁「想一想」單元）。

■ 大學生的性變異

關於罹患性偏好症者的數量，仍缺少可靠的估計資料，因為這種性的探討面向在近期研究中受到的關注程度不高。然而我們已知性偏好症有一同出現的傾向，[13] 例如同時表現出戀物症與性虐戀行為的人並不少見。不

同研究也帶來一些線索，一項由《細節》雜誌針對大學生進行的調查，呈
現出某些性變異與性偏好行為在該樣本間的盛行率。[14]（見圖 3.1）除了
「淫聲浪語」之外，只有少數學生表示曾經從事任何研究表列的行為。值
得注意的是，參與過某項行為的女性與男性學生百分比近乎相同，例如同
樣有百分之六的女性與男性學生，皆表示曾經進行過性虐戀。上述研究發
現以及其他類似行為的研究結果，似乎反駁了社會的普遍觀感，即女性的
性表達並不比男性保守或傳統。

圖 3.1　自陳曾從事性變異行為的大學生百分比

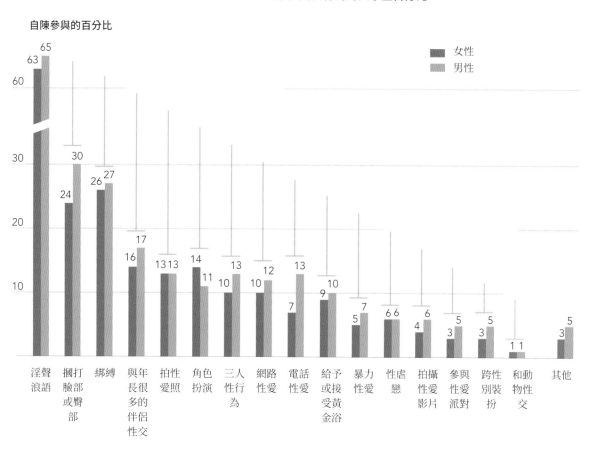

資料來源：改寫自 Elliott, L., & Brantley, C. (1997). *Sex on campus: The naked truth about the real sex lives of college students.* New York: Random House.

性變異：支配與臣服

性變異並不罕見。雖然多數人不會參與這類活動，但不表示這些行為很少出現。其中一種較普遍的性變異形式是支配與臣服。

性興奮來自雙方同意演出一人支配、另一人臣服的情節，即為**支配與臣服**（domination and submission，簡稱 D/S）。**性虐戀**（sadomasochism，簡稱 S&M）一詞也被大眾用來描述支配與臣服，但精神醫學和心理學在臨床上不會用這個詞彙來描述雙方同意下的支配與臣服關係。

支配與臣服為性幻想的一種形式，支配與臣服行為由精心打造的共同腳本仔細管控，其關鍵要素並非痛苦，而是權力。支配的一方擁有對方的所有權，臣服的一方則無權力。重要的是，當中的「痛苦」往往是佯裝的或很輕微，其量或程度由臣服者控制，通常是透過細微的非語言訊號達成。幻想便在其中扮演重要的角色，尤其是對臣服者而言。雙方在演出共同同意的主人—奴隸腳本時，控制效果並不完全，產生全面掌控效果的幻想，才是支配與臣服行為的基礎。[15]

一項針對非臨床群體的大規模研究顯示，多數參與支配與臣服行為的人認為這是「一種增強性的形式，彼此都自願參與，且選擇相互探索」。[16]因此支配與臣服並不屬於性偏好症，因為該行為是經過雙方同意且沒有痛苦。如要視其為性偏好症，支配與臣服必須帶給自己或伴侶真實的痛苦或羞辱，而非僅是模擬。[17]（一般認為性施虐症與性被虐症皆屬於高壓型性偏好症，本章稍後將加以討論。）

支配與臣服有多種形式。參與者通常會在不同時間點扮演支配與臣服的角色，很少有人只對扮演「上位者」或「下位者」感興趣。其中最廣為人知的形式為**綁縛與調教**（bandage and discipline，簡稱 B&D）。綁縛與調教是相當普遍的進行方式，其中一方被圍巾、皮帶、內衣、手銬、鐵鍊或其他類似道具捆綁，另一方模擬或實際進行輕度至中度的調教活動，例如拍打臀部或鞭打。被綁縛的一方可能被蒙住眼睛或塞住嘴巴。專門調教對方的女性稱為女調教師（dominatrix），對其臣服的伴侶則被稱為奴隸。

啊，美麗、激情之軀，
從未有過椎心之痛！
儘管嘴裡吻了血腥，
雖然刺痛，直至顫抖作疼
卻比我們敬慕的愛更為柔情
因它們不傷害心靈與智慧
哦，苦澀且溫柔的朵洛蕾絲
我們的痛苦女士。

阿爾吉儂·斯溫伯恩（Algernon Swinburne, 1837-1909）

綁縛與調教可能會在稱為「地窖」的特殊地點進行，設置有約束道具、身體懸掛裝置、拉肢架、鞭子和鐵鍊等。

綁縛與調教，或稱 B&D，在這種性愛腳本中，往往會用到皮帶、手銬與其他束縛物。

傑納斯夫婦（Samuel S. Janus and Cynthia L. Janus）指出百分之十一的男性和女性皆曾有過被綁縛的經驗。[18] 一項更近期的研究，調查三百四十七名女同性戀與五十八名雙性戀女性的四種「怪誕」性行為：綁縛或支配、性虐戀、照片或影片暴露症和窒息式性愛，結果發現，分別有百分之三十二和百分之四十一的女同性戀與雙性戀女性曾參與束縛／支配的性活動。該研究亦發現百分之四十的受訪者表示曾經從事四種行為中的至少一種，百分之二十五表示曾從事其中的多種行為。[19] 其餘三種「怪誕」性行為的盛行率待討論至該變異行為時再呈現。

另一種常見的支配與臣服形式為羞辱，指一方遭到貶抑或汙辱。羞辱的例子包括讓對方接受言語凌辱、灌腸（「水療」）、撒尿（「黃金浴」）、排泄糞便（「玩弄排泄物」）等。根據《精神疾病診斷與統計手冊》（第四版，修訂版），透過接受灌腸而產生性快感稱為灌腸症（klismaphilia），透過接觸尿液獲得性快感稱為戀尿症（urophilia），透過與糞便接觸而產生快感則稱為戀糞症

貝蒂・佩姬已成為對支配與臣服感興趣者的崇拜偶像，她是一九五〇年代最受歡迎的海報女郎之一。

（coprophilia）。羞辱活動亦可能包含假扮奴隸、假扮嬰兒、假扮動物，以及訓斥。假扮奴隸時，一方會被當成僕人或奴隸對待；假扮嬰兒時，有一

方會展現如嬰孩般的行為舉止——說嬰兒的語言、穿著尿布、讓他／她的「媽媽」或「爸爸」寵愛、責罵和打屁股。假扮動物是指有一方被當成狗一般對待（套上狗項圈和繫上狗鍊），或如馬一般被騎乘，而支配者會使用鞭子或馬刺。訓斥指支配者使用侮辱與貶低字眼，以言語謾罵對方。

人們會私下進行支配與臣服行為，或加入一個有組織的次文化，前往能夠提供實行支配與臣服幻想的俱樂部與機構，這種次文化有時被稱為「地下絲絨」（the velvet underground）。美國各地有數十個非商業性質的支配與臣服俱樂部，此種俱樂部通常有專門項目：女同性戀之性虐戀、男性支配／女性臣服活動、男性臣服／女性支配、男同性戀性虐戀、異裝者性虐戀等。皮革性愛酒吧則是男同性戀中對支配與臣服有興趣者的聚會場所。支配與臣服次文化還包括支配與臣服影片、網站、書籍、社群媒體網絡、報紙和雜誌等。

非高壓型性偏好症

性偏好症的一個重要面向在於是否具有高壓、強迫的特性。**非高壓型性偏好症**（noncoercive paraphilias）屬於相對良性或無害的類型，因為沒有人會因此受到傷害。非高壓型性偏好症包括戀物症與異裝症。

■ 戀物症

我們會賦予許多事物特殊或神奇的力量：幸運數字、聖人遺物、傳家之寶、一絡頭髮或某輛汽車等。這些物品具有一種象徵性的神奇力量，我們會攜帶男朋友或女朋友的照片（有時會對著照片說話或親吻它），當我們離別時會要求留下信物，而聽到某一首特定歌曲時，會懷念起過往的愛情。這些行為都很常見，更代表了物品（或稱愛戀物件）的象徵力量。

戀物症是指受到某種物品的性吸引，對於戀物的人而言，該物品即為性的象徵。愛戀物件通常是引起性喚起的必要或強烈先決條件，若缺少此物件，可能導致男性勃起障礙。[20] 戀物者不與另一個人建立關係，而是通

過親吻鞋子、撫摸手套、將一絡頭髮貼在他／她臉
頰，或是用內衣自慰等方式來獲得性滿足。但有戀
物症的人不必然只關注無生命的物體，也可能被女
性的腳、耳朵、乳房、腿部、肘部，或任何身體部
位吸引（僅受到身體部位吸引者稱為戀身體部位
症，partialism）。然而，使用振動按摩器等刺激
性器官的用品，或利用女性衣物配件進行跨性別裝
扮，皆不屬於戀物症。[21] 一項調查網路討論群組中
至少五千人的戀物症盛行率研究，發現最常見的愛
戀物件為身體部位或特徵（百分之三十三）以及與
身體相關的物件（百分之三十），如內褲和尿布。
腳以及與腳有關的物品，如鞋子和襪子，皆為最常
見的戀物目標。[22]

無生命的物體或腳等身體
部位，可能會被某些人賦
予性的意義。

　　戀物可能屬於一種連續性或有程度差異的行
為，從對物品的輕微偏好，到產生強烈喜好，以至
需要藉該物品達到性喚起，最極端者則視該物品為性伴侶的替代品。多數
人都有輕微的戀物特質，例如有些男性會自稱為「腿控」或「乳控」，他
們也可能偏愛黑髮或淺髮色的伴侶。某些女性易受肌肉男吸引，有些則為
胸毛茂密的胸膛傾倒，亦有女性偏愛勻稱的臀部。然而，若要符合美國精
神醫學學會對戀物症的定義，此人必須沒有愛戀物件便無法進行性行為。[23]
大部分的戀物症與戀身體部位症幾乎不會造成傷害，不過在極少數情況下，
有些人會為了獲取愛戀物件而犯下竊盜行為。[24] 多數戀物行為仍在私下、
且伴侶同意的情況下發生。[25]

■　**異裝症**

　　異裝症（原文為 transvestism，trans 是「橫跨」之意，vest 表示「衣
服」）指因為任何理由而穿著另一個性別的衣服，有時是為了性喚起。[26]
文獻顯示，跨性別裝扮幾乎完全出現於異性戀男性與男同性戀，[27] 然而也

性刺激尋求量表[28]

性刺激尋求量表（sexual sensation seeking scale）能評估個人對多變、新奇與複雜性經驗的需求，以及為了提升性刺激而承擔個人、身體、社會風險之意願。此量表用以評估青少年與成人在性方面的冒險或風險承擔態度。性刺激尋求源自於感官尋求的人格特質，屬於外向性格的要素。性刺激尋求未被美國精神醫學學會視為一種性偏好症，但這個量表可用來大致了解你／妳在提升性刺激方面的特質。性刺激尋求量表與各種性活動所知覺到的歡愉度呈正相關，與降低性方面風險的行為呈負相關。

說明

下列是一些人們會用來描述自己的陳述。閱讀每項陳述，接著以分數表示你／妳認為每句陳述用來描述自己的符合程度。

分數

1 = 完全不像我

2 = 稍微像我

3 = 大致像我

4 = 非常像我

01. 我喜歡狂野、「不受約束」的性關係。

02. 身體的感覺是性行為中最重要的事情。

03. 我的性伴侶可能會認為我是個「冒險者」。

04. 牽涉到性時，身體吸引力比我對這個人的了解程度更重要。

05. 我喜歡與好色的人在一起。

06. 我喜歡看限制級影片。

07. 我有興趣嘗試新的性體驗。

08. 我想探索自己的性慾。

09. 我喜歡擁有嶄新、刺激的性體驗與感覺。

10. 我享受不戴保險套性交的感覺。

有研究指出女性會對男性服裝有情色依戀。女性異裝症之所以罕見，可能有數個原因，其一是社會較能接受女性穿戴領帶等「男性的」服裝配件，而較不能接受男性穿戴「女性的」衣物，因此女性比較不會被認為是做跨性別裝扮，一般男性則因為社會上的負面反應，而較不可能有跨性別裝扮的行為。

　　一項針對一千零三十二名男性跨性別裝扮者（排除女性模仿者與變裝皇后）的研究，其中百分之八十七為異性戀，百分之六十已婚，百分之六十五具大學教育程度。此外，百分之六十的研究對象表示，性興奮和性高潮通常或幾乎總是發生於跨性別裝扮時。[29]（**女性模仿者**是穿著打扮像女性的男性，**男性模仿者**則是穿著打扮像男性的女性，往往是演藝工作的一部分。為了娛樂目的而做跨性別裝扮的男同性戀通常稱為**變裝皇后**。由於女性模仿者與變裝皇后一般並非為了達到性喚起而做跨性別裝扮，因此不屬於異裝症者。）

　　異裝症涵蓋範圍廣泛的行為。有些患有異裝症者偏好私下在家中僅身穿一件另一個性別的衣物（通常是胸罩或內褲），有些人選擇在公共場合穿著整套跨性別的衣服。異裝症與戀物症之間的差異，在於前者是穿著服裝，後者是觀賞或撫摸服裝。跨性別裝扮的頻率，範圍從一時的活動，並通常透過自慰產生性興奮，以至更頻繁、更持久的行為皆有可能，端看個人、可得機會，以及情緒或壓力等。

　　有些進行跨性別裝扮行為的人被視為心理疾患，如**異裝戀物症**

我覺得自己擦指甲油沒什麼大不了。我又不是獨自坐在家裡試穿性感內衣……我的跨性別裝扮只不過是另一種展現丹尼斯‧羅德曼各種面貌的方式。

丹尼斯‧羅德曼（Dennis Rodman, 1961-）

跨性別裝扮不一定屬於性偏好症，也可能是幽默與諷刺的來源，因為性別的傳統界線此時會受到探究與挑戰。

（transvestic fetishism）。關於異裝戀物症的盛行率研究仍相當有限，但一項從瑞典一般人口隨機抽樣的研究顯示，在兩千四百五十人中有百分之二點八的男性與百分之零點四的女性表示至少曾有過一次異裝戀物的行為。[30]

根據美國精神醫學學會，異裝戀物症為異性戀男性在超過至少六個月的期間，產生重複、強烈且通常帶來痛苦的性衝動與幻想，包含穿著女裝，並依據這些衝動與幻想行動。[31] 由於許多異裝者認為自己沒有異常，只不過是呈現一種正當的性表達與性興奮來源，他們因此會抗拒、逃避這種診斷。異裝戀物症通常出現於成年之前，有些男性表示童年曾有過被女性羞辱或懲罰的經驗，並被迫穿著女裝。[32]

有異裝症的男性，通常在男性穿著與男性陽剛態度上相當傳統。但他們在打扮得像女性或只穿著一件女性衣物時，可能會性興奮並開始自慰，或與女性發生性行為。然而隨著時間進展，女裝的情色元素可能降低，穿著時的自在程度則會提高。多數異裝症者並不想接受變性手術，會這麼做的人可能合併有性別不安（gender dysphoria）的診斷。異裝症不應與變性慾（transsexualism）互相混淆，前者多半不想改變其生理性別，但有變性

演員詹姆斯·法蘭科於第八十三屆奧斯卡
金像獎頒獎典禮的其中一個單元中變裝現
身。法蘭科曾在不少電影中飾演男同性戀
或雙性戀角色，也曾以女裝扮相登上雜誌
封面，媒體經常問他是否為同性戀或雙性
戀。這段在奧斯卡的小表演可說是他對外
界所有推測的一番嘲弄。

慾的人往往會這麼做。異裝症的英文縮寫為「TV」，常見於地下報刊與約
會網站上的個人廣告中。

　　許多有異裝症的人希望步入婚姻能「治癒」他們跨性別裝扮的渴望，
這類結婚的人之中，約三分之二育有子女。部分有異裝症的人在婚後會主
動向配偶透露他們跨性別裝扮的行為，但多數情況都是先被配偶發現。這
些配偶總是會苦惱不已，並責怪自己在某種程度上「閹割」了對方。有些
患有異裝症的人及配偶、家人都能夠適應跨性別裝扮的行為。然而研究數
據指出女方只是容忍，而非支持對方的跨性別裝扮，更有許多女性會感受
到背叛與憤怒，且擔心被外人發現她們伴侶的行為。[33] 然而有時由於壓力
過大，當男方的異裝症被發現後，雙方很快便會因此仳離。

　　異裝症通常不會造成傷害與讓人受害，只有當行為不可控制，並導致
此人生活上的痛苦時才需要治療。[34] 許多異裝症的患者會尋求心理諮詢，
藉以處理內在的罪惡與羞愧感受。

她那熱褲真要命的緊，
我幾乎不能呼吸。

班尼·希爾（Benny Hill, 1924-
1992）

我不介意變裝——女性
已經假裝陰柔一段時間
了。

格洛麗亞·斯泰納姆（Gloria
Steinem, 1934-）

高壓型性偏好症

由於非高壓型性偏好症的私密、無人受害之特性，其甚少引起大眾的注意。然而**高壓型性偏好症**（coercive paraphilias）通常涉及受害者，由於會造成他人傷害，因此屬於社會疑慮的來源。此類性偏好症皆牽涉到與他人或動物的強迫、未經同意之關係。

■ 戀獸症

戀獸症（zoophilia）有時被稱為「獸姦」（bestiality），指從動物身上獲得性快感。[35] 真正的戀獸症是以動物為產生性接觸的優先對象，無論是否有其他可得的性慾宣洩出口。戀獸症之所以被歸類為高壓型性偏好症，乃基於動物屬於非自願參與者的假設。關於戀獸症的盛行率研究甚少。金賽及其同事的研究顯示，受訪者中約有百分之八的男性與百分之四的女性至少曾體驗一次與動物的性接觸。在農場中長大的男性中，百分之十七曾有此類性接觸，但只占他們整體性活動的百分之一以下。[36] 一項針對美國原住民青少年的研究發現，百分之一的參與者表示曾與動物產生性接觸。[37] 克勞德‧克雷波爾特（Claude Crépault）與馬塞爾‧庫蒂爾（Marcel Couture）發現百分之五點三的男性曾幻想與動物發生性行為。[38] 與動物發生性接觸的情形通常發生在男性青少年之間，僅為一暫時現象。[39] 男性較可能與動物性交，或讓動物舔舐生殖器，女性則較有可能與家中寵物發生性接觸，如性交、讓動物舔舐生殖器或為動物自慰。儘管與早期觀念牴觸，研究發現與動物有性接觸者，鮮少認為此種性行為是人類性行為的替代品。對這些人而言，這只不過是他／她們較偏愛的性行為類型。[40]

一項研究檢視一百一十四名自認為戀獸症的男性，他們在性方面對動物的興趣。該研究主要透過網路問卷尋得參與者，再請自願參與者轉介其他具有類似興趣的人。自認有「戀獸症」的男性當中，超過九成表示會顧慮到動物是否感到舒服。他們會強調性活動中雙方同意的重要性，並自認不同於被他們口中所謂的「**獸姦者**」（bestialist），即與動物發生性行為，卻不考慮動物感受的人。這些男性認為渴望情感與歡愉的性愛，是他們在

性方面對動物產生興趣的最重要因素，其中多數於過去一年未曾與任一性別的人類對象發生性行為。研究者指出，與動物的性活動通常直接、簡單且強烈，因此會增強這類行為的出現頻率。[41]

■ 窺視症

　　觀看性活動是一種常見的活動。許多人從事性行為時會從鏡子看自己，或是觀看伴侶自慰、錄製自己與伴侶的性行為影片以便稍後觀賞，也可能會觀看他人性交。美國人對觀看性活動的興趣，已經催生出數十億美元產值的性產業，以滿足這樣的慾望。露骨的色情雜誌、書籍、網站和限制級 DVD 皆廣為流通。上空酒吧、真人性愛秀俱樂部、脫衣與窺視秀以及情色艷舞等，皆證明了情色影像產品的吸引力。此類活動不屬於窺視症的範圍，因為被觀看者願意讓人觀看，且這些活動通常不會取代人際間的性行為。

　　窺視症（voyeurism）是指有重複、強烈的性衝動與幻想，欲偷窺不知情他人裸體、脫衣或從事性行為。[42] 個體必須偏好窺視勝過於對他人的性表達，或罔顧窺視行為的風險，才會被認定屬於性偏好症行為。為產生性喚起，有窺視症的人必須藏匿起來且不可被發現，被觀看的對象或伴侶必定不能覺察到其存在。被發現的可能性會導致興奮感加劇。患有窺視症者有時會自慰，或幻想與被窺視之人發生性行為。有窺視症的人有時會被稱為「偷窺者」（peepers）或「偷窺狂」（peeping Toms）。[43]（被觀看者若知道自己正受到觀看，如性伴侶、脫衣舞孃，或性露骨電影中的演員，則不屬於窺視症的範圍。）窺視症主要見於異性戀男性，[44] 他們多數皆樂於和被偷窺的受害者保持距離。其中許多人缺乏社交與性愛技巧，且害怕受到拒絕。

　　最近出現的一種窺視症類型，稱為「影像盜攝窺視症」（video voyeurism），指於私人場所利用攝影機拍攝他人更衣、淋浴，或從事性活動之影像。例如一些具有私密性的場所，像是健身俱樂部和健身房，可能會被架設隱藏式攝影機。具有照相功能的手機使得拍攝人的裸體、將影

我的床上方是鏡面天花板，因為我喜歡知道我在做什麼。

梅．蕙絲（Mae West, 1893-1980）

像發送給他人更為容易，此種行為稱作「發送性內容訊息」（sexting）。二〇〇九年，美國一項由全球音樂電視台（MTV）與美聯社（Associated Press）進行的全國性研究，調查了一千兩百四十七名介於十四至二十四歲的受訪者，結果顯示分別有百分之十三與百分之九的女性和男性曾經傳送自己的裸照或影片。而收到他人裸照或影片的男、女比例則近乎相反：百分之十四的男性與百分之九的女性曾收過此種照片。在這群曾經發送自己的裸照或影片的受訪者中，約有六成（百分之六十一）表示至少有一次是因為被別人脅迫而有此行為。[45] 該研究僅關注手機發送的訊息，然而電子郵件、社群網站等其他數位方式，亦可能成為人們分享露骨照片與影片的場域。（關於年輕人發送性內容訊息行為的進一步討論，請參考第一冊第一章。）

很少有研究以窺視症為主題，但本章先前討論異裝戀物症時，曾引用瑞典一項針對兩千四百五十人、具全國代表性的研究，該研究亦調查了窺視症以及暴露症（將於下一節討論）的盛行率：約百分之八的參與者表示，至少曾有一次透過窺視別人發生性行為而產生性喚起。[46] 如同對於異裝戀物症的研究，研究者亦發現窺視症與暴露症和數種變項相關，亦即自陳有窺視和暴露行為者，較有可能是男性、有較多心理問題且生活滿意度較低，此外，亦有較高的比例自陳同時有異裝戀物症、性虐戀等其他性變異行為。（參見第153頁「想一想」單元，並思考文中對大學生提出的窺視方面問題，自己會如何回答。）

■ 暴露症

暴露症（exhibitionism）亦稱「惡意裸露」（indecent exposure），指個人產生重複、強烈的衝動或幻想，想向未預期此情境的陌生人展示自己的生殖器。[47] 暴露症幾乎全為男性，有時被稱為「遛鳥俠」（flasher），他們會為了滿足衝動而採取行動，或因此種衝動而強烈困擾。患有暴露症的人可能會因為展露自己的生殖器而獲得性滿足：前述針對瑞典一般人口之窺視症與暴露症的研究發現，百分之三點一的參與者表示至少曾有一次因

你／妳會看嗎？大學生與窺視[48]

大部分關於窺視的研究都是針對臨床與犯罪情境中的男性。為瞭解相對「正常」的群體對窺視的觀點，一項研究以修習人類性學課程的加拿大大學生（二百三十二名女性、八十二名男性）為樣本，詢問他／她們在假設情況下是否會觀看某位有吸引力的人脫衣服，或兩位有吸引力的人發生性行為。[49]研究者讓學生以零到百分之百的量表回答假設狀況，零表示「極不可能觀看」，百分之百則表示「極有可能觀看」。學生也被問到若此種行為可能被發現或遭到處罰，回答是否會有所不同。

學生面對的假設狀況如下：

你／妳看見一位你／妳認為非常有吸引力的人，對方不曉得你／妳能看到他／她。他／她開始脫衣服。

接著讓學生回答下列兩個問題：

01. 如果不可能被發現，你／妳會觀看此人脫衣服的可能性有多高？

02. 若他／她開始與另一位有吸引力的人發生性行為，你／妳會觀看這兩個人發生性行為的可能性有多高？

研究發現如下：

▪ 綜合男性與女性的資料顯示，自陳會觀看有吸引力的人脫衣服之可能性（百分之六十七），明顯高於觀看兩個有吸引力的人發生性行為的可能性（百分之四十五）。

▪ 男性與女性會觀看有吸引力的人脫衣服之可能性沒有顯著差異（男性百分之七十三，女性百分之六十五）。

▪ 男性會觀看兩位有吸引力的人發生性行為之可能性顯著高於女性（男性百分之六十四，女性百分之三十九）。

▪ 如果不會被發現，男性與女性想觀看有吸引力的人脫衣服之可能性會大增。

▪ 如果不會被發現，男性與女性想觀看兩位有吸引力的人發生性行為之可能性只會略增。

關於該研究的結果討論，研究者指出受訪學生可能認為觀看一對伴侶發生性行為比看人脫衣服更侵犯隱私。研究者表示，在不同場合（例如健身房、海灘等地）暗中觀看別人脫衣服的可能性，多於觀看別人發生性行為的可能性（通常僅限於性愛俱樂部、偶然撞見室友或暴露症患者、大學圖書館走道間尋求刺激的情侶）。研究者亦指出，窺視行為的養成途徑可能有幾種，例如演化適應和社交學習等，接著便受到社會約束而修正，且這個觀點「與巴斯的性策略理論一致⋯⋯同樣地，女性可能對窺視的渴望較低，但是當社會約束放寬時，仍可能會進行這類行為」。[50] 研究者的結論認為研究結果支持以下論點：社會約束可矯正窺視症。（關於巴斯的性策略理論之探討，參見本冊第二章。）

批 判 性 思 考

01. 你／妳會如何回答該研究提出的問題？是否有任何回答令你／妳感到意外？被發現的可能性是否會改變你／妳的回答？

02. 如果你／妳發現自己在脫衣服，或與某人發生性行為時有人偷看，你／妳會有何感覺？

03. 如果發生性行為，你／妳喜歡看著對象脫衣服嗎？如果是，這對你／妳們的性互動有何影響？

為對陌生人暴露生殖器而產生性喚起。[51] 然而此暴露行為並非性交的前戲或邀請，反而是一種逃避，因為有暴露症的人不會向有意願的女性暴露自己，他們只會對陌生人或近乎陌生的人這麼做。一般而言，他們在暴露自己之後，會因為幻想自己讓受害者驚嚇和恐懼，而獲得性滿足。有些暴露症患者在暴露自己時會經歷性高潮，有些則可能於暴露過程中或暴露後進行自慰。[52] 此種男性普遍會向兒童、青少年或年輕女性暴露自己，但甚少對老年婦女暴露。少數情況下，女性會表現出興趣，暴露症患者便會立刻逃離。通常這種行為不會產生身體接觸。脫衣舞孃與從事裸體日光浴者並

不屬於暴露症，因為這些人通常不會藉由此種
行為達到性興奮，亦不會向沒有意願的人暴露
自己。此外，為了使性伴侶興奮而褪去衣物也
屬於雙方自願的行為。

　　暴露症是相當普遍的一種性偏好症，因
性犯罪而被逮捕的男性中，超過三分之一起因
於暴露行為。[53] 本章先前引述的「怪誕」性行
為研究發現，分別有百分之十九與百分之四十
的女同性戀及女雙性戀，曾從事照片或影片的
暴露行為（單獨或與一位、多位伴侶在攝影機
前展示自己或進行性行為，以作為一種性刺
激）。[54] 由於暴露症的廣泛發生率，許多女性
在生活中至少遇過一次暴露症患者。百分之四
十至百分之六十的女大學生表示曾遇過男性對
其暴露自己，即為俗稱的「被亮鳥」（being
flashed）。[55]

有些人喜歡在「暴露合法」的公開場合，如瑪迪葛拉狂歡節（Mardi Gras），展露自己的身體，這樣的展示或許屬於暴露行為，但在臨床醫學概念上並不屬於暴露症。

　　一般對於暴露症的刻板印象，往往認為他們是埋伏於公園或建築物入
口處，只穿著雨衣與運動鞋的猥瑣老人，但這是錯誤的印象。有暴露症的
患者當中，超過五十歲的人不到百分之十，雖然極少數是在八十幾歲時才
開始此種行為。[56] 帶有貶意的「裸露癖」（exhibitionist）一詞，有時會用
來描述穿著惹火的女性，然而此種女性不符合前述美國精神醫學學會對於
暴露症的定義，例如她們不暴露生殖器，惹火的穿著也不會導致明顯的痛
苦或涉及人際間性行為。[57] 將穿著惹火的女性冠以「裸露癖」的標籤，較
屬於道德上的評斷，而非科學評估。事實上在美國文化中，女性比起男性
有更多能被社會接受的展露身體方式，例如露乳溝即廣泛獲得接受。[58]

　　一項在二○○三年至二○○五年之間，針對二十五位男性暴露症患者
進行的臨床訪談研究，讓我們能進一步瞭解其特徵。參與者多為異性戀，
所有人皆表示有難以控制、想要暴露自己的衝動。根據這些暴露症研究樣

本提供的資料，在開車時暴露自己是此種性偏好症最常見的表現方式。超過百分之九十的參與者有憂鬱情緒、人格疾患或物質濫用疾患，並常出現自殺意念。[59] 暴露症患者往往感受到自己是較無權力的男性，與妻子或伴侶的性關係通常較不順利。這種缺乏權力的感受會引發憤怒與敵意，他們便透過暴露自己而把這樣的情緒轉移到其他女性身上，然而他們很少訴諸暴力。如果有一個人在你／妳面前暴露自己，最好的方式是忽視他並拉開距離，接著向警方報案。雖然自然而然會出現強烈的反應，但這樣只會增強對方的行為。

■ 戀猥褻電話症

戀猥褻電話症（telephone scatologia），指撥打猥褻電話給未預期此情境之人。因為此種行為具強迫性與反覆性，或因為由此產生的幻想會令個體感到痛苦，故屬於一種性偏好症。

從事這類行為的人見到受害者以驚嚇或恐懼方式作出反應時，通常會達到性喚起。一般會以任意撥號或依電話號碼簿隨機撥打，某些患有此類性偏好症的人會不停撥打猥褻電話。

撥打猥褻電話的人絕大多數為男性，但也有女性會撥打猥褻電話。[60]男性猥褻電話播打者會令受害女性不堪其擾、恐懼、焦慮、煩亂或憤怒，撥打者本身則往往為不足與不安的感受所苦。他們可能會使用淫穢的字眼、對話筒大聲呼吸，或表示他們正在進行性研究，也常於通話期間或結束後立即開始自慰。男性猥褻電話撥打者的受害人經常感到被侵擾，但女性猥褻電話撥打者對男性受話方則有不同影響，男性一般不會覺得受到侵擾，也可能認為這種電話具有挑逗性。[61]

如果接到騷擾或猥褻電話，最好的做法是不要過度反應，並且悄聲掛斷電話。不要與來電者交談，例如嘗試確認對方來電或不停打來的原因。記住，來電者只是想要一個聽眾。如果不認識來電者，不應將姓名或電話號碼等個人資訊提供給任何陌生人，也不要回答任何問題。

如果電話立即再度響起，則不要接聽。如果猥褻電話反覆打來，電信公司會建議更改電話號碼和保留通話記錄，情況更嚴重時，最好與執法人員合作追查該電話。其他解決方案包括使用答錄服務進行來電過濾，並取得來電顯示名稱。順帶一提，不可於答錄機訊息中提及姓名、電話號碼，或何時出門、何時返家等個人資訊。最後一個建議，在報紙或電子媒體上刊登廣告、或允許陌生人在社群網站上取得個人資訊時皆需謹慎，可提供郵政信箱號碼或電子郵件地址，若認為有必要提供電話號碼，但不可透露居住地址。

■　摩擦症

摩擦症（frotteurism），亦稱「挨擠磨蹭」（mashing）、「暗中偷摸」（groping）或「性摩擦」（frottage），指人產生重複且強烈的衝動或幻想，欲未經同意而碰觸或摩擦他人，以獲得性喚起與滿足，且持續至少超過六個月的期間。[62] 目前仍不知有多少人屬於摩擦症，但一項研究顯示，百分之二十一的男大學生表示曾從事至少一次的觸磨行為。[63]

有摩擦症的人多半為男性，通常在地鐵、公車、大型體育賽事或演唱會等擁擠的公共場所進行碰觸或摩擦行為。[64] 摩擦症患者進入人群時，最初可藉由人群的推擠掩飾其行為，他們通常以褲子裡勃起的陰莖摩擦受害者的臀部或大腿，有時可能用手揉搓女性的臀部、陰部、大腿或乳房。摩擦症的行為可能會隱藏得很好，致使女性對其一無所覺，但如果被女生發現，該名男子便會逃之夭夭，因此幾乎所有患摩擦症的男性都能安然脫身。當男性摩擦對方時，他可能會幻想與該女性發生合意的性行為，且未來自慰時可能會回憶該次摩擦行為的情節。

摩擦症往往會與其他性偏好症一同出現，尤其是暴露症、窺視症、戀童症或性施虐症，也和強暴有關。

■　戀屍症

戀屍症（necrophilia）指與屍體進行性活動。此種行為屬於非雙方自

> 懂愛的死人永遠都能愛人，永遠都不厭倦給予和接受愛撫。
>
> 厄尼斯特‧瓊斯（Ernest Jones, 1879-1958）

「性成癮」：道德壓抑的新偽裝？

你／妳是性成癮者嗎？閱讀性成癮的相關描述時，你／妳可能會開始覺得自己就是。但不要相信你／妳讀到的一切，請考慮以下說法：發展並推廣性成癮概念的心理學家派屈克‧卡內斯（Patrick Carnes）寫道：「每位性成癮者都會面臨這種時刻，當後果如此嚴重，或者痛苦如此厲害，以至於他／她必須承認生活因為自己的性行為而失去控制。」[65] 錢花在購買色情書刊或影片、因出軌而使婚姻受到威脅、自慰取代了慢跑、不時出現的性幻想干擾到學習歷程，性成癮者的腦中只有性、性、性。而他／她別無選擇，只能從事這些活動。

卡內斯認為性成癮者無法做出承諾，反之，他／她們的風流逸事一件接著一件。他／她們的成癮行為來自深植內心的價值缺乏、絕望、焦慮與孤單感受。藉由性喚起與性高潮獲得的「興奮」，這些感受得以暫時消除。卡內斯認為性成癮與酒癮及藥物成癮相同，是成癮者無法控制的情形。性成癮的治療如同酒癮患者，可採用美國全國性成癮與性強迫委員會建立的性成癮十二步驟治療方案。

你／妳是否正在懷疑：「我是性成癮者嗎？」別擔心，你／妳應該不是。由於性成癮的定義挖掘出了許多我們文化中對於性的潛在焦慮與不確定感，讓你／妳認為自己可能有性成癮的問題。這個問題不在於你／妳，而在於性成癮的概念。

雖然性成癮的概念已經在臨床心理學家當中找到一些擁護者，但顯然只是少數。性成癮這個概念的影響，並非對治療、心理學和社會工作層面的衝擊，主要在於它大受媒體歡迎，像是談話節目主持人訪問所謂的性成癮者，以及諮詢專欄作家警告讀者性成癮有哪些跡象。然而，一個概念的流行性並不保證其正確性。已有許多性學研究專家反駁性成癮的概念，認為這只不過是一種大眾心理學的論述，並表示成癮的概念其實是道德壓抑的新偽裝。

專業的性學研究社群認為，試圖以性成癮的標籤來描述特定性行為仍具有疑慮。目前已有其他用來描述特定行為模式的詞彙，例如明尼蘇達大學醫學院的人類性學計畫主任伊萊‧科爾曼（Eli Coleman）[66] 便認為「性強迫」（sexual compulsusivity）一詞比「性成癮」（sexual addiction）更好，他更進一步區分強迫型與問題型的性行為：

將非主流或令某些人反感的行為病態化，這樣的傳統由來已久。與某個

人的價值體系相牴觸的行為可能有問題，但不具強迫特質。性方面的問題很常見，可能是由多種非病理因素所引起。有些人會把性當作一種因應機制，類似使用酒精與藥物或飲食的功用，此種性行為模式便有問題。問題型的性行為往往能經由時間、經驗、教育或短期心理治療來獲得改善。

科爾曼及其同事認為，強迫型的性行為屬於一種臨床症狀，患者會產生重複且強烈的性衝動、幻想與行為，並干擾其日常生活運作。[67]

「性慾亢進」（hypersexuality）是較不具貶意的詞彙，有時也用以指稱性成癮，但尚未被美國精神醫學學會認可。印第安納大學金賽性、性別與生殖研究所資深研究員暨前主任約翰‧班克羅夫特（John Bancroft）及同事佐蘭‧伍卡迪諾維奇（Zoran Vukadinovic）更提出了另一個觀點。[68] 他們回顧了性成癮、性強迫和性衝動（另一種說法）的概念及理論基礎之後，認為目前嘗試建立一個新的定義還言之過早。這兩位研究者也表示直到對這類型的性表達有更完整的了解之前，他們更傾向於使用較概括描述的「性行為失控」（out-of-control sexual behavior）一詞。[69]

以上所有討論，皆挑戰了我們如何看待「性行為過度」、文化如何形塑規範，以及我們相關的反應與想法。顯然地，心理衛生專家已開始考量如何處理具有高度性慾的個體。

如果你／妳的性幻想與性活動令你／妳感到苦惱，或者你／妳的行為造成自己或他人情緒、身體上的傷害，你／妳應該諮詢治療師。然而，你／妳的性與獨特的表現方式，很有可能是健康的。

批判性思考

01 你／妳對「性成癮」一詞有什麼看法？你／妳喜歡「性強迫」這樣的用詞還是「性行為失控」？

02 你／妳是否同意性成癮的概念實為道德壓抑的新偽裝？

03 你／妳是否想過自己是性成癮者，或自己的性行為是否失控？你／妳為自己貼上這個標籤的依據是什麼？

願，因為屍體顯然無法給予同意。戀屍症的案例相對較少，但始終是恐怖文學憧憬的主題，尤受吸血鬼故事、傳說以及哥德式小說的鍾愛。戀屍症亦與其他文化中的食人儀式相關。美國文化中的《睡美人》也屬於戀屍的主題，莎士比亞作品《羅密歐與茱麗葉》中的地下室情節亦然。

研究者回顧一百二十二件可能為戀屍症或戀屍幻想的案例，結果發現僅有五十四件為真正的戀屍症個案。[70] 該研究發現性施虐症、精神病或心智障礙皆非戀屍症所固有。反之，戀屍症最常見的發生動機，在於將曾反抗或拒絕自己的對象據為己有。顯然，許多患有戀屍症的人士有嚴重的心理困擾。

■　戀童症

戀童症（pedophilia）指「透過與青春期前兒童或兒童們進行性活動而體現到重複且強烈的性喚起，表現在幻想、衝動或行為上」，且個體已經將性衝動訴諸行動、感到痛苦，或導致人際上的困境。[71] 然而已採取行動滿足幻想，卻不會因此感到痛苦的情況，仍屬美國精神醫學學會認定的戀童症。根據美國精神醫學學會，戀童症中所指稱的兒童年齡為十三歲以下，而有戀童症的人至少要達到十六歲，且比兒童大五歲以上。（如果青少年晚期的個人與十二歲以上兒童產生發展中的性關係，則該青少年不屬於戀童症。）幾乎所有罹患戀童症者皆為男性，然而他們與兒童的性接觸相對較少，男性人口中僅有不到百分之三會出現此種行為。[72] 女孩成為戀童症行為目標的可能性是男孩的兩倍。

本節僅討論戀童症。戀童症不同於「兒童性虐待」、「兒童性猥褻」與「亂倫」，雖然這些情形皆代表與未成年者的性行為，且構成犯罪，然而美國精神醫學學會定義的戀童症屬於一種精神疾患，並非所有性侵未成年者的人都有戀童症，除非符合美國精神醫學學會的診斷準則。與未成年者性接觸此行為本身並非戀童症的決定要素，[73] 而是犯罪行為。非戀童症性質的兒童性侵與亂倫，以及這些情形對受害者之影響、兒童性侵害防治等議題，將於本冊第四章探討。兒童性虐待於美國各州皆屬非法行為。

　　某些有戀童症的人只偏愛一種性別，有些則同時可因男孩及女孩而達到性喚起。受女孩吸引的戀童症患者通常會找八歲至十歲的女童，受男孩吸引者則會尋找年紀略大的男童。有些戀童症患者只受兒童吸引，有些則同時對兒童與成人有性興奮的感受。[74]

　　研究顯示許多戀童症患者具有人格疾患，但戀童症為何存在仍是一個謎團。[75] 約半數的戀童症患者表示自己在進行性攻擊之前，往往經歷到壓力事件，如婚姻或工作衝突、個人失落或遭到拒絕。許多戀童症患者害怕其性能力正持續下降，或無法與伴侶進行性行為。

　　戀童症患者經常使用誘惑或慫恿的手段操控兒童，包含自己的孩子、親戚或家庭以外的兒童。[76] 網路為戀童症患者提供了一個與毫無防備的兒童接觸的方式，例如一名男子瀏覽專為兒童設計的聊天室時，可能會說服一名女孩同意透過電子郵件、簡訊、社群媒體網絡或電話聯繫。他可能會刻意親近該女孩，和她聊天並贈予禮物。

　　戀童症的行為甚少涉及性交。有戀童症的人通常尋求撫摸或碰觸兒童的生殖器、腿部或臀部等部位。有時戀童症患者會裸露自己的生殖器，讓兒童觸摸其陰莖。他可能會在兒童面前自慰，偶爾則進行口部或肛門刺激。

■　性施虐症與性被虐症

　　施虐與被虐（Sadism and masochism，或稱 S&M）是兩個獨立、但有時會一起發生的相關現象。[77] 有施虐情形的人不一定會參與被虐行為，反之亦然。為了做清楚的劃分，美國精神醫學學會制定出不同的診斷類別：性施虐症與性被虐症。[78]

　　性施虐／性被虐以及支配與臣服之間通常沒有明確的分界線，目前往往使用 BDSM（綁縛、調教、施虐、被虐）這樣的縮寫來表示廣泛的類似經驗。[79] 在性施虐症的情況下，施虐與支配行為的差別在於是否有高壓強迫性，但對於什麼是合意的行為則沒有清楚的區別。區分合意性施虐與被虐以及支配與臣服的一項經驗法則，可能在於施虐與被虐屬於極端、強迫

> 我不得不放棄當個受虐狂──我太享受那種感覺了。
> ──
> 梅爾·卡爾曼（Mel Calman, 1931-1994）

且危險的行為。性虐戀的伴侶雙方，通常會提前針對性活動期間發生的痛苦和懲罰程度達成具體的協議，但儘管如此，將幻想付諸實行仍會涉及身體傷害等風險（例如很深的傷口），因此在進行任何新的活動之前，雙方必須針對個人的偏好與忍受限度進行溝通。

芬蘭有一項研究針對兩家性虐戀取向的俱樂部成員，在一百八十四名男性與女性的問卷調查結果中，確認出二十九種性行為，可分成四種不同的性腳本：極度陽剛行為（例如使用假陰莖、灌腸）、疼痛的施行與接受（例如滴熱蠟、夾乳頭）、身體限制（例如使用手銬），以及心理羞辱（例如打耳光、以刀劃出表面傷口）。[80] 研究指出男同性戀、女同性戀和異性戀均會出現性虐戀行為。[81] 分別有百分之十九的女同性戀與百分之二十六的女雙性戀表示曾參與性虐戀。[82]

性施虐症

根據《精神疾病診斷與統計手冊》（第四版，修訂版），個人若超過至少六個月的期間，經歷強烈且重複的性衝動或幻想，包含造成受害者之身體或心理傷害（包括羞辱）的真實（非模擬）行為，目的是為了達到性喚起，就可能被診斷為**性施虐症**。此人可能將對未經同意者的衝動訴諸行動，或對其衝動與幻想感到極度痛苦。[83] 性施虐症的典型症狀包括性方面的暴力思考與幻想，內容包括對權力與控制的渴望，其主題多圍繞著受害者的身體痛苦為中心，以達到性喚起。[84] 受害者可能為同意被虐之

> 我非常想要被妳鞭打，諾拉，我的愛人！
>
> 詹姆斯·喬伊斯（James Joyce, 1882-1941），摘自寫給其妻的情書

與伴侶一同進行的性被虐行為，表現方式可能包括限制行動、蒙眼與羞辱等。

人，也有可能是遭到施虐症患者挾持。受害者可能會被折磨、強暴、肢解或殺害，且通常會被限制行動、蒙住眼睛，或塞住嘴巴。然而，多數的強暴事件並非由性施虐症患者所犯下。

▎性被虐症

根據《精神疾病診斷與統計手冊》（第四版，修訂版），個人若超過至少六個月的期間，經歷強烈且重複的性衝動或幻想，其內容涉及真實（非模擬）遭受到「被羞辱、毆打、綑綁，或因其他方式產生的痛苦」，則可能被診斷為患有**性被虐症**。此種幻想、性衝動或行為，必須導致顯著痛苦或社交功能障礙。有些人會自行表達性衝動（例如透過自殘或自我綁縛），有些人則與伴侶一同進行。有伴侶配合下表現出的性被虐症行為，可能包括限制行動、蒙眼、拍打、摑打臉部或臀部、鞭打、毆打、驚嚇、刀割、「針刺與穿洞」、羞辱等（例如撒尿、排泄糞便，或被迫像狗一般爬行與吠叫）。性被虐症患者可能渴望如同嬰兒般被對待，並被迫穿上尿布（「扮嬰症」）。為達性喚起所需的痛苦程度，從象徵性的姿勢到嚴重的身體肢解都有可能。如前所述，性被虐症是唯一經常出現於女性的性偏好症。[85]

▎窒息式自慰

有一種性被虐症的形式將窒息與自慰聯結在一起，稱為**窒息式自慰**（autoerotic asphyxia，亦稱戀缺氧症［hypoxphilia］、呼吸控制遊戲［breath play］、性窒息［sexual asphyxia］或戀窒息症［asphyxiphilia］）。參與此活動的人透過切斷大腦的氧氣供應，尋求促進自慰時的性興奮與性高潮。此種活動可單獨進行，或由伴侶配合進行。若發生死亡情形，通常為意外事件。窒息式自慰的風氣日漸增長，美國每年有逾一千人因此身亡，且男性和女性意外死亡的比例超過五十比一。[86] 女同性戀與雙性戀女性皆有百分之五表示曾經進行窒息行為（asphyxiation，指限制、禁止或控制個人空氣供應），以達到性喚起或促進性高潮。[87] 由於此種行為及其他自慰活動帶有私密與羞愧性質，因此難以估計有多少人認為這種做法能讓人性興奮。窒息式自慰的倖存者極少現身說法，或者會以其他死因來掩蓋真相。

自縊（self-hanging）是最常見的窒息式自慰方法，但梗塞性窒息的方

哎喲！感覺真棒。

卡倫‧戈登（Karen E. Gordon）

我已經太久沒做愛了，我甚至不記得被綁起來的是誰。

瓊‧瑞佛斯（1933-2014）

式也經常被使用。[88] 自慰者經常使用繩子、索帶或鐵鍊纏繞頸部，並在頸部套上襯墊，以防留下蛛絲馬跡。有些人會發明能在自己失去意識之前就鬆開的吊掛裝置，[89] 有些人則可能在頭部罩上袋子或毯子，也有些人會選擇吸入窒息性氣體，如噴霧劑或亞硝酸戊酯（「情慾芳香劑」［poppers］），後者為一種用於治療心絞痛的藥物。個體若因此而死亡，屍體被發現時通常是全裸或僅穿著部分衣物，且往往是女裝。窒息式自慰也會出現各種形式的綁縛行為。一份研究回顧了一九五四年至二○○四年之間所有發表的自慰窒息死亡案例，結果發現五十七篇文獻共報導了四百零八起死亡案件。該回顧研究顯示實行窒息式自慰者主要為白人男性，年齡介於九至七十七歲之間。多數窒息案例使用吊掛、繩索、塑膠袋、化學物質，或這些方式的結合。非典型方式約占這些案例的百分之十左右，包括觸電、過度穿著／包裹身體、異物插入身體和胸部壓迫等。[90] 針對倖存者的研究發現，許多從事此行為者會於自慰時幻想受虐的情節，[91] 因此即便最初認定為意外的窒息式自慰死亡案件，亦應考慮自殺的可能性。[92]

研究者對於人們為何會進行這類活動已有一些了解，但更重要的是醫療人員、家長或其他成年人必須能辨識這類行為的發生跡象，並採取相應策略以因應其嚴重性。執行這種性嘗試的人很少意識到自己行為的潛在後果，因此父母或他人必須警覺到此人的身體與其他跡象，例如不尋常的脖子瘀傷、布滿血絲的眼睛、失序行為（尤其是此人獨處一段時間之後），和不明原因持有或迷戀繩索、鐵鍊等，皆為關鍵徵兆。除非我們的社會能以堅定與關懷的態度去教育、認識與因應窒息式自慰，否則這類行為引發的死亡事件仍可能持續出現。

性偏好症的成因與治療

人們如何發展出性偏好症？相關成因的研究有限且難以執行，因此儘管在這個領域有豐富的發現，卻大多為推測性質。[93] 如同許多其他行為，性偏好症可能來自於生物、社會文化規範和生活經驗之間的某種交互作用。由於多數有性偏好症的人皆為男性，因此生物因素可能特別重要。部分研

究者假設患有性偏好症的男性可能有較高的睪固酮濃度、曾受過腦部損傷，或由遺傳而得。然而這些資料仍尚未定論，目前依舊無法確認性偏好症的特定生物起因。患有性偏好症的人可能於失功能的環境中長大，且其幼年經驗可能限制了他們透過合意性行為來進行性刺激的能力，導致他們必須藉由不同方式達到性喚起。這類個體可能自尊心低落、社交能力差，且經常感到憤怒與孤單；他們會自我批評，且缺乏清楚的自我感。[94]另一個可能的因素是他們對於受害者的同理能力有限。這類行為在心理上產生的影響，可能會使得他們在未來的親密關係中漸漸缺乏性吸引力與性反應。[95]

治療師認為性偏好症的治療相當困難。[96]接受治療的人多半為已遭定罪的性犯罪者，其性偏好的狀況最為嚴重，而狀況較輕微的性偏好症患者則未經治療。有多種治療方式被運用在減少或消除性偏好症的症狀，例如精神動力治療、嫌惡制約、認知行為課程、再犯預防與醫療介入。提升社交與性技巧、制定自我管理計畫、修正性方面的興趣、提供性與關係教育等，或許能幫助性偏好症患者展現更得體的舉止。[97]然而即使個案有改變的渴望，治療也可能不見成效，且症狀復發經常發生，因此有些專家認為預防是最好的方法，儘管目前可供使用的預防計畫仍非常有限。

結 語

性變異的研究揭示了性行為的多樣性與複雜性，亦標示出可容忍的極限。心理衛生專家與許多人認為，成人私底下合意進行非主流的性行為，實屬性愉悅的來源，應該只與牽涉其中的人有關。倘若不對自己或別人造成身體或心理上的傷害，任何人又如何有權力加以評判？然而，高壓型性偏好症可能會造成傷害，應予以治療。

摘要

性變異與性偏好行為

■ 性變異指非多數人參與的性行為，或「主流」以外的性行為。性變異並非異常行為，其定義因文化和時代而異。

■ 出現重複、強烈且造成性喚起的幻想、衝動和行為，涉及非人類對象、痛苦、羞辱、兒童或其他非經同意的個人或動物，稱為性偏好症。性偏好症往往會造成傷害、具強迫性且持續長期。性偏好症包括非高壓型或高壓型。

性變異：支配與臣服

■ 支配與臣服（D/S）是一種不帶痛苦的合意幻想型性行為，以可感知的權力為核心要素。

非高壓型性偏好症

■ 雖然少有可靠資料讓我們了解涉及性偏好活動的人數，但是非犯罪人口中普遍存在這類活動。

■ 戀物症指性方面受到物體的吸引，戀物行為通常是性喚起之必要或強烈先決條件。

■ 異裝症指穿著另一個性別的服裝，通常為達到性喚起。

高壓型性偏好症

■ 戀獸症指偏好以動物作為性慾宣洩出口，即使有其他可得方式。

■ 窺視症指為達到性喚起，未經同意而秘密窺視他人。

■ 暴露症指未經同意即對陌生人露出生殖器。

■ 戀猥褻電話症指未經同意即撥打電話給陌生人，往往會使用淫穢的話語。

■ 摩擦症指為達到性喚起，未經同意即碰觸或摩擦他人的身體。

■ 戀屍症指與屍體進行性活動。

■ 戀童症指成人對十三歲以下兒童產生性喚起與性接觸。戀童症患者的年齡必須為十六歲以上，且至少比兒童大五歲以上。兒童性虐待在美國各州皆屬非法行為。對於多數戀童症患者而言，兒童年齡在十三歲以下，比其性別更為重要。有戀童症的異性戀與男同性戀皆可能被男孩吸引，但男同性戀較少被女孩吸引。

■ 網際網路是戀童症患者接觸未預期此情境之兒童的場域。

■ 多數戀童症患者都與受害者相識，患者之中約半數已婚。最常見的戀童症活動為撫摸與自慰。

■ 女性患有戀童症的已知案例相對較少，但人數被低估的可能原因有兩個：對女性撫育行為的刻板印象，使得其戀童症的行為不會被發現；另外，多數男童顯然對這類行為抱持正面或中性態度。

■ 性施虐症指個人產生衝動或幻想，欲刻意對某人造成身體或心理上的實質痛苦。

■ 性被虐症指重複出現的性衝動或幻想，欲透

過真實而非虛擬的行為，遭受羞辱或感受痛苦。

■ BDSM 是用以描述綁縛、調教、施虐與被虐等行為組合的縮寫。

■ 窒息式自慰指一種結合窒息與自慰活動的性被虐症行為。

性偏好症的成因與治療

■ 性偏好症可能為社會／環境、心理、生物等因素共同作用的結果。

■ 性偏好症難以治療，經常出現復發的情形。

■ 預防計畫可能是處理性偏好症最有效的途徑。

問題討論

01. 你／妳是否認為某些性行為屬於「偏差」、「異常」或「變態」？如果是，這樣的想法從何而來？

02. 本章討論的性偏好症中，你／妳是否認為任何一種類型令人反感，甚至「病態」？

03. 你／妳是否認為將某些性行為貼上性偏好症的標籤，反映出社會所極力控制及阻止、且不期望發生的行為？如果是，戀童症之類的性行為是否應該加以控制？如果不是，你／妳認為某些性行為被貼上性偏好症標籤的原因是什麼？

04. 你／妳認為「性變異」這樣的用詞適當嗎？如果是，為什麼你／妳覺得這個詞是妥當的？如果不是，你／妳認為要用什麼詞彙來

描述「不尋常」的性行為？請說明。

性與網路

性偏好症（Paraphilias）

　　網路是尋找性偏好症資訊的其中一個資源。前往 Google 網站（http://www.google.com），在 Google 搜尋欄位輸入「性偏好症」（或 paraphilias），將會出現範圍廣泛的各式網站。瀏覽搜尋結果列舉的網站，並回答下列問題：

■ 搜尋結果列出了哪些類型的網站？

■ 是醫療與學術機構網站、個人網站或商業團體網站？

■ 是否有介紹特定性偏好症類型的網站？

■ 哪些網站為你／妳提供了最有價值的資訊？為什麼？

■ 你／妳是否從網站上了解到有關性偏好症的新資訊？如果有，是什麼樣的資訊？

■ 你／妳是否認為任何上述網站中含有不準確或有害資訊？請說明。

推薦網站

■ AllPsych Online（精神疾病專題網站）
http://allpsych.com/disorders/paraphilias
提供多種精神疾患資訊，包含性偏好症與性功能障礙的症狀、病因、治療和預後。

■ MedicineNet.com（醫療健康資訊網）

https://www.medicinenet.com/
paraphilia/article.htm#paraphilia_facts

提供性偏好症的行為類型、普遍程度、成因
與治療等相關資訊。

■ WebMD（醫療健康服務網站）

https://www.webmd.com/sexual-
conditions/guide/paraphilias-
overview#1

描述常見的性偏好症類型，並提供相關資訊
檢索。

延伸閱讀

■ Boyd, H. (2007). *She's not the man I married: My life with a transgender husband.* （《她不是我嫁的那個男人：我與跨性別丈夫的生活》）Emeryville, CA: Seal Press.
作者探討丈夫成為跨性別者之後帶來的影響。

■ Kleinplatz, P. J., & Moser, C. (2006). *Sadomasochism: Powerful pleasures.* （《性虐戀：權力的快感》）Binghamton: NY: Harrington Park Press.
本書收錄頂尖專家文章，探討施虐與被虐行為、觀點之研究結果，強調增進對該行為的寬容與理解。

■ Laws, D. R., & O'Donohue, W. (Eds.). (2008). *Sexual deviance: Theory, assessment and treatment* (2nd ed.). （《性偏差之理論、評估與治療》）

New York: Guilford Press.
探討一系列性變異行為的理論、評估程序與治療技巧等的論文集。

■ Money, J. (1989). *Lovemaps.* （《愛情地圖》）Buffalo, NY: Prometheus Books.
一本描述性變異、性偏好行為的書籍。

■ Tyler, A., & Bussel, R. K. (Eds.). (2006). *Caught looking: Erotic tales of voyeurs and exhibitionists.* （《捕捉目光：窺視與暴露者的情色故事》）San Francisco: Cleis Press.
收錄二十篇以窺視症與暴露症為主題的短篇小說。

■ Valdez, N. (2010). *A little bit kinky: A couple's guide to rediscovering the thrill of sex.* （《有點怪誕：引導伴侶重新發現性愛的悸動》）New York: Broadway Books.
寫給男性和女性，介紹性行為「怪誕」一面的概念，包含從最輕微到極度怪誕的行為。

性要脅：性騷擾、性攻擊與性侵

Sexual Coercion: Harassment, Aggression, and Abuse

本章重點

———

———

性騷擾

對男同性戀、女同性戀、雙性戀和跨

性別者的騷擾與歧視

性攻擊

兒童性侵

學
生
們
怎
麼
說

我在工作時被性騷擾，但我堅決不讓步。我叫那個人住手，否則我就告他。這很有效──他三週後辭職了。

──二十歲，女性

我記得在我年紀很小的時候，曾被兩個大我一、兩歲的鄰居猥褻。他們沒有把任何東西插進我體內，我的身體沒有受到傷害，但我記得自己失去自衛的聲音與意志。我回想起父親在後廊叫我的名字，我卻沒有辦法回答他。當時我覺得自己完全失去說話或移動的力氣。任由這種事發生在自己身上的悔恨，到現在仍然縈繞於心，影響我對別人和自己的觀感。我認為這件事導致我對同儕形成深刻的多疑與不信任，我抱持著這樣的念頭已經很久了。

──二十二歲，女性

我升上小學一年級時，母親的男朋友搬來跟我們同居。跟他住在一起是我人生中最大的夢魘。有一天晚上我睡著之後，突然被什麼給驚醒。是我母親的男朋友，弄醒我的是他的手。他一邊看電視，一邊摸睡夢中的我。他沒有把手伸進衣服裡摸我，也沒有愛撫我，但他把手放在我的私處，這讓我覺得非常不舒服。我當時一直移動和翻身，這樣他才會把手拿開。我開始害怕晚上睡覺，因為我覺得他會等著我。這些事在情緒和心理上都對我產生了影響。

──二十歲，男性

我大約八歲的時候被性侵。我的堂兄弟和叔叔猥褻我好幾次，他們性侵我長達三年。經過這段時間之後，我決定逃家，因為我沒有父親，而我知道母親不會相信我的遭遇。我嘗試告訴別人自己發生了什麼事，但每個人都說我是騙子或瘋子。我住的小鎮上，人們認為如果一個女生被性侵，這是她的錯，因為她挑逗男生。就算兒童被性侵也是這樣。在我家，家人從來不談性行為或任何跟性有關的事，我想就是因為這樣，當時我才不知道遇到這種事並不是我的錯。

──二十一歲，女性

　　性雖然使我們得以形成並維持深厚的連結與親密的關係，卻也有其黑暗的一面。對某些人而言，性使其聯想到要脅、屈辱、攻擊和侵犯。在這些情況下，性成為一種武器——一種剝削、羞辱或傷害別人的手段。本章首先將檢視性騷擾的各種面向，包括調情與騷擾之間的區別，以及發生於中小學、大學與職場的性騷擾；接下來將著眼於針對男同性戀、女同性戀、雙性戀和跨性別者的騷擾與歧視；然後會探討性攻擊，包括約會強暴與陌生人強暴、強暴的動機和後果等。最後，本章將討論兒童性侵，檢視造成這類性侵的因素、類型和後果，以及防治方案等。

性騷擾

　　性騷擾（sexual harassment）指兩種不同類型的行為：（1）為了得到性而濫用權力、（2）形成具有敵意的環境。就濫用權力而言，性騷擾包括不受歡迎的性示意、要求性方面的好處，或其他本質上與性有關的言語或身體行為，以作為就學、雇用的條件。拒絕服從上述行為可能會導致報復。僅一人擁有最高權力時，便可能犯下第一種騷擾。在**敵意環境**（hostile environment）中，則會有人採取性方面的舉動，妨礙另一人在學校或職場的表現。以上這些騷擾屬於違法行為。

> 強迫，乃戕害靈魂之毒藥。
>
> 路德維希・伯爾納（Ludwig Borne, 1786-1837）

■ 何謂性騷擾？

　　美國一九六四年《民權法案》（*Civil Rights Act*）第七章，首度明定各種職場上屬於違法行為的歧視，包括性騷擾。第七章的法條適用於員工人數十五位以上的雇主，包括地方、州和聯邦雇員、職業仲介、勞工組織等。一九八〇年，美國公平就業機會委員會（Equal Employment Opportunity Commission，簡稱 EEOC）針對職場與教育環境中的言語及身體騷擾，頒布了指導方針，將性騷擾定義為不受歡迎的性示意、要求性方面的好處，以及其他具有性本質的言語或身體行為，而這些行為（1）對個人的工作產生明顯或潛在的影響、（2）不合理地妨礙個人工作表現，或（3）形成一個威脅、敵意、冒犯的工作環境。這項指導方針的一個重點，在於指出性

性騷擾，尤其是職場性騷擾，對受害者造成一個充滿壓力、敵對的環境。

騷擾的行為讓人討厭、不受歡迎，且可能會影響工作情境。這樣的性攻擊行為不必然是顯而易見的，即便是造成一個會影響工作表現的敵意環境，亦構成性騷擾。性騷擾的受害者與加害者，可能是男性，也可能是女性。此外，雇主如因某個人提出歧視指控，或反對聘雇措施中的性別歧視，而對其進行報復，亦屬違法行為。[1]另外，受害者不一定是被騷擾的當事人，亦可能為任何因該舉動而受到影響的人。美國二〇一〇年財政年度中，公平就業機會委員會受理了一萬一千七百一十七件性騷擾指控，自一九九七年財政年度中一萬五千八百八十九件指控的高峰後，已較為下降。[2]（美國聯邦政府的財政年度由十月一日開始，至翌年九月三十日止）

　　性騷擾是性與權力的混合，權力往往為主要因素。在校園與職場上，男性和女性的價值皆會因為性受到關注而遭貶低。尤其是對於女性而言，性騷擾可能會使她們「困在原地」以及感到脆弱無力。

　　另有某些形式的行為雖然本身不違法，卻也屬於眾所公認的性騷擾，包括不必要的性笑話和影射，以及讓人不愉快的口哨、嘲諷、猥褻言語或

行為等，例如可能由一名或一群男性對路過的女性做出上述行為。如同所有騷擾舉止，此種騷擾可能發生在男—女、男—男和女—女的互動中。諸如此類的行為，亦包括交談時男性「對著女性的胸部或身體說話」，或者在她經過、坐下和進出房間時，不斷「打量」著她。臨床心理學家伊麗莎白・鮑威爾（Elizabeth Powell）舉出下列性騷擾的例子：[3]

- 以言語騷擾或侵犯某人。
- 為了性活動施加隱微的壓力。
- 評論某人的衣著、身體或性活動。
- 以不懷好意或輕佻的眼光注視某人的身體。
- 施加不受歡迎的碰觸、拍打或擰捏。
- 摩擦某人的身體。
- 要求性方面的好處，同時以明示或暗示，威脅對某人的工作或學業狀況不利。
- 身體上侵害某人。

　　這類事件可能使人感到不舒服與脆弱，事實上此種行為被形容為「輕度強暴」（little rape）。這些行為的影響一經累積，將導致女性限制自己的活動、避免在成群男性面前走過，並且避開海灘、演唱會、派對和體育賽事等，除非有人陪同。有時性騷擾的指控會遭到忽視或輕視，且受害者通常會受到責備。性騷擾較常見於學校或職場，亦可能發生於其他情境，如病人與醫生、心理治療師、性治療師之間。

　　另一種可能未涉及性騷擾本身的騷擾類型，稱為**跟蹤騷擾**（stalking）。美國司法統計局（U.S. Bureau of Justice Statistics）將其定義為「使具有理智之人感到恐懼的一系列行為」，並指出在二〇〇六年執行的受害者補充調查（Supplemental Victim Survey）中，估計有五百九十萬名十八歲以上的美國居民於前十二個月當中曾經歷過符合跟蹤騷擾或騷擾的行為，超過一半曾遭遇符合跟蹤騷擾之定義的行為。[4] 二〇一〇年，美國全國親密伴侶與性暴力調查（National Intimate Partner and Sexual Violence Survey）顯示，全美有六分之一的女性（百分之十六）與十九分之一的男性（百分之

五）曾於一生中的某個時間點遭到跟蹤騷擾，並對此感到恐懼、認為自己或親近之人可能會被傷害或殺害。[5] 典型的跟蹤騷擾行為包括撥打非必要的電話、發送不必要的電子郵件與簡訊、跟蹤或監視某人、在某些場所等候對方、留下非必要的物品或禮物、威脅或攻擊對方，以及在網路、公開場合，或透過口耳相傳等方式，散布對方的訊息或謠言。有時被跟蹤騷擾的人會害怕這類行為永無止盡，且自己可能遭受身體傷害。受害者可能擔心接下來會發生什麼事，並產生焦慮、憂鬱和失眠等心理上的負面結果。研究表示伴侶跟蹤騷擾相當常見，實際上是最大宗的跟蹤騷擾案例類型。調查顯示，介於百分之四點八至百分之十四點五的十八歲以上女性表示曾遭到親密伴侶的跟蹤騷擾。對比之下，男性表示遭遇此情形的比例則為百分之零點六。[6] 許多大學校園為經歷跟蹤騷擾的人提供教育與支持服務。跟蹤騷擾在全美五十州、哥倫比亞特區與美國領地皆屬犯罪行為，代表警方可逮捕持續跟蹤騷擾的人。

■ 調情與騷擾

　　調情本身並非錯誤行為。一個微笑、眼神或稱讚，可讓雙方都感到快樂。但是如果調情者掌握的權力大過對方，或調情行為形成有敵意的校園或工作環境，那麼持續、不受歡迎的調情便可能構成性騷擾。調情是否為性騷擾，取決於三項因素：

■ 　是否擁有平等權力。一個人掌握的權力若高過於自己，便會限制拒絕的能力，因為害怕對方的報復。舉例而言，如果班上的教授或助教約你／妳出去，你／妳的立場就很為難。如果說不，你／妳的成績是否會受波及？在班上是否會遭到忽略？還會發生什麼其他的後果？同樣地，如果你／妳的老闆約你／妳出去，你／妳也可能擔心若拒絕會丟掉工作、遭到降職，或導致工作環境變得具有敵意。

■ 　對方是否以恰當的方式接近。「嗨，寶貝，妳的胸部真大，要不要一起滾床單？」與「嘿，帥哥，你的屁股好讚，想要做嗎？」，這樣的說法顯然無禮且過於冒犯。稱讚（「你／妳今天真好看。」）、間接（「你／

妳覺得今天的課上得如何？」），或直接（「想不想一起去喝咖啡？」）的接近方式則較能被接受，因為不會造成壓力，讓人有略過邀約、正面回應或禮貌拒絕的空間。有時候，接近者的意圖很難區分清楚。一種確定意圖的方法就是使用直接的「我」訊息，[†] 並要求對方停止這樣的行為。如果對方停止行為，尤其是若有表達歉意，其意圖應該屬於友善；如果該行為仍持續下去，即為性騷擾的開始。如果他／她沒有停止，你／妳應該聯繫自己信任的上司、導師／學習顧問或舍監。

■ 　是否希望繼續聯繫。如果我們覺得對方有吸引力，便可能想要繼續調情。這時可以表達興趣，或以調情回應。但如果覺得對方沒有吸引力，可以藉由不回應或中性、勸退的方式來中止互動。

　這個議題因為受到與文化、性別有關的因素影響，所以相當複雜。不同文化下的期望可能導致誤解，舉例而言，拉丁美洲的文化鼓勵相互調情，當拉美裔男性對著經過的拉美裔女性說「妳好漂亮」，這樣的話語所傳達的含義，以及接收者的理解都是一種讚美。但若是拉美裔男性對著非拉美裔女性說出相同的話時，他卻可能因對方的負面反應而感到沮喪。男方覺得女方保守拘謹，女方則覺得男方粗魯，然而這是由於文化差異而造成對彼此的誤解。

　有三個主要的性別差異，可能導致性騷擾。第一，男性與女性相較，通常較不會察覺到某些行為屬於騷擾。[7] 這種認知上的差異往往發生在較隱微的騷擾形式，因為男性和女性都認同刻意觸碰身體等明顯的舉動會構成性騷擾。第二，男性往往誤以為女性的善意是傳達性方面的興趣。第三，男性比女性更容易將男—女關係視為對立關係。有鑑於上述因素，二〇一〇年毫不意外地有百分之八十四的騷擾指控由女性提出。有趣的是，男性提出性騷擾指控的比例，由一九九二年的百分之九點一提升至二〇一〇年的百分之十六點四。[8]

　權力差異也會影響對騷擾的知覺。舉例而言，教師或上司提出私人問題時，比起學生或同事提問，較有可能被認為是性騷擾。需要釐清的是關係的基礎：屬於教育、公事或專業上的關係？還是戀愛或性關係？在前三

†　就是直接告訴對方「我覺得……」。——譯註

種情況下，以調情或帶有性意味的方式建立關係並不恰當。

■ 中小學、大學內的性騷擾

各種形式的性騷擾現象十分普遍，且不一定始於成年時期，可能早在童年中期即已開始。

｜ 小學、中學內的性騷擾

男孩「戲弄」女孩，可謂一種「由來已久」的慣例，例如對她們辱罵、散播性方面的八卦等等。若將此種行為定義為「戲弄」，便會低估其影響，因為只是「好玩」而已。但如果認定此種行為屬於性騷擾，便能重新加以審視。

二〇一一年，美國一項具全國代表性、針對一千九百六十五名七至十二年級學生（女生占百分之五十六，男生占百分之四十）的性騷擾調查，報告出二〇一〇至二〇一一學年度的性騷擾形式，其中絕大部分為同儕間的騷擾。[9] 多數案例為言語騷擾，如不受歡迎的性言論、笑話或手勢。近三分之一（百分之三十）的受訪者表示，曾遭受簡訊、電子郵件、臉書或其他電子方式的性騷擾，這些學生當中亦有許多曾當面遭受性騷擾。女生當面被性騷擾的可能性高於男生（百分之五十二比百分之三十五）；經由簡訊、電子郵件、臉書或其他電子方式而被性騷擾的比例也是女生較高（百分之三十六比百分之二十四）。男生和女生表示曾被稱呼為男同性戀或女同性戀的比例相同（百分之十八）。絕大多數的學生（百分之八十七）表示自己曾受到性騷擾的負面影響，而女生出現的負面結果較男生嚴重。這些負面影響包括睡眠困擾、不想去學校，或改變上學和回家的路徑。遺憾的是，遭受性騷擾的學生中，有一半表示未曾對該事件做任何處理。百分之十八的男生與百分之十四的女生表示自己曾對同學性騷擾，有趣的是，其中有百分之四十四認為性騷擾「沒什麼大不了」，百分之三十九則表示自己只是想開玩笑。對同學性騷擾的學生當中，百分之九十二的女生和百分之八十的男生表示自己亦曾為性騷擾的目標。為了解決校園性騷擾的問題，學生建議學校應該指派諮詢人員、提供網路資源，並舉行課堂討論，

最常見的建議則是讓學生匿名舉報狀況、具體執行性騷擾政策以及懲罰騷擾者。

國、高中生的性騷擾最常見於成群結隊的男生，他們的動機可能在於，透過貶低女生可提升自己在團體中的地位，而非特別仇視某位女同學。學生間的騷擾通常遭到成年人忽視，或被視為男生的正常、典型行為——「男孩子就是這樣。」

｜　大學內的性騷擾

近年來，大學校園內的性騷擾已成為一大主要問題。二〇〇五年，美國大學婦女協會（American Association of University Women，簡稱AAUW）進行了至今最全面的大專院校性騷擾調查研究。[10] 這項網路調查招募了兩千零三十六名十八至二十四歲，就讀兩年制和四年制公、私立大專院校的學生。百分之六十二的女學生與百分之六十一的男學生表示在大學裡曾遭受言語或身體上的性騷擾。受訪學生提及了數種性騷擾類型（見圖 4.1），其中性方面的評論與笑話最為常見。經歷過性騷擾的女學生中，三分之一表示感到害怕，五分之一表示因性騷擾的緣故而對大學生活感到失望。雖然曾遭到性騷擾的學生中，超過三分之二的女學生與超過三分之一的男學生會感到非常或有些不安，卻只有百分之七的學生會將此事告知教職人員或其他大學雇員。此研究中的女性比例略高於一半，其中有三分之一表示曾經對別人性騷擾，多數是認為這樣很有趣。女同性戀、男同性戀、雙性戀與跨性別（LGBT）學生曾遭受性騷擾的比例（百分之七十三）較異性戀學生高（百分之六十一），且更常因此而感到痛苦（百分之十八比百分之七）。

大專院校處理性騷擾議題時的兩大問題，在於容忍程度的性別差異與譴責歸因。女性經常因為不把騷擾視作「恭維」，以及穿著或外表引起非必要的性興趣，而遭到指責。許多人抱持著這種態度，特別是在男性之間。

由於性騷擾的緣故，許多學生（尤其是女性）出現學習上的困難，有些學生則會擔心自己的成績。如果騷擾者是掌握評分大權的教師或領導隊

圖 4.1　大學生遭受的性騷擾類型

此處的數據是根據二○○五年美國一項針對大學生的調查

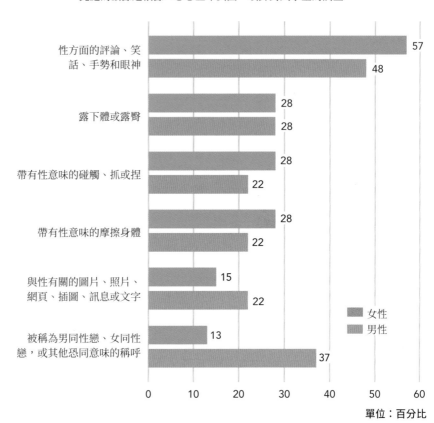

資 料 來 源：Hill, C. & Silva, E. *Drawing the Line: Sexual Harassment on Campus*. American Association of University Women.

伍的教練，學生便會不敢舉報騷擾事件，而可能採取某些策略，如避開騷擾者所教授的課程、體育項目，或選擇其他的教師。極端案例中，性騷擾受害者在情緒上受到的影響可能與強暴受害者一樣嚴重。然而，許多學生（尤其是女性）卻認為教授約學生出去屬於不道德行為，而非性騷擾。[11]

　　大部分的大專院校皆制定了性騷擾防治政策，其中多半禁止學生與教授之間的戀愛／性關係。這些政策的一個基本原則在於學生─教授關係並非真正的合意關係，因為教授在學生的學業成績與職涯規劃上掌握相當大的權力。雖然這樣的政策有助於學生意識到性騷擾議題，然而其效用仍有賴於教育學生哪些因素會構成騷擾。美國大學婦女協會指出，性騷擾對大學生活經驗造成破壞，並形塑了學生未來進入職場或社會時的行為。[12] 此

外，該協會也強調「一個鼓勵、甚至容忍不恰當言語和身體接觸，且不鼓勵舉報這些行為的校園環境，將危害數百萬年輕學子的情緒、智力與專業成長」。該協會在研究中更指出，大學校園內的性騷擾尤其會對女學生造成嚴重損害，使她們更難獲得自己或未來家庭所需的教育。

■　職場性騷擾

　　職場性騷擾的議題相當複雜，因為工作場所如同大學，是成年人邂逅潛在伴侶最重要的場域之一，因此有許多私下的接觸或性互動。工作環境中常見調情、戀愛和「風流韻事」。調情與騷擾間的界線可能會是個問題，尤其對男性而言。許多女性直到很久之後才意識到自己遭到騷擾，當她們確定這樣的行為時，則會感覺自己天真、容易受騙，亦可能感到罪惡與羞恥。隨著女性對性騷擾的了解越多，便能夠辨清自己所經歷的事件本質上屬於騷擾。[13]

　　職場性騷擾是一個影響成千上萬男性和女性的嚴重問題。[14] 網路服務商——美國線上（AOL）在二〇〇一年的就業調查結果顯示，有六分之一的受訪者曾在職場上受到性騷擾，被騷擾者之中分別有百分之四十三與百分之五十一表示受到上司或同事騷擾；有百分之三十五會向主管機關舉報，其中百分之四十七為女性，百分之二十一為男性。二〇〇八年，路易斯民意調查公司（Louis Harris and Associates）針對七百八十二名美國上班族進行電話訪問，其中分別有百分之三十一的女性與百分之七的男性表示曾遭受職場性騷擾；所有女性與百分之五十九的男性表示騷擾者為另一個性別的人。[15] 就業法聯盟（Employment Law Alliance）曾進行一項針對八百二十六名公司員工的調查，結果指出有百分之七的受訪者表示曾與上司或下屬有過戀愛關係，百分之四十三的人認為此種關係有損生產力。[16] 職場上的戀愛關係可能演變為性騷擾議題，亦可能令員工感到某人受到偏袒，致使士氣低落。

　　性騷擾在過去全為男性的職業類型中最為普遍，這是一種對女性施加控制以及宣示男性主權的手段。建築業、貨運業、執法部門和軍隊等「男

性的堡壘」（male bastion）特別抗拒女性的存在。舉例而言，美國退伍軍人事務部（U.S. Department of Veterans Affairs）發現，百分之二十二的女性與百分之一的男性曾在軍隊中遭受性創傷（包含性侵害與性騷擾）。[17] 一些身為強暴倖存者的退伍軍人宣稱，疑似強暴案件的調查處理方式不當。[18] 為了因應各方壓力，軍方正採取措施以讓軍中環境更安全。針對伊拉克與阿富汗軍事行動的調查，發現二〇〇一年至二〇〇七年間曾接受退伍軍人健康管理局（Veterans Health Administration）之基本醫療或心理健康服務的軍人中，百分之十五的女性和略少於百分之一的男性曾遭受軍中性創傷。此種創傷可能提高心理疾患診斷與物質濫用疾患的風險，且是該族群退伍後的一個重要心理健康問題。[19] 軍中性創傷的回報率，可能不足以代表性侵案例的實際數目，因某些性侵受害者擔心舉報有損其軍旅生涯，或不會有杜絕性侵和懲罰加害者的措施，而一直不願意採取行動。

雖然大部分性騷擾的情況為男性騷擾女性，但男性亦可能受到來自女性或男性的騷擾。美國最高法院已裁定男性可因被性騷擾，對另一名男性採取法律行動。[20]

性騷擾可能對受害者造成各種後果，包括憂鬱、焦慮、羞愧、羞辱和憤怒等，這些將於本章後續篇幅中討論。

對男同性戀、女同性戀、雙性戀和跨性別者的騷擾與歧視

研究者已提出兩種基於性傾向的歧視或偏見：異性戀偏見與反同偏見。

■ 異性戀偏見

異性戀偏見（heterosexual bias），亦稱為**異性戀主義**（heterosexism）或**異性戀中心行為**（heterocentric behavior），廣泛（且默默地）受到社會、媒體和家庭的接受，這包含了傾向用異性戀的角度檢視世界，以及忽視或貶低同性戀。[21] 異性戀偏見可能以多種形式出現，舉例如下：

- 忽視女同性戀、男同性戀、雙性戀和跨性別者的存在。在討論人類的性之各種面向時，可能忽略男同性戀、女同性戀、雙性戀與跨性別者，假設這些個體並不存在、不重要，或沒必要討論。這樣的排除，使得我們在討論人類的性時，實際上是在討論異性戀的性。

- 將男同性戀、女同性戀、雙性戀、跨性別者與異性戀區隔開來。當無關乎性傾向，卻將特定群體區分出來，屬於一種隔離與差別對待的行為，例如將人類免疫缺乏病毒呈陽性反應的男同性戀者特別從一般人中區分出來（卻不包括其他人類免疫缺乏病毒呈陽性的患者）。

- 將男同性戀、女同性戀、雙性戀和跨性別者納入較大的類別中。有時候，將性傾向做分類以進行資料分析是較為恰當的做法。例如青少年自殺率的研究，若未考量性傾向，則研究結果可能會遭到扭曲。

■ 偏見、歧視與暴力

　　反同偏見（anti-gay prejudice）是指因為男同性戀、女同性戀、雙性戀和跨性別者的性傾向，而產生強烈厭惡、恐懼或仇視的情緒。**恐同**（homophobia）則指針對男同性戀、女同性戀、雙性戀和跨性別者的非理性、病態恐懼。並非所有反同性戀情緒皆屬於過度、非理性等臨床意義上的病態恐懼，但仍可能不合理或帶有偏見。然而，這樣的情緒可能存在於具偏見的文化常態中。

｜ 反同偏見與歧視之結果

　　反同偏見為一種信念體系，合理化以性傾向為基礎的歧視。此種歧視可能以不同形式出現：男同性戀、女同性戀和跨性別者往往在申請居住、就業機會、子女領養和親職權利方面受到歧視。舉例而言，美國有二十九州缺乏反就業歧視的保障，三十五州針對跨性別者沒有這樣的保障。在美國多數的州，性少數族群不能合法結婚（欲了解更多同性婚姻之議題與法律方面的探討，請參見本冊第五章）。即使少數幾州允許同性婚姻，聯邦法律仍不允許其享有與異性戀夫妻相同的根本保障，[†] 如社會安全福利。[22]

　　反同偏見可能會造就騷擾與霸凌，甚至形成肢體暴力。反同偏見也會

† 美國聯邦最高法院已經於二〇一五年六月二十六日判決同性婚姻合法。——編註

影響父母對於同性戀子女的反應，往往讓親子之間產生隔閡。因此，許多男同性戀、女同性戀、雙性戀和跨性別者面臨到下列各種負面結果：

■ 與異性戀相比，有更多男同性戀和女同性戀者生活貧困。[23]

■ 麻州青少年風險行為調查（Massachusetts Youth Risk Behavior Survey）的資料顯示，屬於性少數族群的青少年，較可能無人陪伴（沒有父母或監護人）和無家可歸。[24]

■ 分析二〇〇一年至二〇〇九年，美國七個州和六大都市學區青少年風險行為調查的資料，結果發現相較於其他學生，屬於性少數族群的學生，尤其是男同性戀、女同性戀和雙性戀者，與男性和女性皆有較多的性接觸，且更有可能從事其他危害健康的風險行為，如企圖自殺。[25]

■ 《兒科》（*Pediatrics*）醫學期刊中的一項研究顯示，美國奧勒岡州的男同性戀、女同性戀和雙性戀青少年，企圖自殺的可能性為該地異性戀青少年的五倍。[26] 同性戀青少年發生自殺事件時，往往會被歸因於缺乏支持的環境。

■ 美國二〇〇九年針對國、高中生進行全國學校風氣調查（National School Climate Survey），發現近九成的女同性戀、男同性戀、雙性戀和跨性別年輕學生曾於過去一年之間遭受騷擾，且約有三分之二覺得在學校會因自己的性傾向而感到不安。這些受到霸凌的學生當中，有許多人出現憂鬱和焦慮情形，將近三分之一因為擔心安全，而曾於過去一個月間逃學。[27]

■ 二〇〇〇年，美國進行一項針對十五個主要大都會區域的男同性戀、女同性戀和雙性戀者的全國研究。該研究發現，受訪者中有百分之三十四表示曾因自己的性傾向而被家庭或某位家庭成員排斥，百分之七十四曾遭遇偏見與歧視，另有百分之七十四表示曾因其性傾向而成為誹謗、辱罵等言語虐待的目標。

│ 針對男同性戀與女同性戀的暴力

針對男同性戀與女同性戀的暴力有很長的歷史。在某些時期，此種暴力有宗教機構的允許。中世紀時期，教會法庭（稱為宗教裁判所

中世紀時，男同性戀（當時稱為肛交者）會被視為異教徒而遭火刑燒死（左上圖）。一九三三年，德國納粹分子和學生強占性學家馬格努斯‧赫希菲爾德（Magnus Hirschfeld）的柏林性學研究所，馬格努斯‧赫希菲爾德曾公開承認自己是同性戀者。納粹軍用卡車運走並焚毀性學研究所圖書室中的圖書（右上圖），馬格努斯‧赫希菲爾德則被迫流亡海外。男同性戀與女同性戀是第一批遭納粹送入集中營的德國人，超過五萬名同志遭到殺害。時至今日，針對男同性戀與女同性戀的暴力行為仍然持續發生，右圖為二○一一年LGBT人士在倫敦的遊行，抗議種族主義與恐同偏見，聲援LGBT難民，反對將其驅逐出境。

關於男、女同性戀議題與權利的輿論觀點

美國大眾對絕大多數有關男、女同性戀權利的議題看法不一，如同下列一項二〇一一年全美民意調查的結果所示。隨著男／女同性戀權利相關議題（例如同性婚姻合法化）在政治議程中變得更具爭議，後續的民調或許能顯示出輿論觀點的變化。

備受推崇的民意調查機構——蓋洛普民意調查（Gallup Poll）三十多年來持續進行關於同性戀議題與同性戀權利的公眾意見研究。下列呈現的結果，來自本書（英文版）付梓前的最新民意調查。請前往蓋洛普民意調查網站（Gallup.com），以了解美國輿論對各種男、女同性戀權利與議題的看法。

二〇一一年蓋洛普民意調查

全美有超過一千名（一千零一十八）十八歲以上成年人，於二〇一一年五月接受電話訪談。[28] 以下為四項關於男、女同性戀之重要議題的民意調查結果（四項重要議題使用該民意調查的原句）：

- 你／妳個人認為男同性戀或女同性戀關係在道德上是可以接受，還是有道德上的錯誤？有百分之五十六的受訪者認為男同性戀或女同性戀關係（亦即性活動）在道德上可以接受，這是二〇〇一年首度詢問該問題以來出現的最高百分比，當年表示道德上可以接受的比例為百分之四十。同樣地，認為同性戀有道德上的錯誤之百分比，自二〇〇一年（百分之五十三）以來一路下降至二〇一一年最低的百分之三十九。

- 你／妳認為成年人之間合意的男、女同性戀關係是否合法？百分之六十四的受訪者表示同性戀關係應屬合法。支持同性戀關係合法的百分比多年來有時提升、有時下降，二〇〇三年五月曾達到百分之六十的高峰，然而同年支持率卻又下降，原因可能是為了反對美國最高法院裁定德州《性悖軌法》違憲（見本冊第五章）。如前所述，美國民眾認為男、女同性戀關係合法的可能性，高於道德上可接受。

- 就你／妳的觀點，男同性戀或女同性戀是與生俱來，或是因為教養和環境等因素所造成？美國大眾對於同性性傾向之成因的看法幾乎各占一半。百分四十二

的受訪者認為男同性戀或女同性戀是「因為教養和環境等因素」而造成，百分之四十二的受訪者則認為是「與生俱來的特質」。這個問題首先於一九七八年被詢問，當時「教養／環境因素」和「與生俱來」的比例各占百分之五十六與百分之十三。自二〇〇一年開始，對於同性戀成因的兩方支持比例便近乎相同。

你／妳認為同性伴侶間的婚姻是否應該被法律認定為有效，並擁有與傳統婚姻同樣的權利？自一九九六年蓋洛普民調首次提出該問題以來，二〇一一年有超過半數的美國人（百分之五十三）支持同性婚姻合法化，並擁有與傳統婚姻同等的權利，另有百分之四十五的人反對。一九九六年，同性婚姻的支持率為百分之二十七，反對率為百分之六十八。儘管二〇一一年時獲得多數支持，然而同性婚姻對美國人而言仍屬意見相當分歧的議題。進一步的探討請參見本冊第五章。

這項民調的結論認為，美國人目前對於男同性戀和女同性戀的接受度，超過了過去歷史三十年間的任何時期。該調查進一步指出，如果此趨勢持續下去，且政治領袖願意就此議題順應輿論（如美國政府已廢除「不問不說」［Don't Ask, Don't Tell］政策，關於廢止該政策之討論，請參見第 189 頁），便可預期未來聯邦政府與更多州將擴大男、女同性戀的法定權利，包括同性婚姻合法化。[†]

† 美國聯邦最高法院已於二〇一五年六月二十六日宣布判決全美同性婚姻合法化。——編註

批 判 性 思 考

01 你／妳對於這項民意調查中的議題有何看法？

02 你／妳的意見是否與多數朋友、家人相近？

03 你／妳對於上述議題的看法是否曾隨時間改變？如果是，因何而改變？

04 該民意調查的結果，是否該運用於制訂有關男同性戀、女同性戀、雙性戀和跨性別者的公共政策？

〔Inquisition〕）的領導人會將「肛交者」（sodomite）處以火刑。十六世紀時，英格蘭國王亨利八世制定了將同性性行為判處死刑的法律。在我們的時代，同性戀是納粹手下的第一批受害者，集中營內有五萬人遇難。由於針對女同性戀和男同性戀的暴力遍布全世界，荷蘭、德國和加拿大於一九九二年開始為性傾向屬於同性戀的男性與女性提供庇護。[29]

　　時至今日，男同性戀、女同性戀及其他性少數族群，又逐漸成為暴力攻擊的目標。二〇一〇年的資料指出，涉及女同性戀、男同性戀、雙性戀、跨性別者、酷兒和人類免疫缺乏病毒感染者（合稱為 LGBTQH）這些群體的仇恨暴力事件有兩千五百零三起，倖存者及受害者總數相較於二〇〇九年的數據增加了百分之十三。跨性別者與有色人種遭遇某種仇恨暴力之可能性，高於非跨性別的白人。此外，二〇一〇年更發生二十七件反LGBTQH 的謀殺案，較二〇〇九年增加百分之二十三，其中有色人種、跨性別女性和非跨性別男性 [†] 最容易遭受謀殺。除謀殺外，這類暴力事件還包括性侵／強暴、搶劫、毀壞財物、攻擊／企圖攻擊、恐嚇和言語騷擾等。遺憾的是，這些仇恨暴力的受害者僅有一半曾向警方報案。[30] 美國一項調查回顧了七十五個研究，檢視男同性戀或雙性戀男性（男同、男雙）以及女同性戀或雙性戀女性（女同、女雙）的性攻擊受害盛行率，結果發現遭受性攻擊的終生盛行率平均估計值在男同、男雙為百分之三十，女同、女雙為百分之四十三。[31]

　　一九九八年，懷俄明大學的男同性戀學生馬修‧謝巴德遭到殘酷謀殺；同年，三十四歲非裔美籍男性小詹姆斯‧伯德被人用卡車拖曳致死；二〇〇二年，十七歲跨性別女性葛溫‧阿勞霍遭到毆打與勒斃。以及二〇〇八年，十五歲的學生勞倫斯‧金因承認自己為同性戀而於教室中遭槍擊身亡。此四起謀殺案受到了全美國媒體的關注。經過十多年的呼籲，終於在二〇〇九年十月二十八日，由歐巴馬總統簽署立下《馬修‧謝巴德與小詹姆斯‧貝德仇恨犯罪防治法案》（*Matthew Shepard and James Byrd, Jr. Hate Crimes Prevention Act*），針對因個人實際或受認定之性傾向、性別認同、膚色、宗教、國籍或失能等原因，而對其施加以偏見為動機的暴力行

[†] 此處指非跨性別的男性性少數族群，例如男同性戀。——編註

圖 4.2　二〇一一年八月止，美國各州法律或政策提供 LGBT 人士之平權程度

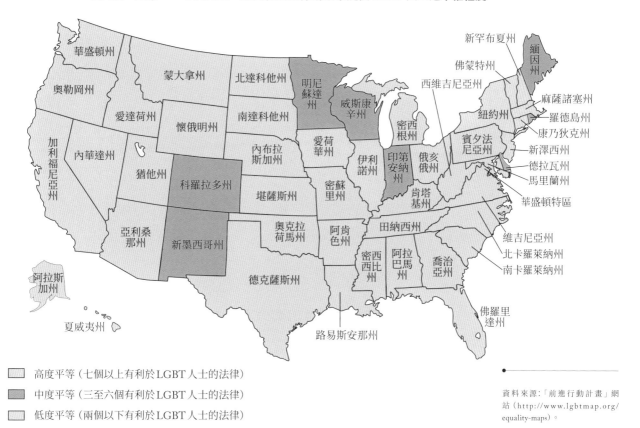

高度平等（七個以上有利於LGBT人士的法律）

中度平等（三至六個有利於LGBT人士的法律）

低度平等（兩個以下有利於LGBT人士的法律）

資料來源：「前進行動計畫」網站（http://www.lgbtmap.org/equality-maps）。

為，賦予美國司法部以聯邦罪調查、起訴之權限。圖 4.2 中的地圖顯示本書（英文版）出版時，已立法防治基於性傾向和性別之仇恨犯罪的美國州別。[32]

■　終結反同偏見與制訂反歧視法

如前所述，男同性戀、女同性戀、雙性戀和跨性別者在許多層面皆受到歧視，損害其自尊與心理健康。教育以及正向的社會宣導和互動，是對抗反同偏見的重要途徑。另一種方法是制訂法案以確保男同性戀、女同性戀、雙性戀和跨性別者在法律之下受到平等保障。

前進行動計畫（Movement Advancement Project，簡稱 MAP）是一

個關注促進男同性戀、女同性戀、雙性戀和跨性別者之平等的獨立智庫，其表示：「法律之下的不平等待遇，阻擋了美國的 LGBT 人士充分參與美國生活。」前進行動計畫已提出九大項應賦予 LGBT 人士的法定權利。這些法定權利與現已提供該權利的州數，茲列舉如下（截至本書英文版出版前）：婚姻與關係承認（二十一州）、非歧視就業法（二十二州）、非歧視居住法（二十二州）、共同收養（十八州）、第二父母收養（二十州）、繼父母與父母推定（十六州）、學校安全法（十九州）、仇恨犯罪法（三十一州）以及出生證明法（四十八州）。部分但非全部的州別將跨性別者納入法律與政策中。前進行動計畫已為上述法律領域建立平權地圖。請參見圖 4.3，以大致了解美國各州提供其中多少領域的法律與政策保障，並前

圖 4.3　二〇一一年八月止，已根據性傾向與性別平等而制訂仇恨犯罪法，以保障民眾的美國州別。

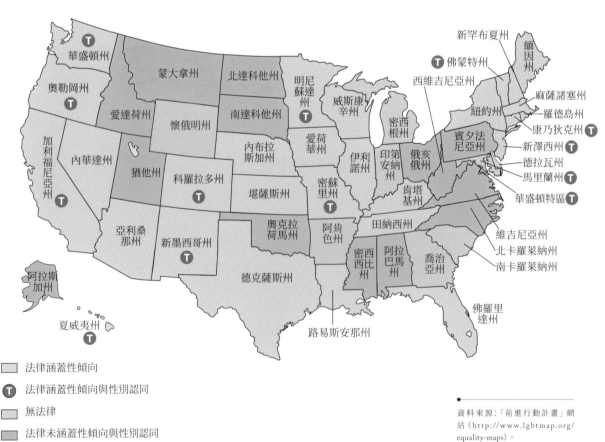

資料來源：「前進行動計畫」網站（http://www.lgbtmap.org/equality-maps）。

往「前進行動計畫」網站[33]，了解更多關於各州的資訊。[34]

美國近年來在同性戀權利上最重要的法律進展之一，當屬廢除軍方的「不問不說」政策（Don't Ask, Don't Tell，簡稱 DADT），該政策禁止同性戀服役者公開性傾向。這項於一九九三年提出的政策，使得總計有一萬四千三百二十六名男同性戀、女同性戀和雙性戀軍人被迫退伍。在「不問不說」政策之下，同性戀者不得討論其性傾向，且沒有被別人指出自己是同性戀，才能自由地在軍中服役。經美國國會採取行動、針對現役人員施行教育課程，且美國總統、國防部長和參謀長聯席會議主席皆核定廢除該政策不至危害軍事戰備，「不問不說」政策於二〇一一年九月二十日廢止。現在美國軍方已能接受公開性傾向的同性戀者申請入伍。其他改變包括刪除因同性戀傾向而被迫退伍的軍方紀錄、中止待行的調查與強迫退役命令、允許因「不問不說」政策被迫退伍之人員重新入伍。[35]

性攻擊

近年來，我們已逐漸增長對於性攻擊行為及後果的知識。我們將關注焦點由陌生人強暴加以擴展，並檢視了性攻擊行為對於倖存者所產生的後果。過去，研究者主要著重於**強暴**（rape），通常定義為透過暴力的使用或威脅，在違反女性的意願下進行陰莖—陰道插入行為。當時研究者假設強暴乃由陌生人為求性方面的滿足而犯下，往往探討男性犯罪者的性心理病理層面，以及「促成」強暴行為的女性特徵，如性情溫順、獨居和特定衣著方式等。

一九七〇年代，女性主義者挑戰了強暴屬於性偏差行為這樣的想法，並主張強暴是一種針對女性的暴力與攻擊行為，主要動機在於權力，而非性方面的滿足。由於女性主義的影響，研究重點自此轉移。

當代的研究開始將強暴視為一種性攻擊類型。**性攻擊**（sexual aggression）指使用暴力、爭吵、壓力、酒精、藥物或權威等，在違反他人意願的情況下，進行撫摸、口部—生殖器性行為、肛交、陰莖—陰道性

對於性侵害的恐懼，是一種特殊的恐懼；女性對其懼怕的強烈程度，就好比男性對閹割的恐懼。

吉蔓・葛瑞爾（Germaine Greer, 1939-）

交等性活動。性攻擊的受害者包括女性與男性，亦包含男同性戀和女同性戀，過去由於強暴定義中的異性戀性質，因此同性戀被排除於研究範圍之外。**性要脅**（sexual coercion）是比「強暴」或「性攻擊」更為廣泛的用詞，包含爭吵、懇求、哄騙，以及暴力和威脅使用暴力等。**性侵害**（sexual assault）則是刑事司法體系描述強制性接觸的用詞[†]，其不必然包括陰莖—陰道性交，因此不會與強暴的法律定義重疊。舉例而言，個體仍可能因強迫他人進行肛交，或強迫將物體插入對方肛門，而被以性侵害的罪名起訴。

† 台灣的法律用語為「妨害性自主」，參見《刑法》第十六章「妨害性自主罪」。——編註

■ 強暴的本質與發生率

強暴是一種獲得權力或表達憤怒和仇恨的手段。強暴迫使受害者（許多專業醫療人員傾向使用較不具貶意的「倖存者」一詞）在違反意願的情況下，與加害者發生親密肢體接觸。倖存者並不會產生快感，她／他所經歷到的是恐懼。多數情況的倖存者為女性，有時則為男性，然而加害者大多為男性。強暴所使用的武器是陰莖（可能輔以刀械或槍支），加害者以陰莖攻擊、征服和羞辱受害者。過去案例顯示，當女性價值遭貶低，或加害者知覺到的強暴負面後果不嚴重時，強暴發生的頻率較高。[36]

強暴不僅是一種特定行為，也是一種威脅。從小女孩開始，女性就被警告不可以拿陌生人的糖果、不可以獨自走在黑暗的街道上、門窗一定要上鎖。男性可能害怕遭受攻擊，但女性害怕被攻擊與被強暴。因此，有許多女性懷著可能遭到強暴的意識生活。強暴和對強暴的恐懼是女性生活中的現實，然而對於大部分男性而言並非如此。

我們並不清楚美國境內確切的強暴發生率為何，因為多數的倖存者並未報案。根據美國「反強暴、虐待與亂倫全國網絡」（Rape, Abuse, and Incest National Network）的資料，在美國每兩分鐘就有一人遭受性侵害。[37] 二〇一〇年，美國全國親密伴侶與性暴力調查發現，將近五分之一（百分之十八）的美國女性與十七分之一（百分之一）的美國男性曾於人生中某個時間點遭到強暴。[38] 美國司法部的全國犯罪受害調查（National Crime Victimization Survey，簡稱 NCVS）指出，二〇〇九年舉報強暴／

性侵害十二歲以上者的案件總數為十二萬五千九百一十件。[39]（全國犯罪受害調查對強暴的定義為：「強制性交，包括心理威脅與身體暴力。強制性交指遭一名或多名加害者插入。強暴未遂、倖存者為男性與女性、異性戀與同性戀強暴，皆包含在內。強暴未遂包含以言語威脅強暴。」）從二○○○年至二○○九年，美國性侵害事件的發生率（每千人）下降了百分之五十七，反映出由一九九四年開始，暴力犯罪（包括強暴）呈現整體下降之趨勢。犯罪學家對於犯罪率變化的原因並未有一致的看法。二○○九年，發生在黑人的強暴／性侵害比率（千分之一點二）是白人（千分之零點四）的三倍，且女性倖存者中有百分之七十九認識加害者（見圖 4.4），認識加害者的男性倖存者則有百分之二十六，這樣的案例中加害者皆為朋友／熟人。

圖 4.4　強暴、性侵害的女性倖存者與加害者之關係類型

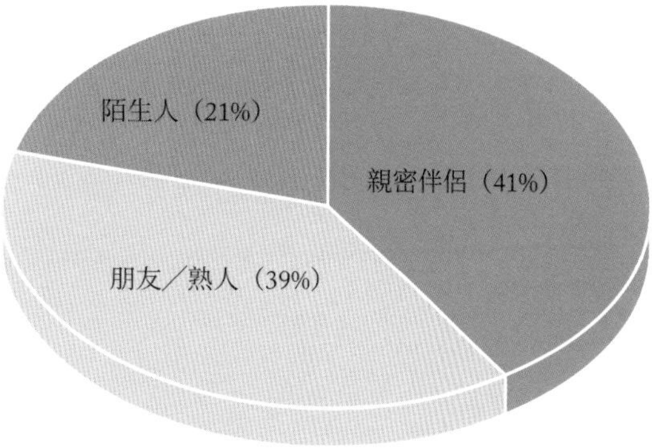

資料來源：U.S. Department of Justice. (2010). *Criminal victimization, 2009.* Washington, DC: Bureau of Justice Statistics.

備註：因四捨五入，故總百分比超過 100%。

　　美國一項針對九千六百八十四名成年人、具全國代表性的電話調查研究發現，每十五名成年人中有一人（百分之十點六為女性，百分之二點一為男性）於一生中曾被迫發生性行為。[40] 美國疾病防治中心（Centers for Disease Control and Prevention，簡稱 CDC）發現，全美九至十二年級的學生中，有百分之十一的女生與百分之五的男生曾被迫在不情願的狀況下進行性交。[41]

■　關於強暴的迷思

　　我們的社會有許多關於強暴的迷思，這樣的迷思助長了強暴行為，而非阻止它。其中一種迷思認為女性若被強暴應該要受到譴責，彷彿她們被強暴是「自作自受」或要為強暴負責。遭到強暴的女性通常會擔心自己因受侵害而遭到指責。

　　強暴迷思中的看法是更大的信念架構之一部分，包括性別角色刻板印象、性保守主義、接受人際暴力以及男性不同於女性的信念。男性比女性

性侵害防治

性侵害或性要脅的預防並無保證有效的方法。 每個案例中的情境、加害者以及成為目標的女性或男性皆不同。然而,強暴教育課程或許能有效減少支持性攻擊的強暴迷思。

為降低約會強暴風險,可參考以下準則:

■ 第一次約會時,即使已與對方透過網路建立交往關係,也要約在餐廳,電影院或體育賽事等公共場所。

■ 約會時各付各的。一種常見的假想腳本,是約會對象期待你╱妳以發生性關係交換他╱她為晚餐、電影和飲料所作的花費。

■ 如果你╱妳不想與約會對象發生性行為,避免使用毒品或酒精,這些物品可能導致約會強暴。

■ 避免曖昧的言語或非語言行為,尤其是任何可能被解讀為「挑逗」的舉動。言行所傳達的訊息務必一致,例如假設你╱妳只想擁抱或親吻,告訴約會對象這是你╱妳的底限。告訴他或她,如果你╱妳說不要,意思就是不要。如果有必要,在口頭與肢體動作上強調你╱妳所說的話(如推開對方)。

■ 若約會對象不顧你╱妳的直接溝通而出現性要脅,可考慮在肢體上進行抗拒,如推開、掌摑或踢。

為降低陌生人強暴的風險,可參考以下準則。但盡量避免過度警戒,判斷上要合乎情理。不要讓恐懼控制你╱妳的人生。

■ 不可表示自己獨居,尤其如果妳是女性。信箱與電話簿上使用姓名縮寫。

■ 不可為陌生人開門,住家與車子保持上鎖。接近住家或車子時,先將鑰匙準備好。進入車子之前,先檢查後座。

■ 避免前往黑暗與偏僻的區域。獨自出門時隨身攜帶哨子或氣笛,並帶上手機。讓其他人知道你╱妳要去哪裡以及何時回家。

■ 如果有人威脅般地接近你╱妳,就轉身逃跑,如果不能跑就抵抗。研究顯示以喊叫、吵鬧或反擊的方式來抵抗攻擊可嚇跑加害者。搏鬥與尖叫或許能在不增加身體傷害的情況下,降低受侵犯的程度。許多強暴過程中受傷的女性,似乎

在抵抗之前便已受傷。無論採取何種方法，相信自己的本能。

■ 留意可能的逃生方式。與加害者交談可以爭取時間找到逃生途徑。

■ 接受自我防衛的訓練，此種訓練可提升信心與搏鬥能力，讓你／妳能夠嚇跑歹徒，或創造出逃跑的機會。許多女性在遭受性攻擊後會接受自衛訓練，藉以恢復自己的控制感。

■ 不可在社群網站上公布個人資料或聯絡資訊。

　　如果你／妳遭受性侵害（或是性侵未遂的倖存者），請盡快報案。你／妳可能並非該強暴者的第一個受害者。盡你／妳所能不要更換衣服或淋浴，你／妳身上或衣服上的精液、毛髮或其他物質，對於強暴犯的逮捕與定罪非常重要。你／妳亦可以聯繫強暴危機處理中心，[†] 工作人員對於如何處理與警方的應對以及強暴的創傷後果，皆相當有經驗。但最重要的是，記住你／妳並沒有錯。強暴犯是唯一必須被譴責的對象。

† 如台灣各縣市的家庭暴力暨性侵害防治中心。──編註

更可能服膺於強暴迷思。[42] 以下列舉出十二種常見的強暴迷思，有助於釐清對於強暴的誤解：

■ 迷思一：強暴是一種衝動犯罪。事實上，強暴是暴力與攻擊行為，且往往為威脅生命的經驗。性吸引力固然可能為其中一環，但權力、憤怒和控制才是帶來滿足的主要因素。事實上，多數強暴者皆有其他合意的性伴侶，卻仍選擇強暴。

■ 迷思二：女性想被強暴。大眾普遍認為女性在潛意識中希望被強暴。此外，有些人認為許多女性說「不要」時，其實代表「要」。此種迷思支持女性在性方面屬於「屈服」的角色，因此她們喜歡遭受強暴的這種錯誤概念，更強化了強暴是性行為而非暴力行為這樣的信念。

■ 迷思三：「可是她想發生性行為」。此迷思強調有些強暴受害者想發生

女性穿著惹火並不代表她
引誘別人強暴她。

性行為。換言之，受害者有性慾，因此強制性行為不算強暴。當然這個
情況是可能的，想要發生性行為，但決定不要。即使受害者想要性，但
不同意發生性行為，也屬於強暴。若伊‧彼德森（Zoë D. Peterson）與
夏琳‧繆林哈德（Charlene L. Muehlenhard）指出：「強暴是沒有同意，
而非沒有慾望。」[43]

■ 迷思四：女性咎由自取。許多人認為女性遭受強暴是因為她們自己的行
　為使其「咎由自取」。一項研究發現約會強暴事件中，穿著惹火的受害
　者較易讓人覺得她們遭受強暴實屬合理，且責任在於她們。[44] 儘管已有
　改革強暴相關法律的嘗試，女性仍在這些案件中持續背負著舉證的責
　任。無論女性或男性，遭受強暴絕非罪有應得，無論一個人的言語、行
　為和穿著如何，她或他絕非強暴的起因。事實上，多數強暴皆屬於有計
　畫的預謀行為，機會是決定強暴者何時犯案的關鍵因素。

■ 迷思五：女性只會被陌生人強暴。女性會被告誡要避開或不可信任陌生
　人，以避免發生強暴。然而，這樣的建議會讓女性疏離正常的社交互動。
　除此之外，研究顯示所有遭遇強暴的女性中，加害者有百分之七十九並

非陌生人，而是舊識、朋友、約會對象、伴侶、丈夫或親戚。[45]

■ 迷思六：如果女性真的不願意，就能避免遭到強暴。此迷思強化了女性「其實」想要被強暴，或她們應節制行為的刻板印象。女性經常被警告不要在天黑後獨自出門，然而儘管約有三分之二的強暴／性侵害發生於下午六點至上午六點之間，但近六成是發生在受害者或朋友、親戚與鄰居的家中。[46] 此外，女性在工作場合、上下班途中與宗教場所也會受到侵擾，亦可能光天化日下在購物中心或停車場遭到綁架。限制女性的行動，似乎對於強暴沒有顯著的影響。男性的體型往往比女性高大且強壯，使女性難以反抗。有時候，強暴事件中會使用武器、施加肢體暴力，或以此威脅。因為襲擊的時間與地點皆由加害者選擇，因此會令受害者「猝不及防」。

■ 迷思七：女性為了復仇而哭訴對方強暴。此迷思認為被男性「甩掉」的女性，會指控對方強暴以作為報復的手段。美國聯邦調查局的犯罪統計資料顯示，強暴的案件中僅有約百分之二為謊報，此機率低於其他多數犯罪的謊報率。由於女性在加害者受審和定罪之前會面臨許多障礙，因此不大可能謊報案情。

■ 迷思八：強暴者都是瘋子或神經病。犯下強暴行為的男性，很少屬於臨床上的精神疾患，他們除了似乎較易有處理敵意情緒的困難，以及透過暴力發洩憤怒之外，絕大多數在心理上與其他男性並無差異。約會強暴方面的研究發現，強暴者與非強暴者之不同處，主要在於前者對女性的敵意較強，較認同傳統性別角色，且更有意願使用暴力。

■ 迷思九：多數強暴者與其受害者屬於不同的種族／族群。事實上，大部分的強暴者及其受害者屬於同一種族／族群。

■ 迷思十：男性無法控制自己的性慾。此迷思根植的信念在於當男性受到性衝動的支配，便無法控制自己的性感受。這也意味著女性因為自己的裝扮或外表挑起男性「無法控制」的性慾，所以要為強暴負起一定的責任。[47] 男性其實與女性一樣能夠學習以恰當、負責的方式來表達自己的性慾。

■ 迷思十一：強暴「沒什麼大不了」。強暴或身體侵害過程中受傷的女性，

約有三分之一需要醫療照護。強暴受害者亦可能在心理健康上產生負面後果，且有更高的機率以飲酒、吸菸或使用藥物等有害的行為來因應創傷。

■   迷思十二：男性不會被強暴。男性也可能遭受來自男性或女性的性暴力之害。此議題將於本章後續段落詳加探討。

■   **強暴的類型**

強暴者可能為約會對象、熟人、伴侶、丈夫、父親或其他家族成員，以及陌生人。

│   **約會強暴**

> 他毫不氣餒，摘採樹籬上綻放的玫瑰。她束手無策地為此厄運悲嘆，荊棘徒勞無功地反抗，甜美香氣一去不復返。
>
> 德國藝術歌曲

最常見的強暴類型是在違背受害者的意願之下，約會對象使用暴力或威脅使用暴力而發生的性交行為，稱為**約會強暴**（date rape）。有時**熟人強暴**（acquaintance rape）一詞會與「約會強暴」交替使用。然而，犯罪防制專家拉娜‧桑普森（Rana Sampson）表示這兩個詞並不同。[48] 換言之，多數熟人強暴不是發生在約會過程中，而是發生於兩人恰好在同一個地點時。由於一些關於強暴的文獻交替使用「約會強暴」與「熟人強暴」這兩個詞，因此相關討論往往不會區分這二種強暴類型，且其實可能指涉其中一種或同時指涉兩種。事實上，下列部分關於約會強暴的討論亦可適用於熟人強暴，但本章將另於後續段落探討大學生熟人強暴的某些特定面向。

約會強暴經常牽涉到酒精與／或藥物（請參見第 197 頁的「想一想」單元）。相信強暴迷思的男性，較有可能將女性飲酒視為可與其發生性行為的訊號。

許多大學校園為了引起更多人關注約會強暴的問題與其他來自男性的性要脅，皆舉行了「奪回黑夜」（Take Back the Night）的集會遊行，校園性侵害的倖存者在此分享其遭遇，並為其他倖存者提供支持。此外，許多大學提供廣泛的強暴防治教育課程，亦為參與夜間校園活動的同學提供護送服務。

漸增的威脅：約會／熟人強暴藥物

俗稱的約會強暴藥物已逐漸成為一種威脅，尤其是對年輕人而言。這些藥物會被加入飲料中，使飲用者渾身無力，這會影響他／她表達是否同意的能力，因而增加被迫性接觸的風險。約會強暴藥物亦可能令受害者的抵抗能力與記憶力降至最低。雖然通稱為「約會強暴」藥物，但這類藥物不僅用於約會過程，也會被熟人使用。因此，更準確的用詞應為「約會／熟人強暴藥物」。此種藥物有時也用於輪暴。

對無意願或不知情者下藥屬於犯罪行為。一九九六年，美國通過《藥物強暴防治暨懲戒法案》（*Drug-Induced Rape Prevention and Punishment Act*），將下述行為列為重罪：發送管制藥品（如歸類為約會／熟人強暴藥物）給不知情者，且意圖對其施加包括強暴在內的暴力行為。[49]

以下簡單介紹部分主要的約會／熟人強暴藥物：[50]

- 酒精。雖然很多人可能不認為酒精是約會／熟人強暴藥物，但酒精是藥物性侵中最常使用的物質。毫無疑問地，酒精在許多社交場合上都很容易取得，在大學校園中也相當常見。

- 羅眠樂（Rohypnol）。俗稱「強暴藥丸」、「蟑螂丸」、「忘記丸」、「墨西哥安定」和「忘我」[†]。羅眠樂於美國並未核准於醫療用途，但已成為愈來愈流行的街頭毒品。這種白色小藥錠可迅速溶解於液體中，酒精可增加羅眠樂的作用。

- γ－羥基丁酸（GHB）[‡]。俗稱「嚴重身體傷害」、「輕鬆躺」、「液態搖頭丸」或「睡前之抱」。自一九九○年以來，美國食品藥品管理局尚未批准這類藥物的銷售。GHB 在街頭販售的形式有清澈、無味液體與白色結晶粉末等，但由於為自製藥物，其效用可能無法預測。酒精可增加 GHB 的作用。

- 苯二氮平（Benzodiazepines）。為合法的羅眠樂類型藥物，在美國屬於抗焦慮與睡眠處方用藥。將此種藥物的粉末或液體放入飲料中，可使人的功能顯著減弱或完全喪失，而無法抵抗侵害。酒精可增強苯二氮平的作用。

- 氯胺酮（Ketamine）。俗稱「特 K」、「維他命 K」和「K」[‡]，通常被獸醫作為麻醉劑使用。氯胺酮液體作用快速，可使人出現與身體脫離的感覺，也無法

反抗或回憶發生的事。

■ 搖頭丸（Ecstasy）。俗稱「X-TC」、「X」和「E」，⚊為最常見的派對藥物。搖頭丸在美國並不合法，屬於一種迷幻藥與興奮劑，有引發幻覺的效果。搖頭丸有粉末或液態等形式，可使人感覺極度放鬆、對觸摸敏感，並降低對危險的知覺能力。

為保護自己不受約會／熟人強暴藥物之害，務必要留意妳／你在派對或約會時的飲料。不要接受你／妳不熟識或不信任之人給的任何飲料（汽水、咖啡或酒），並拒喝裝於開放容器中的飲料。不與他人共飲，亦不飲用大酒杯或其他共用容器中的飲料。在酒吧或派對上若有人要請你／妳喝飲料，可與那個人一起去點。千萬不要放著自己的飲料不管。參加或離開派對時都要與朋友結伴同行。如果認為自己被下藥，打電話報警或前往急診室。如果有機會的話，試著保留飲料檢體。倘若你／妳是藥物性侵害的受害者，不要責怪自己。遭受性侵害並非你／妳的錯，唯一要被譴責的是趁你／妳行為能力下降時占便宜的加害者。[51]

批 判 性 思 考

01. 你／妳的學校裡使用約會／熟人強暴藥物的情形有多普遍？何種情況下會使用該藥物？

02. 該怎麼做才不至於容易受到約會／熟人強暴的傷害？

---

† 台灣俗稱 FM2、十字架或十字仔。──譯註
‡ 台灣亦俗稱 G 水或神仙水。──譯註
⚊ 台灣俗稱 K 仔、K 粉、K 他命、克他命、愷他命、褲子或下面。──譯註
⚊ 台灣俗稱快樂丸、衣服或上面。──譯註

| 發生率

多項研究顯示，女性在一生之中遭遇約會強暴的機率為百分之十三至百分之二十七。[52] 如果將其定義擴大為包含言語壓力或濫用權威所導致的性交未遂，女性終其一生遭受約會強暴的機率則顯著增加。大學生當中，同儕最有可能施加侵害。[53]

| 對於同意的混淆

關於何以構成同意，仍有混淆之處。正如本冊第一章所述，許多性交流是非關言語且曖昧的互動。由於我們通常不會以言語同意性活動，這表示非語言線索相當重要。然而，非語言的溝通並不準確，且若不以言語強調，便可能輕易遭到誤解。舉例而言，男性經常誤以為女性的善意是表達對性有興趣，曲解女性的擁抱、親吻和撫弄為進行性交的慾望。[54] 女性必須以清楚的言語劃清界線，男性則需避免對線索做錯誤解讀。一項針對異性戀年輕成人的研究發現，相較於男性及沒有性經驗的女性，有性經驗的女性較重視同意的重要，且偏好以明確的言語取得同意。[55] 二〇〇三年，美國伊利諾州成為第一個通過法律明文指出人們有權隨時對性活動撤回同

對是否同意性行為的認知混淆，可能導致伴侶間出現強烈的意見不合。

意的州別，該法具體規定無論性互動進展到何種程度，當其中一方希望停下來時，一句「不要」即代表拒絕。[56] 至少還有另外七州（阿拉斯加、加州、康乃狄克、堪薩斯、緬因、馬里蘭和南達科他）也在合意性行為的相關法律中納入類似的撤回權。[57]

　　在我們的性腳本中，除非直接聲明「不要」，否則往往假定對方「要」。[58] 如此一來，如果沒有明確說出「不要」，那麼此人就成為「獵物」。但這種關於同意的假設卻使女性落入不利的處境。由於傳統上是由男性發起性行為，只要男性有慾望，便不須經由女性明確地同意，隨時可以發起性行為。女性若拒絕性行為則會被視為「虛偽」，因為她們總是被認定會同意。這樣的想法會強化一種常見的性腳本，即男性發起性行為，而女性為了不顯得「淫亂」而拒絕。此種性腳本中，男性會再接再勵，並認為女性的拒絕只是一種「象徵」。表達「象徵性」拒絕的一些常見原因包括不願意顯得「放縱」、不確定對方的感受、周遭環境不適當以及假扮遊戲（實際上鮮少有男性或女性參與）。某些女性說「不要」時，她們有些時候是表示「哄我」，這時男性和女性在同意上的溝通可能會特別不清楚。針對大學生的研究發現，自陳會進行性挑逗（暗示答應性接觸，隨後卻拒絕的撩撥方式）的女性多於男性，且在女方被認定為「引導男方」或「搞曖昧」時，女性更有可能認為這樣的情形下發生各種形式的性暴力實屬合理。[59] 然而，現代多數人的信念與法律都表示，如果強暴倖存者沒有明確同意，這樣的性行為即為強暴，即便倖存者飲酒、對加害者調情，或在事件過程中經歷性喚起或性高潮。[60]

▍遭拒後堅持性行為

　　男性比女性更有可能認為男—女關係是「兩性間的戰爭」，他們認為關係充滿衝突，於是預期拒絕也是戰爭的一環。男性可能覺得自己應該堅持下去，因為他的角色就是去征服，即使他對於性不感興趣。研究者辛蒂・斯查克曼—強森（Cidy Struckman-Johnson）及其同事曾研究大學生發起性行為遭對方拒絕後，持續追求性接觸的過程，並將此行為稱作**遭拒後堅持性行為**（postrefusal sexual persistence）。[61] 研究者認為所有遭拒後的行為都

屬於性要脅，因為對方早已表達他／她不同意發生性行為。研究者更檢視了四種要脅手段：（1）性喚起（例如親吻、碰觸和脫去衣服）、（2）情感操弄與欺騙（例如反覆提問、說謊）、（3）剝削酒醉者（例如故意將目標對象灌醉，並趁機占便宜）與（4）肢體暴力（例如阻止目標對象離開、限制身體行動）（見圖 4.5）。研究者發現遭拒後堅持性行為相當普遍：近百分之七十的學生自十六歲開始曾遇過至少其中一種遭拒後堅持性行為的手段，且三分之一表示自己曾使用其中一種手段。自陳從十六歲起曾遭遇此種手段的女性（百分之七十八）多於男性（百分之五十八）；曾使用過類似手段者，則是男性（百分之四十）多於女性（百分之二十六）。

｜ 約會強暴者的特徵

　一項回顧研究發現，有性要脅行為的男性，與無此行為的男性相比，往往有幾個特點：[62]

- 對於女性及其性別角色抱持傳統觀念。
- 在充滿暴力的家庭環境中長大。
- 具有反社會傾向。
- 表現出對女性的敵意。

資料來源：改寫自 Struckman-Johnson, C., Struckman-Johnson, D., & Anderson, P. B. (2003). Tactics of sexual coercion: When men and women won't take no for an answer. *Journal of Sex Research*, 40, 76-86.

圖 4.5　男、女大學生遇過遭拒後堅持性行為手段的百分比

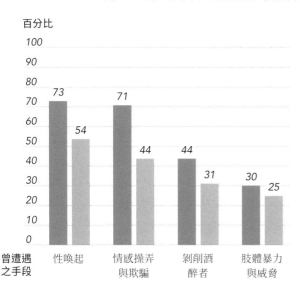
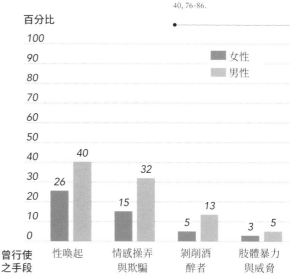

- 相信支持強暴的迷思。
- 接受一般的肢體暴力。
- 透過性來表達憤怒與支配。
- 自陳有高度性活動。
- 使用剝削的手段。
- 自陳使用酒精與藥物。
- 自陳早期就有性經驗。
- 具自戀傾向、優越感以及低同理心。

一項研究以兩百六十六名亞裔美籍男性與兩百九十九名歐裔美籍男性為樣本，檢視其性要脅行為模式，時間長達一年餘。此研究依照這些男性過去性行為模式將其分為不同的組別，包括性要脅組與非性要脅組。研究者發現性要脅行為的最強預測指標，為過去曾有性要脅行為。此外，具持續性要脅行為的男性中，有青少年犯罪與敵意陽剛特質之比例，高於另一組別的男性。[63]

▎ 熟人強暴

拉娜‧桑普森指出熟人強暴占大學裡的強暴案例的大宗，且熟人強暴有多種類型，如派對強暴（也可能包括輪暴）、非派對與非約會場合強暴（例如一起讀書時）、遭前任親密伴侶強暴以及遭現任親密伴侶強暴等。[64] 可能構成熟人強暴的環境因素包括：酒精與藥物、有兄弟會私人房間或外宿房屋可利用、可蓋過求救聲的嘈雜音樂、有室友把風掩護等。相較之下，約會強暴通常發生於兩人正開始熟悉對方時，且可能在約會後發生於車上或住屋處。在大學校園中比熟人強暴罕見的陌生人強暴，則通常發生於大學校園的偏僻區域，如校園車庫，這類案例中，受害者可能未飲用任何酒精類飲料，且倖存者與強暴者先前不存在任何關係（甚至素不相識）。

桑普森列舉出幾項在熟人強暴研究中發現可能使女性更易遭受侵害的因素，要注意的是，這些女性的狀況或行為不會直接導致強暴，這幾項因素包括經常飲酒直至喝醉、飲酒過量而無法抵抗強硬的性提議、使用藥物、曾為性侵害的倖存者、單身、與具有性掠奪特質的男性一同參與社交活動、

位處偏僻的地方、性方面的溝通不良、對性行為的態度較不保守等。[65] 根據美國反強暴、虐待與亂倫全國網絡的看法，下列情況會使一個人更容易遭受熟人強暴，即此人隨著時間而逐漸習慣或自在地讓加害者侵入他／她的私領域，於是受害者可能不會再視侵入行為具有威脅性，亦可能壓抑其恐懼感受，加害者便會利用受害者的信任，將受害者與其他人隔絕開來。[66] 反強暴、虐待與亂倫全國網絡建議，倘若發現自己身處於具威脅性的情況當中，應相信自己對於恐懼和不舒服的直覺，並離開這個情境。

｜ 陌生人強暴

如前所述，美國全國犯罪受害調查顯示，曾遭到強暴或性侵害的女性與男性中，分別有百分之二十一和百分之七十四的案件是由陌生人犯下。[67] 典型的陌生人強暴場景，並不必然包括暗夜裡躲在灌木叢或樓梯間的不知名加害者，相反地，比較有可能是偶然遇見一個相當友善、與自己意趣相投的人。舉例而言，女性可能會因為這樣的男子看似善良，甚至會保護她，而鬆懈了防備。他不經意地把她哄騙到一個僻靜的地方（巷弄、公園、公寓或房屋），在那裡迅速且殘忍地侵害她。

陌生人強暴比約會或熟人強暴更有可能涉及槍支或刀械。警方也較有可能嚴肅處理陌生人強暴的案例，因為這類事件比約會、熟人或婚內強暴更符合強暴的刻板印象。

｜ 婚內強暴

一九九三年，全美五十州已明定婚內強暴為犯罪行為，但多數經常有考量是否使用暴力的例外，且針對婚內強暴的法律一直以來並未普遍執行。一項針對婚內強暴文獻的回顧研究發現，已婚女性有百分之十至百分之十四曾經歷婚內強暴，受虐的已婚女性遭遇婚內強暴的比例則為百分之四十至百分之五十。[68]

許多人將婚姻內的強暴行為低估為「婚姻中的小爭執」，與「真正的」強暴無多大關聯。女性比男性更可能認為丈夫會使用暴力來與妻子發生性關係。當大學生被要求描述婚內強暴時，其創造出的場景皆「經過

> 丈夫施加於其法定妻子的強暴應屬無罪，因根據雙方對婚姻的同意與契約，妻子已將自己許諾給丈夫，不得反悔。
>
> 英國法官馬修·海爾爵士（Sir Matthew Hale, 1609-1676）

美化」，例如「他想要，可是她不想，所以他不管那麼多就做了」或「他們已經分居，但他真的很愛她，所以他回來找她時強迫她做，因為他想念她」。現實情況則截然不同。

婚內強暴的倖存者會經驗到背叛、憤怒、羞辱和愧疚的感受。遭到強暴之後，許多妻子會對丈夫感到強烈的憤怒，有些人因為與加害者住在一起，而產生持續的恐懼感。少數人會感到愧疚，並責怪自己沒有善盡妻子之責。有些人會產生負面的自我形象，並認為自身性慾的缺乏，反映的是自己有所不足，而非遭到侵犯的結果。許多人不舉報這樣的強暴，因認為沒有人會相信。有些人甚至不承認自己遭到法律上認定的強暴。

▎輪暴

成年人的輪暴行為有極大比例是發生於關係緊密的團體中，如兄弟會、體育隊伍、街頭幫派、監獄團體和軍事單位。輪暴可能是陌生人或熟人所為，其動機可能不只是行使權力的慾望，更包括男性情誼之因素。輪暴是常見的青少年強暴類型，最常發生於陌生人之間。[69] 輪暴發生在校園中時，攻擊者可能認識受害女性，她可能受邀參加派對或到公寓住所作客，且往往會使用酒精。[70] 加害者證明其男子氣概，並與朋友「分享」這樣的性經驗。輪暴通常比獨自犯下的強暴更為暴力。因此，輪暴受害者受到的創傷較為嚴重，且較有可能尋求自殺一途。[71]

▎法定強暴

與未滿當地規定之**同意年齡**（法律認定有能力給予知情同意的最低年齡）者從事合意性接觸，稱為**法定強暴**（statutory rape）。法定強暴極少僅限於性交，而是包括任何類型的性接觸。目前這樣的法律適用於女性與男性倖存者。不論加害者是否與倖存者年齡相同、較年長或較年幼，皆非重要考量。如果受害者低於特定年齡（美國多數的州定為十六至十八歲不等），[†] 法院審理時不論其是否同意性接觸，皆會判為法定強暴。此外，美國某些州則會考量伴侶間的年齡差異、倖存者年齡和加害者年齡等因素形成判決。[72] 然而，法定強暴之相關法律在執行面上，通常具有偶然性或任意性。

† 台灣為十六歲。──編註

┃ 男性遭強暴

對於男性的性侵害行為，可能由其他男性或女性所犯下。多數發生在男性的強暴通常是由其他男性所為。在美國某些州，「強暴」一詞僅用以定義強制陰道性交行為，強制肛交則稱為「雞姦」（sodomy）。近年來，美國各州已開始使用「性侵害」或「性犯罪行為」這類性別中立的詞彙，無論受害者為男性或女性。為求具體，本書採用「男性遭強暴」（male rape）這樣的用語。

根據美國司法部的統計，二〇〇九年遭受強暴或性侵害的十二歲以上男性，共有一萬九千八百二十名。[73] 美國反強暴、虐待與亂倫全國網絡的資料顯示，百分之十的性侵害倖存者為男性。[74] 然而專家認為，以上統計數字遠不足以代表男性遭強暴的確切數字。[75] 儘管社會上已逐漸覺察到男性遭強暴的情形，但仍缺乏男性遭遇性犯罪的完整追蹤，與此類暴行對倖存者之影響的研究，這顯示了社會普遍抱持的態度——雖然發生男性遭強暴的事件，但這不是適合討論的主題。許多人認為男性遭強暴事件大多發生於監獄，研究卻指出男性遭強暴的條件並非監獄獨有。反之，所有男性，無論身分或所處地方，皆應被視為潛在的受害者。

此外，男性受害者不願出面舉報被強暴的原因有很多，主要原因可能在於害怕遭認定為同性戀。男性性侵害其實無關於攻擊者或倖存者的性傾向，如同性侵害不會使受害者變成同性戀、雙性戀或異性戀。男性遭強暴是一種暴力犯罪，異性戀與同性戀男性皆會受其影響。除此之外，受害者的性傾向對於半數以上的加害者而言似乎並不重要，且大部分強暴男性的加害者為異性戀。

遭受侵害之後，許多男性會自責，認為他們某種程度上允許強暴者得逞。一項針對三百五十八名曾遭同性侵害的男性之研究發現，曾遇過非合意性行為的人，酒精濫用與試圖自殺的可能性，大約是未曾受害者的三倍。[76] 男性強暴倖存者會與女性受害者產生類似的恐懼感，包括認為自己實際上樂於被強暴，或多少導致、同意強暴行為。有時候，異性戀男性倖存者會擔心自己可能曾散發出「同性戀氣質」，令強暴者有所覺察並採取行

動。[77] 部分男性可能還會產生罪惡感，因為他們在強暴過程中感到性興奮，甚至射精。然而，這些都是與副交感神經恐懼反應有關的正常、非自主生理反應，並不代表同意或樂在其中。男性強暴倖存者的另一項擔憂，在於社會上認為男性應該要能保護自己，遭受強暴或多或少是他們自己的錯。

雖然女性對男性性侵害並不常見，但也有一些這樣的案例。儘管受到刀械與槍枝的威脅，男性仍能勃起。遭受侵害後，男性與女性同樣可能出現強暴創傷症候群（將於後續篇幅討論）。受害男性可能會出現性功能困難、憂鬱和焦慮。許多男性可能感覺自己不正常，因為他們在被侵害的過程中確實有性反應，加上是受到女性的性侵害，這些男性可能會懷疑自己的男子氣概。然而，無論男性遭到女性或男性的性侵害，許多倖存者皆可能認為，強暴威脅到其男子氣概與身為男人的重要本質。[78]

｜ 男同性戀和女同性戀關係中的性要脅

同性戀關係中，存在不可忽視的性要脅行為。一項研究發現百分之五十七的男同性戀與百分之四十五的女同性戀曾遭受某種形式的性要脅。有百分之三十三的男同性戀與百分之三十二的女同性戀表示曾遭受非必要的撫摸，百分之五十五的男同性戀與百分之五十的女同性戀曾遭受非必要的插入行為。針對此兩種族群採用的要脅手段相似，例如威脅使用暴力、限制身體行動、使用酒精等。[79]

■ 強暴的動機

多數陌生人強暴與部分熟人或婚內強暴，可被歸類為憤怒型強暴、權力型強暴或凌虐型強暴。[80]

｜ 憤怒型強暴

憤怒型的強暴者有肢體攻擊行為，透過使用刀械或暴力展現其憤怒，受害者經常需要住院治療。[81] 受害者往往被迫對加害者進行某些性行為，如口交。臨床心理學家尼古拉斯·格羅斯（Nicholas Groth）對憤怒型強暴的描述如下：

此種侵害的典型表現為身體上的殘暴行為。實際上使用的力量……遠超過必需的程度,意圖僅在於壓制受害者,完成性侵入行為……他的目標是傷害與貶低其受害者,且會以粗言穢語來表達對她的蔑視。[82]

｜　權力型強暴

權力型強暴是支配與控制的行為。一般情況下,這類強暴者並不希望讓受害者受到傷害,而是要在性方面主宰他／她。此種強暴類型可能因強暴者認為對方輕視他／她的性別認同而引發。強暴者企圖透過強暴,恢復他／她的權力感、控制權與認同。他／她利用性行為來補償性方面的不足感,僅使用必要程度的力量來強暴受害者。[83]

｜　凌虐型強暴

凌虐型強暴是融合了性與攻擊的暴力行為,為目前所知最殘忍的強暴類型。凌虐型的強暴者「對於蓄意虐待他／她的受害者感到強烈滿足,並從她／他所遭受的折磨、痛苦、劇痛、不幸與苦難中獲致快感」。[84] 這類強暴通常包含綁縛行為,且可能具有儀式性質。受害者經常受到重傷,並且有可能無法在攻擊中倖存。凌虐型強暴之殘忍程度雖無以復加,卻也是至今最不常見的強暴動機。

■　強暴的後果

大多數強暴倖存者皆表示遭受強暴者的暴力對待,約有百分之九十的人表示身體受傷,[85] 但絕大部分並未受到重傷。性侵害的其他影響可能包括物質濫用、自我傷害、斯德哥爾摩症候群（與加害者產生情感連結）、睡眠疾患、憂鬱,以及接下來將探討的**創傷後壓力症**（posttraumatic stress disorder,簡稱 PTSD）。[86] 創傷後壓力症是人們遭遇正常生活經驗之外的強烈痛苦事件後,所出現的一組特徵性症狀。

強暴倖存者必須獲得對自己人生的控制感,以抵抗強暴過程中產生的無助感。這樣的個體需要因應創傷導致的憂鬱與其他症狀。

幫助遭遇強暴者

「男性能夠阻止強暴」（Men Can Stop Rape）該組織的使命，在於動員男性發揮一己之力，創造出免於暴力的文化，尤其是男性對女性的暴力。該組織其中一份文件資料，為幫助自陳遭強暴者提供以下建議：

支持倖存者，當有人說「我被強暴了」：

- 相信這個人。你／妳的角色不在於質疑強暴事件是否真的發生，而是幫助此人緩解痛苦。

- 幫助這個人探尋選擇。不可主導情況，或對強暴倖存者施壓，要他／她們照你／妳的想法做，因為這就是強暴者所做的事。讓他／她們自由選擇能感到自在的恢復途徑，即便你／妳不會這麼選。請記住，倖存者回應性侵害的正確方式，並非只有一種。

- 傾聽此人說話。務必讓倖存者知道，只要他／她們準備好，就可以跟你／妳談談他／她們的遭遇。有些人可能不想立刻與你／妳說話，但在創傷癒合的某個時間點，他／她們很可能會來找你／妳尋求支持。到那個時候，不要打斷對方或大吼，或是投射你／妳個人的情緒。你／妳真心但沉默的關懷將帶來莫大的幫助。

- 碰觸對方前先詢問。切莫假設肢體接觸能安撫倖存者，即使是溫柔的擁抱。許多倖存者傾向於避免性行為或單純的觸碰，即使是面對他／她們深愛、信任的人也是如此，尤其是在被性侵害後的幾週內。有一種方式可向倖存者表明你／妳隨時能提供肢體上的安撫：以開放的姿勢坐著，一隻手置於對方附近，且手心朝上。

- 承認你／妳也遭到打擊。當我們所愛的人被迫受苦，我們難免也會受到傷害。當知道親近之人遭到強暴，你／妳可能會產生許多情緒，別因此而責怪自己。悲傷、困惑、憤怒、無助、恐懼、內疚、失望、震驚、焦慮、絕望、同情——都是因心繫倖存者及其至親好友而常見的反應。

- 絕不可責怪他／她們遭受侵害。沒有人應該被強暴，無論他／她們穿什麼、有過多少次性行為、是否夜晚獨自在外徘徊、是否喝醉酒、是否已婚，或是否去了加害者的房間。即使倖存者感覺自己有責任，也要明確、真誠地告訴他／她們，遭到強暴並非他／她們的錯。

- 替自己尋求幫助。千萬不要獨自承受這種經歷，你／妳可以去找朋友、家人、諮商者、宗教人員，抑或任何人。多數強暴危機處理中心都為倖存者或家屬提供諮商服務，因為他／她們了解強暴的影響範圍遠超出倖存者本身。將感受悶在心裡，只會使你／妳更無法幫助倖存者。請記住，有需要時尋求幫助是堅強的象徵，而非脆弱。

| 強暴創傷症候群

強暴是一種創傷事件，倖存者可能會產生一些反應，每位倖存者的反應因情況而有所不同。由於強暴而經歷的情緒變化統稱為**強暴創傷症候群**（rape trauma syndrome），強暴倖存者可能出現憂鬱、焦慮、煩躁和罪惡感等，這些反應符合創傷後壓力症的定義，此為美國精神醫學學會的一種正式診斷類別，任何遭受強暴者皆可能出現創傷後壓力症。[87] 接下來對於強暴後果的描述呈現的是女性受害之結果。強暴對男性受害者的影響通常在研究中遭到低估與忽視。然而，男性強暴倖存者往往會出現顯著的身體與心理創傷，包括長期焦慮、憂鬱、自責、自我形象喪失、情緒疏離、憤怒與脆弱感受以及自傷行為等。[88]

南非記者、美國哥倫比亞廣播公司特派員拉娜·蘿根（Lara Logan）於一個月後打破沉默，揭露她於胡斯尼·穆巴拉克專制政權即將垮台期間前往埃及，在開羅解放廣場遭暴徒性侵之事件。

強暴創傷症候群由兩階段組成：急性階段與長期重組階段。急性階段於強暴發生後立即開始，可能持續數週或更久。強暴發生後的數小時內受害者會出現自責與恐懼的反應，女性受害者可能認為自己多少需對強暴負責：她穿著挑逗服裝、她應該把門鎖好、她應該對攻擊她的人起疑心等等。然而，自責僅會導致憂鬱。[89] 急性階段之後，強暴倖存者進入長期重組階段。強暴是人生與人際關係上的一大危機，一份美國全國女性樣本顯示，

童年與成年期皆曾遭受性侵害者，一生中企圖自殺的可能性會顯著提升。[90]

　　遭到強暴的人可能飽受恐懼之苦：攻擊的人會回來、她／他可能會被殺害、其他人會有負面反應等。受害者時常出現緊張的徵狀，如難以專注、高度警戒、噁心、腸胃道問題、頭痛、易怒、失眠、坐立難安與提心吊膽等。[91] 強暴倖存者亦可能感到羞辱、憤怒、尷尬，想要報復。一般而言，女性比男性更有可能在遭受強暴後出現各種症狀。[92]

　　長期的壓力反應，時常由於社會支持體系與專門協助的人員，導致情況更加嚴重。這種體系與人員帶給倖存者的心理傷害有時顯然比強暴本身還要多，[93] 此種現象稱為二次傷害。這些支持體系與人員的例子，包括刑事司法體系、媒體、急診與醫院病房人員、社工、家人朋友、雇主和宗教人員等。儘管如此，當自己在乎的人受創傷後壓力症之苦，所能做的最緊要之務仍是幫助她／他尋求專業協助。

｜ 對於性的影響

　　一般而言，男性與女性遭受強暴後，至少會有一段短暫時間，發現自己在性方面受到影響。[94] 有些人會開始避免性互動，因為性行為令他／她們想起強暴。憂鬱程度最輕微的倖存者，則較不會出現性方面的困難。兩種常見的性問題是害怕發生性行為以及缺乏性慾，特別常見於女性。男性強暴的倖存者，則可能在性方面出現攻擊性。[95]

兒童性侵

　　親屬與非親屬施加的兒童性侵事件廣泛存在。**兒童性侵**（child sexual abuse），指任何發生於成人與青春期前孩童間的性互動（包括愛撫、具性意味的親吻、口交，以及侵入陰道或肛門等）。廣義的兒童性侵還包括非肢體上的接觸，如對兒童暴露生殖器，或命令兒童裸體、自我刺激，並將過程錄影或拍下。成人是否認定兒童自願參與性活動並不重要，因為兒童的年齡使他／她無法給予知情同意，所以這種活動只能歸類為成人的自利行為。由於天主教教會神職人員遭指控對兒童加以猥褻，兒童性侵的議題

已逐漸受到全美關注。神父、主教和樞機主教性侵兒童的消息揭露之後，震驚全美與世界，致使有人辭職下台、訴訟、監禁，甚至自殺等死亡事件。[96]

目前針對兒童性侵害並無可靠的年度調查資料，美國司法部每年一度的全國犯罪受害調查，並未包含十二歲以下受害者。遭受性侵的兒童數目亦難以得知，因為許多案例並未被舉發。此外，由於性侵的汙名及其造成的巨大情緒痛苦，許多受害者會將性侵事件保密。一項研究發現，性侵行為結束至受害者揭露該事件的間隔時間，平均為十四年。[97] 參加美國全國健康與社會生活調查的人當中，有百分之二十的男性與百分之十七的女性表示孩童時期曾遭遇過具性意味的身體接觸。[98] 一項針對已發表之兒童性侵研究的十年回顧調查發現，成年女性和男性於童年時期曾遭到性侵的比率，分別為百分之十七與百分之八。[99] 研究指出全世界發生於成人和兒童之間的性接觸，女性約占百分之二十，男性約占百分之五到百分之十。[100] 至少有百分之九十的兒童性侵案件是由男性犯下。[101]美國一項具有全國代表性的研究顯示，每十五名成年人中有一名表示曾被迫發生性行為，其中百分之二十六的女性與百分之四十一的男性表示受到性侵當時未滿十二歲，百分之三十五的女性與百分之二十八的男性當時年齡在十二至十七歲之間。[102]美國兒童性侵的通報案例近年來呈現明顯下降，自一九九〇年以來減少了百分之六十一，[103]可能原因包括專業人士與大眾對於錯誤舉報的法律後果心生恐懼，以及預防方案奏效使得問題獲得改善。[104]

由美國國會委託進行的第四次全國兒童虐待與忽視事件研究（Fourth National Incidence Study of Child Abuse and Neglect）顯示，女童遭受性侵的機率高於男童。[105] 兒童遭受性侵的風險並無種族差異，但來自低收入族群與單親家庭的兒童，以及曾經歷雙親功能不足或缺乏、衝突、嚴厲處罰和情緒剝奪的兒童，較常成為兒童性侵的受害者。[106] 每一起兒童性侵事件皆會使受害者失去信任與自我感。

兒童性侵一般依據親屬關係分類。**家外性侵**（extrafamilial abuse）指無親屬關係之人施加的性侵。**家內性侵**（intrafamilial abuse）指有血緣關係

圖 4.6   兒童性侵倖存者與加害者之間的關係

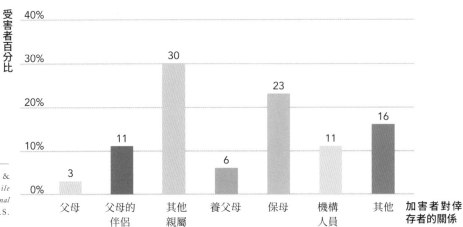

受害者百分比

加害者對倖存者的關係

資 料 來 源：Snyder, H. N., & Sickmund, M. (2006). *Juvenile offenders and victims: 2006 national report.* Washington, DC: U.S. Department of Justice.

之人或繼親施加的性侵。圖 4.6 顯示出兒童倖存者與加害者間的關係類型。如圖所示，非父母的親屬為最常見的犯罪者（百分之三十），父母則最不常見（百分之三）。[107] 此種性侵行為可能屬於戀童症，亦可能非戀童症。（如本冊第三章所述，戀童症指成人受到兒童的性吸引。）**非戀童症性侵**（nonpedophilic sexual abuse）指成人不受性慾驅使，與兒童發生性方面的互動，最重要的是，與性無關的動機反映的是對權力和情感的渴望。由外表往往無法斷定誰會猥褻兒童，此種人看起來與一般人無異。但研究顯示，猥褻兒童者與無此行為者之間有著差異，猥褻兒童者通常為異性戀男性，[108] 且相較於無此行為者，他們的智力往往較低、有較為艱難的家庭背景、社交技巧發展程度較低、自尊心低落，生活滿意度也較低。[109]

　　兒童性侵的受害可能牽涉到暴力或暴力威脅、壓力、操弄、喪失純真的天性或信任他人的能力。生殖器愛撫與碰觸是兒童性侵最常見的形式，[110] 最嚴重、傷害最大的形式包括實際或企圖進行陰莖─陰道插入、吮陽、舔陰和舔肛等，這些行為可能使用或不使用暴力。其他嚴重的兒童性侵形式，範圍涵蓋強行以手指插入陰道、撫摸乳房（未著衣），或無行使暴力的模擬性交等。

■　家內性侵的形式

亂倫禁忌在人類社會中近乎為普遍現象，**亂倫**（incest）一般定義為血緣關係過近，而不得合法結婚的近親間發生性行為（通常指父女、母子或兄弟姐妹間所發生的性行為）。家庭中的性侵還包括有血緣的親屬（最常見的是舅舅、叔叔、伯父、祖父或外祖父），以及繼親（最常見的是繼父與繼兄弟）。祖父與孫女間如出現性侵行為，則該祖父通常也會性侵其子女。母子間的性接觸則較為罕見（或被低估）。

｜　父女間性侵

最常見且最具創傷性的成人—兒童性侵類型之一為父女間性侵，包括由繼父犯下的罪行。[111]一項針對四十位男性（十四位生父、二十六位繼父）與四十四位兒童（十八位親生女兒、二十六位繼女）所進行的研究，檢視父親與女兒對於亂倫事件的回憶與詮釋。[112]參與研究的父親與女兒皆表示性接觸由既存的家庭互動中產生，但他／她們對該事件的想法卻不盡相同。許多父親表示他們的想法被性滿足、控制、權力和憤怒等意念支配。然而，女兒卻表示她們產生了懷疑、困惑、愧疚與憤怒等情緒。許多父親表示他們完全誤解了女兒對於性活動的反應，並指出知道自己犯了錯，但很少人提到擔心潛在的法律後果。

過去許多人低估了繼父性侵的嚴重性，因為加害者與被害者之間並無血緣關係。然而，此種性侵的情緒後果同樣嚴重，繼父施加的性侵仍然代表違犯基本親子關係。

｜　兄弟姐妹間性侵

對於兄弟姐妹間亂倫的後果，存在著對立的觀點。研究者普遍對此興趣缺缺，多數人傾向視其為兄弟姐妹間彼此同意、無害的性遊戲或性探索。然而，研究往往未能區分具剝削性質與非剝削性質的兄弟姐妹間性活動。一項研究發現，兄弟姐妹間的亂倫可能反映出一種對於個人界線的破壞式侵犯。[113]一項針對參加亂倫倖存者支持團體的女性所進行之研究，結論認為兄弟姐妹亂倫的後果與父女亂倫同樣嚴重，[114]手足間的亂倫行為應該要

被嚴肅看待。[115]

■ 危險邊緣的兒童

亂倫不分對象，它發生於所有類型的家庭中。即便如此，並非所有兒童面臨性侵的風險皆相同。雖然任何兒童皆可能遭到性侵，部分兒童族群卻比其他人更可能蒙受其害。大衛‧芬克爾（David Finkelhor）指出，最顯著的危險因子為兒童與父母分居，以及父母有嚴重問題，以致於無法照顧或管教子女，這些因素導致兒童情感遭到剝奪，容易陷入性侵者的詭計當中。[116]

■ 兒童性侵的影響

直到近年，許多兒童性侵方面的文獻仍為軼事記載、個案研究，或針對非代表性群體的小規模調查。即便如此，文獻中仍妥善記錄了許多家內、家外兒童性侵的後果，包括初期與長期後果。許多兒童性侵倖存者會出現創傷後壓力症的症狀。[117]

近年來，某些女性與男性宣稱自己曾於童年期間遭到性侵，但壓抑了這方面的記憶，這些人後來往往透過治療師的幫助恢復記憶。當這些失而復得的記憶浮出水面，遭到控訴的人經常會感到震驚，並且否認曾發生性侵事件，反而堅稱這些記憶是想像力的虛構產物。關於該相信誰這個問題，引發了劍拔弩張的「記憶戰爭」：回復的記憶對上錯誤記憶。兩種說法皆有其擁護者，而關於性侵記憶本質的激烈爭論，至今仍持續中。

｜ 初期影響

兒童性侵的初期後果發生於事件過後前一、兩年左右，且會出現於許多兒童倖存者身上。典型影響包括下列幾點：[118]

■ 情緒障礙，包括恐懼、悲傷、自我厭惡、憤怒、鬧脾氣、憂鬱、敵意、愧疚與羞恥等。

■ 生理問題，包括睡眠困難、飲食模式改變、頭痛等。

■ 性障礙，下列行為的發生機率明顯提高：公開自慰、對性特別關注、暴露生殖器，以及可能導致懷孕與性感染疾病的混亂、頻繁性行為。

■ 社交障礙，包括學習困難、曠課、逃家，受性侵的青少年可能會早婚（無家可歸的年輕人中，有很大比例是為了躲避父母性侵而逃家）。

｜ 長期影響

有些初期影響或許能夠復原，但童年時的性侵可能讓成年倖存者留下長久的傷疤。這些成年人在心理、生理與性方面發生問題的機率，往往明顯比一般人高。性侵可能會使部分女性容易陷入具性侵本質的約會關係中。

兒童性侵的長期影響包括下列幾點：[119]

■ 憂鬱，童年遭受性侵的成人最常出現此症狀。

■ 自我毀滅的傾向，包括自殺企圖與自殺意念。

■ 身體困擾與解離，包括焦慮與緊張、失眠、慢性疼痛、飲食疾患（厭食症與暴食症）、腸躁症、感到「恍惚」、靈魂出竅、對事物產生「不真實感」等。

■ 健康風險行為，包括吸菸、酗酒、肥胖、糖尿病，以及可能導致性感染疾病與懷孕的不安全性行為。

■ 負面自我概念，包括感到自尊低落、孤立、與他人格格不入。

■ 人際關係困難，包括對兩性關係、和父母的關係、回應子女與信任他人方面的問題。

■ 再度受害，指童年時遭受性侵的女性，較容易遭遇強暴與婚姻暴力。

■ 性功能困難，倖存者難以放鬆和享受性活動，或者會避免性行為，並出現性慾低落（壓抑）與性高潮缺乏。

一項研究針對前往公立性感染疾病診所就醫的五百三十四名女性與六百四十三名男性，檢視孩童時期遭受性侵的嚴重程度是否影響成年後的高風險性行為。研究發現侵入行為本身（無涉及暴力）與使用暴力的侵入行為，都與較嚴重的高風險性行為有關。具體而言，自陳童年性侵涉及侵入行為與／或暴力的受訪者，亦表示一生中有較多性伴侶，以及較為嚴重的性感染疾病診斷。此外，曾遭受暴力與性侵入的男性，從事性交易（以性

換取金錢或毒品等）的次數較多；曾遭受性侵入（無論是否涉及暴力）的女性，從事性交易的次數最高。因此，童年時期較為嚴重的性侵，與成年後較具風險的性行為有關。[120]

男同性戀與女同性戀若在兒童或青少年時期遭到性侵，可能還有其他問題需要處理，特別是如果性侵當時他／她們正處於意識到自己性傾向的階段。由於性傾向，以及擔心自己的同性戀傾向被家人或個案工作者懷疑時會遭到指責，他／她們便可能避免告訴任何人關於性侵的事。性侵可能造成或加劇自我引導的恐同情形。

｜ 性侵創傷

兒童性侵的後果可能造成創傷，影響兒童因應這個世界的能力。安吉拉・布朗恩（Angela Browne）與大衛・芬克爾提出一個**性侵創傷**（sexual abuse trauma）模式，包含四個部分：創傷的性化經驗、背叛、無力感以及自我汙名化。[121]這些後果不只影響倖存者的童年，更影響其成年時期。

｜ 創傷的性化經驗

創傷的性化經驗（traumatic sexualization）指被性侵的兒童出現不適當的性發展，以及在人際關係上失能之過程。遭受性創傷的兒童會學習到不恰當的性行為（如玩弄大人的生殖器以獲得關愛）、對自己的性方面感到困惑，以及不適當地將某些情感（如愛與關心）和性活動做連結。

成年倖存者可能出現創傷經驗重現、遭受性方面的障礙，且對自己的身體產生負面感受。一種相當常見的觀念混淆，是認為性可以換取關愛。

｜ 背叛

兒童發現自己被向來依賴之人操弄、利用或傷害時，會感覺遭到背叛。兒童亦可能感覺自己遭到其他家庭成員的背叛，因為這些人沒有保護他／她們免受性侵。

長大成人後，倖存者可能會出現憂鬱情緒，部分顯示出遭受信賴之人背叛的長久悲痛。有些人可能難以相信別人，有些人則深刻感受到需要重

新取得信任感，並變得極為依賴。對於青少年而言，反社會或違法行為可能是一種保護自己免於再度遭受背叛的方式。憤怒所表達的是報復或反擊的需求，不信任則可能表現在社交疏離與避免親密關係上。

｜ 無力感

兒童的身體與個人空間遭到違背其意願的侵害時，會出現基本的無力感。此種無力感會隨著性侵一再發生而增強。

成年時期，無力感可能以恐懼或焦慮的形式出現，使人感覺無法控制事件，以及缺乏因應的能力。此種無力感可能與倖存者經常發生的憂鬱和絕望情緒有關，亦可能與強暴、婚姻暴力的傷害與再度受害有關，倖存者感覺自己沒有能力阻止後續的傷害。其他倖存者則可能因為先前產生的無力感，而試圖控制或支配他人。

｜ 自我汙名化

自我汙名化（被性侵的兒童將外界所傳遞與性侵有關之罪惡與羞恥感予以內化）有多種影響方式。加害者透過責怪兒童或掩飾她／他的行為，傳達出一種羞愧感。如果加害者逼迫兒童將性侵之事保密，兒童亦可能將羞恥與罪惡感內化。兒童若原先已明白這樣的活動會被家庭或社區視為偏差行為，亦可能導致自我汙名化的感受。

長大成人後，倖存者可能對於曾遭受性侵感到極度內疚或羞愧。他／她們可能會認為性侵使自己變成「壞掉的東西」，因而自尊心低落，亦可能誤以為只有自己遭受到性侵，而覺得自己在人群中屬於異類。

■ 治療方案

如本節先前所述，兒童性侵的倖存者往往受到立即與長期負面後果的影響。倖存者必須接受適當的支持與治療，例如認知與行為取向的療法。當兒童遭受性侵之後，以及進入青少年與成人階段時，皆應考慮採行有效的治療方式。[122] 目前處理兒童性侵常見的方式，就是配合司法體系運作所提供的治療方案，特別是加害者為父親等直系親屬之案件。美國地方檢察

官辦公室可能會與醫療人員合作，評估兒童於家中的既存威脅，並決定是否起訴或轉介加害者進行治療，或兩者並行。這樣做的目的不僅是為了懲罰加害者，也為了幫助倖存者與家屬面對性侵。許多類似的臨床治療方案由數個層級同時運作，換言之，這些方案將個人與家庭視為整體以進行治療。性侵加害者亦需要接受治療，重點不僅在於幫助這些個體發展更健康的兒童—成人關係，更為了避免將來再度發生任何性侵事件。

■　預防兒童性侵

針對預防兒童性侵目前已發展出相關計畫，然而這些計畫受到一些因素的阻礙。兒童性侵防治（child abuse prevention，簡稱 CAP）計畫在面對這些問題時相當具有創意，多數計畫在學校中納入團體教程，可作為常規課堂教學的一部分，或是以課後教學的方式進行。這些計畫通常針對三類受眾：兒童、家長與專業人士。針對兒童的兒童性侵防治計畫利用遊戲、木偶劇、電影、錄影帶、書籍和漫畫等，教導兒童有權控制自己的身體（包括生殖器）、感覺「安全」，以及拒絕接受令人困惑與錯誤的碰觸。兒童性侵防治計畫強調，性侵行為確實發生時，不能將責任歸咎於兒童。此類計畫通常教導兒童三種策略：（1）說「不」、（2）遠離加害者或危險情境、（3）將事情經過告訴可信任的大人（並持續講到被相信為止）。

有些計畫則著重於教育家長，並期望他／她們能進而教導子女。這些計畫主要在幫助父母辨別徵兆，以發現性侵行為或性侵者。大衛・芬克爾指出，父母一般似乎不願意面對兒童性侵議題，許多人認為自己的孩子沒有危險，或者擔心對子女造成不必要的驚嚇，也可能無法輕鬆自在地與孩子談論性方面的事，遑論觸及亂倫等禁忌話題。[123] 此外，父母可能不相信自己的孩子遭受性侵的說詞，或無法面對疑似的加害者——可能為伴侶、叔叔、朋友或鄰居等。

兒童性侵防治計畫亦設法教育專業人士，尤其是教師、醫師、心理健康工作者和警察等。教師因密切接觸兒童且擔負教導的角色，作用尤其重要。專業人士被鼓勵需留意性侵的徵兆，並調查兒童對於這類侵害行為的

說法。可能顯示兒童性侵事件發生的跡象包括作惡夢或其他睡眠問題、憂鬱、和家人或朋友疏離、兒童表示生殖器部位不對勁、對與性相關的一切事物產生不尋常之興趣或逃避、欲言又止、拒絕上學等。[124]

　　一九九七年，美國最高法院裁定支持現今所謂的《梅根法案》（*Megan's Law*），該法於一九九五年頒布，要求執法機關向大眾提供登記在案的性犯罪者資訊，即該法案要求社區出現中度風險的性犯罪者時，學校、托兒所和青年團體需得到通知。針對高度風險的性犯罪者，該法案要求警方逐戶通知鄰里居民，並規定已獲假釋或剛出獄的性犯罪者搬遷至某社區時，需前往當地機關登記。此法案之名來自梅根・康卡（Megan Kanka），她是一名七歲兒童，遭到住在對街一位有兩次性侵前科的性犯罪者姦殺身亡。雖然該法案有部分遭受質疑，但美國最高法院駁回了反對意見。[125]事實上，最高法院於二〇〇三年宣判，已定讞之性犯罪者照片應公布於網路上。[126]多數社群團體對於此法案皆樂觀其成，認為這是其子女的一大勝利。

　　為了進一步預防兒童性侵事件，美國多數州別與社區皆制定了針對性犯罪者的法規，如延長刑期、要求犯罪者向警方報到、限制住居（不得靠近學校或遊樂場）、改善犯人行蹤公告系統，以及下令電子監控等。[127]美國各州皆設有性犯罪者的網路登記處。讓大眾易於獲取性犯罪者身分的做法，已導致與犯罪者權利有關的《憲法》與安全議題。舉例而言，一名男性於二〇〇二年四月槍殺兩名性犯罪者，並表示他從該州網路上的性犯罪者登記處取得這兩人的姓名。[128]事實上，人權觀察（Human Rights Watch）組織於其報告《沒有簡單答案》（*No Easy Answers*）中指出，各州與聯邦法律原本的目的在於監控獲釋罪犯、保護大眾，但可能適得其反，實際上，這些法律可能弊多於利。[129]報告指出法律限制性犯罪者的住居，並要求公告其罪行，此做法並沒有減少性犯罪。此外，世界上沒有其他國家會管束性犯罪者的住居。人權觀察組織表示，根據美國司法部的資料，僅有百分之五點三的性犯罪者於三年內再犯。[130]如上所述，保護兒童免於性侵的努力涉及許多面向，各個面向之間未必能協調一致，且多處仍有爭議。

結 語

　　性騷擾、反同性戀者的騷擾與歧視、性攻擊，以及對兒童的性侵，反映了人類的性之黑暗面。這些行為的共同之處，在於令他人感到羞辱、屈從或受害。但是我們能夠讓自己不成為受害者，我們可以幫助自己與他人了解這些行為；我們可以一同努力，改變這些毀人一生、泯滅人性行為的態度與制度。

摘 要

性騷擾

- 性騷擾包括兩種不同的違法騷擾行為：為了得到性而濫用權力，以及造成敵意環境。性騷擾行為可能早在童年中期即已開始。在大學校園裡，每十名女學生和男學生中，就有六名曾遭受同學、教職人員或行政人員以某種形式加以性騷擾（言語或身體）。

- 在職場上，同事與上司皆可能犯下性騷擾的行為。許多狀況下，騷擾不見得反映了性吸引力，更可能是為了權力的展現。

對男同性戀、女同性戀、雙性戀和跨性別者的騷擾與歧視

- 研究者已提出兩種針對男同性戀、女同性戀、雙性戀與跨性別者的歧視或偏見：異性戀偏見與反同偏見。異性戀偏見包括忽視、區隔男同性戀、女同性戀、雙性戀與跨性別者，並將這些群體歸入較大的類別中，使其不被關注。

- 反同偏見是針對男同性戀、女同性戀、雙性戀與跨性別者的強烈厭惡、恐懼或仇視，此偏見透過攻擊性語言、歧視與暴力而展現。反同偏見源自於對個人性層面與性別認同根深蒂固的不安全感、強烈的基本教義主義宗教傾向，或單純只是無知。

性攻擊

- 強暴迫使受害者在違反她或他的意願之下進行親密的性接觸。性攻擊泛指透過暴力、爭吵、壓力、酒精／藥物或權力，在違反個人意願下進行的任何性活動。性要脅的指涉範圍比「強暴」或「性攻擊」更廣，包括爭吵、懇求、哄騙，以及使用暴力或威脅使用暴力等。性侵害為刑事司法體系用語，指不符合強暴之法律定義的性接觸。

- 關於強暴的迷思實為透過責怪女性而鼓勵強暴。男性比女性更可能相信強暴迷思。

- 約會強暴與熟人強暴為常見的強暴類形，酒精或藥物經常牽涉其中。男同性戀關係中也有相當程度的性要脅；女同性戀關係中則較少出現性要脅。

- 多數被舉報的強暴案件皆由陌生人所犯下。陌生人強暴與約會強暴或熟人強暴相比，較可能出現槍支或刀械。

- 在美國任一州，丈夫皆可能因強暴妻子而遭到起訴。婚內強暴的倖存者會產生背叛、憤怒、羞辱的感受與罪惡感。

- 輪暴可能由陌生人或熟人犯下。動機可能來自對權力的渴望，以及男性情誼等因素。

- 大部分男性遭強暴的案件是由其他男性所犯。由於這類性侵害的動機為權力與支配，性傾向往往並非重點。

- 多數陌生人強暴（以及部分熟人強暴與婚內強暴）可歸類為憤怒型強暴、權力型強暴，或凌虐型強暴。

- 由於強暴而導致的情緒變化，統稱為強暴創傷症候群。倖存者可能出現憂鬱、焦慮、煩躁與愧疚等情緒。強暴後所出現的症狀，符

合創傷後壓力症（PTSD）之診斷。強暴創傷症候群包括急性階段和長期重組階段。女性遭受強暴後，至少有一段短暫時間其性生活會嚴重受到影響。

兒童性侵

■ 兒童性侵指成年人與青春期前兒童之間的任何性互動。亂倫指血緣關係過近，不得合法結婚的近親間發生性接觸。

■ 性侵的初期影響包括身體、情緒、社交與性方面的障礙。兒童性侵可能會使倖存者在成年後留下長久的傷疤。

■ 性侵創傷包括創傷的性化經驗、背叛、無力感與自我汙名化等。治療方案為利用認知與行為心理治療協助倖存者。

■ 著重於自我保護行為等技能訓練的兒童性侵防治計畫，似乎成效最佳。兒童性侵防治計畫通常會教育兒童懂得說「不」、遠離性侵者或危險情境，並將事情經過告訴值得信任的成年人。

問題討論

01. 如果你／妳是一名大學生，性騷擾在你／妳的校園裡有多常見？什麼原因使得調情與性騷擾有時難以區分？

02. 你／妳認為人們犯下強暴罪行的原因是什麼？主要動機是性滿足的需求、權力與控制的需求，或其他原因？

03. 你／妳認為自己可以做些什麼，來幫助被強暴的人？你／妳會推薦什麼資源或組織？

04. 你／妳是否曾觀察到反同偏見？如果有，可以做些什麼加以防範？

05. 你／妳認為怎麼做可以預防兒童性侵？

性與網路

反強暴、虐待與亂倫全國網絡（The Rape, Abuse, and Incest National Network）

反強暴、虐待與亂倫全國網絡是全美國最大的反性侵害組織，並為性侵害倖存者開設了全國免費熱線（1-800-656-HOPE），更提供二十四小時免費、保密的諮詢與支持服務。該組織還有一個資訊豐富的網站：http://www.rainn.org。前往這個組織的網站，並回答下列問題：

■ 網站提供了何種資訊？

■ 網站有什麼突出之處？

■ 「最新消息」區塊裡有何內容？

■ 網站提供哪些類型的課程與活動？

■ 如何支持該組織或成為該組織的志工？

推薦網站

■ Feminist Majority Foundation（女性主義主流基金會）

http://www.feminist.org
討論女性主義議題之近期計畫，並提供相關資訊。

■ Human Rights Campaign（人權戰線）

http://www.hrc.org

提供影響美國女同性戀、男同性戀、雙性戀和跨性別者的最新政治議題資訊。

■ Movement Advancement Project（前進行動計畫）

http://www.lgbtmap.org

一個提供相關研究、觀察與分析，幫助促進男同性戀、女同性戀、雙性戀與跨性別者平權的獨立智庫。

■ National Coalition Against Domestic Violence（美國反家庭暴力全國聯盟）

http://www.ncadv.org

提供家庭暴力相關資訊及求助建議。

■ National Sexual Violence Resource Center（美國全國性暴力資源中心）

http://www.nsvrc.org

賓州反強暴陣線聯盟的一項計畫，提供強暴相關資訊與友站連結。

■ U.S. Equal Employment Opportunity Commission（美國公平就業機會委員會）

http://www.eeoc.gov

提供禁止就業歧視的聯邦法規資訊，以及提出訴訟的說明。

延伸閱讀

■ Bass, E., & Davis, L. (2008). *The courage to heal* (4th ed.). （《錯不在你》） New York: HarperCollins.

一本集結個人經驗與專業知識，協助性侵害倖存者的綜合指南。

■ Fetner, T. (2008). *How the religious right shaped lesbian and gay activism.* （《宗教右翼如何塑造同性戀行動主義》） Minneapolis: University of Minnesota Press.

本書描述兩個主要由對手造就的權利運動。

■ Koenig, L. J., Doll, L. S., O'Leary, A., & Pequegnat, W. (Eds.). (2004). *From child sexual abuse to adult sexual risk: Trauma, revictimization, and intervention.* （《從兒童性侵到成人性風險：創傷、再度受害與治療處遇》） Washington, DC: American Psychological Association.

本書檢視兒童性侵與成年男、女性健康後果之間的關係。

■ Lalumière, M. L., Harris, G. T., Quinsey, V. L., & Rice, M. E. (2005). *The causes of rape: Understanding individual male propensity for sexual aggression.* （《強暴的成因：了解具性攻擊傾向的男性特質》） Washington, DC: American Psychological Association.

本書探討為何某些男性容易犯下強暴行為、提出可能原因，並針對性要脅之科學研究提供完整回顧。

■ Maltz, W. (2001). *The sexual healing journey.* （《性療癒之旅》） New York: HarperCollins.

幫助性侵倖存者改善關係、發現性親密行為之樂的綜合指南。

- Reddington, F. P., & Kreisel, B. W. (2009). *Sexual assault: The victims, the perpetrators, and the criminal justice system.* (《性侵害：受害者、侵入者，與刑事司法體系》) Durham, NC: Carolina Academic Press.

  探討受害過程的法律層面，以及強暴迷思、男性受害者和加害者等議題的著作。一本可供診所、倖存者與家庭參考的好書。

- Sandy, P. R. (2007). *Fraternity gang rape: Sex, brotherhood, and privilege on campus.* (《兄弟會輪暴事件：大學校園中的性、兄弟情誼與特權》) New York: New York University Press.

  本書討論兄弟會輪暴的性質，以及希臘文化式的生活如何造就一個在大學校園內提倡剝削女性的文化。

- Schewe, P. A. (2002). *Preventing violence in relationships: Interventions across the lifespan.* (《避免關係中的暴力：終生的介入方式》) Washington, DC: American Psychological Association.

  本書以建立健康關係與預防家庭暴力為探討重點。

- Temkin, J., & Krahe, B. (2008). *How ignorance perpetuates sexual assault myths, abuse, and injustice.* (《忽視如何導致無止盡的性侵迷思、性侵案件與不公不義》) Portland, OR: Hart Publishing.

  針對正義落差──警方登記在案與實際定罪的案件數之差距，提供簡明扼要的完整探討。

性露骨素材、
性交易、
性與法律

本章重點

————

當代美國的性露骨素材

性交易

性與法律

學生們怎麼說

我跟男朋友在發生性行為的時候，偶爾會看成人電影助興。這些電影讓我們學到一些新技巧，也的確讓我們更有感覺，之前就有朋友建議我們看。剛開始看的時候我們還有點猶豫，但現在看這種電影已經成為我們性生活中的一部分。不過我在想，如果非看這種電影不可，是不是代表我們有問題。而且有時候我在看這種電影時還是會覺得不自在。當然，這些事情我都沒有告訴任何朋友。

──二十一歲，女性

她（我的阿姨）從我六歲就開始猥褻我。她會在深夜喝得酩酊大醉回家時，帶我上她的床，這樣她就可以對我口交。她一直猥褻我到十二歲。她是一名妓女，所以後來都試著用她會的技巧猥褻我，但每次我都哭著求她不要。

──二十六歲，女性

我才十六歲的時候跟卡洛斯一起去了秘魯，那時他二十九歲。我們在利馬待了兩天，待在那兒的時候，卡洛斯帶我去一間旅館，好讓我們兩個都能找妓女發生性行為。當時，一直到發生關係我才真的明白發生了什麼事。卡洛斯知道我是處男，他覺得用這個方式讓我「轉大人」很棒。我只覺得自己很尷尬、骯髒和羞愧。

──二十四歲，男性

在性露骨素材的生產與銷售，以及性交易上，金錢與性密不可分。金錢被用來交換電影、電子媒體、雜誌、書籍、音樂和照片中跟性有關的影像或敘述，這些內容描繪人們從事露骨或具暗示性的性活動。金錢也用於交換阻街女郎、應召女郎、伴遊、情色按摩店員工和其他性工作者所提供的性服務。性產業的價值是以數百億美元為計，有著數不盡的消費者與客戶。然而，身為一個國民，我們對於性露骨素材與性交易卻抱持著矛盾的態度，許多人譴責其具有危害、傷風敗俗與剝削性質，並希望能加以審查或刪除；也有人認為這是一種無害甚至有益的活動，屬於情色上的消遣，或社會的一個面向，而不能（或不應）受到管制，這些人認為審查制度與警方行動是弊多於利。

本章將檢視性露骨素材，包括大眾文化中對於性的描繪、科技在性露骨素材傳播上扮演的角色、性露骨素材的影響，以及審查制度問題。接著將探討性交易，重點放在從事性產業相關工作的女性與男性、牽涉的法律議題，以及人類免疫缺乏病毒與其他性感染疾病的影響。最後將討論關於成人間私下、合意之性行為的現行法律規範，並以同性婚姻的討論作結。

當代美國的性露骨素材

以客觀方式研究性露骨素材有其難處，因為此種素材往往引發我們對於性的深層與衝突感受。許多人喜歡性露骨素材，也有人認為此種素材不體面，其他人則可能對其既感興奮，又覺愧疚。

■　色情或情色：何以區分？

隨著與性有關的主題、概念、影像和音樂愈來愈常出現於藝術、文學與大眾文化之中，何謂社會可接受的內容，又何謂情色或猥褻，其界線已開始模糊。針對性露骨素材的討論多半關注此問題：該素材實際上屬於情色，抑或色情；換言之，觀賞此種素材會導致正面或有害結果。遺憾的是，對於何以構成情色作品或色情作品，至今仍缺乏共識。部分問題在於「情色」與「色情」屬於主觀性的用語，且這兩者之間的界線可能會很模糊。

> 人類的身體怎麼看都完美，於是我們往往百看不厭。
>
> 肯尼斯・克拉克（Kenneth Clark, 1903-1983）

> 猥褻與否最好留待個人詮釋。某個人認為淫穢的作品，也許不會冒犯到另一個人。
>
> 威廉・道格拉斯（William O. Douglas, 1898-1980）

情色作品（erotica）指題材露骨煽情，評價正面的作品。（「情色作品」的英文 erotica 源自於希臘文 *erotikos*，意思為「愛慾的」。）情色作品往往包含相互關係、尊重、情感與權力平衡等層面，甚至可能被視為有藝術價值。**色情作品**（pornography）則指題材露骨煽情，評價負面的作品，其內容可能是描述與性有關的層面，並引起觀看者的性興奮。（「色情作品」的英文 pornography 一詞出現於十九世紀，源自於希臘文 *porne*，意思為「賣淫者」，以及 *graphos*，意謂「描繪」。）《韋氏新世界大學辭典》（*Webster's New World College Dictionary*）將色情作品定義為「意圖喚起性慾的文字與圖像等內容」。

　　性露骨素材在美國是合法的，但被歸類為猥褻的素材則不然。雖然**猥褻**（obscenity）的法律定義不盡相同，但通常指被個人或社會評斷為帶有冒犯意味的事物。猥褻的英文源自拉丁文中的「汙穢」（filth）一詞。素材內容若是描繪暴力、攻擊行為，或貶抑與抹滅人性的情境，通常會被視為猥褻。由於這種決定方式涉及個人判斷，批評者往往指出此一定義具有主觀本質。（猥褻素材與相關法律將於本節後續段落詳加探討。）

　　同樣的性露骨素材，對不同的人可能引發不同的反應。「我欣賞的內容稱作情色、你喜歡的東西叫做色情」或許是句玩笑話，但並非完全沒有道理。依據目前所知，人們會認為別人比自己更容易受到性露骨素材的有害影響，對於性露骨素材的判斷往往是相對性的。

　　由於人們傾向使用「情色作品」作為正面詞語，「色情作品」作為負面詞語，本書將盡可能使用中性的「性露骨素材」一詞。**性露骨素材**（sexually explicit material，簡稱 SEM）指照片、影片、電影、雜誌和書籍等素材，其主軸、題材或描述涉及可能引起性興奮的性內容，且通常會出現生殖器或親密的性行為。然而有時候，因引用研究文獻前後文之緣故，本書可能有必要區分「情色作品」或「色情作品」，而無法使用「性露骨素材」一詞，特別是該研究直接使用這兩個名詞，或明確作出正面及負面評價時。

■　性露骨素材與大眾文化

在十九世紀時，科技改變了性露骨素材的生產方式。廉價的紙張與大規模印刷技術出現，加上民眾識字率提升，為書籍與繪畫創造出龐大的市場，當然也包括性露骨素材。時至今日，科技再一次擴展了此種素材的傳播形式。

近幾十年來，性露骨素材（尤其是軟調色情［soft-core］，指以高度暗示而非直接的方式描繪性行為的素材）已成為大眾文化不可或缺的一部分。這幾年，《花花公子》、《閣樓》與《好色客》皆成為美國發行量最大的雜誌。對於性活動的描述不僅限於書籍與雜誌，現場演出的娛樂節目可見於各種場所，例如有些酒吧主打裸體舞者的表演，部分俱樂部或成人娛樂場所會雇請艷舞舞者在觀眾面前暴露自己的身體，並模擬性行為的動作，有些甚至上演「真人性愛秀」。網際網路、有線電視和衛星電視上亦有性愛頻道，而高畫質的影音光碟已使得家庭大幅取代成人電影院或「色情」電影放映廳，成為觀賞性露骨影片的場所。性露骨素材的產業在美國的商業規模甚大，估計每年營收可達數十億美元。[1]

家用性露骨影片、可下載之網路影片與電影的可得性，大大影響了誰會觀看情色影片。成人電影院過去向來是男性的領域，入場的女性相對較少。多數性露骨影音光碟或影片、書籍與雜誌主要也以異性戀男性為行銷對象。然而，部分由於《慾望城市》等影劇作品與《格雷的五十道陰影》等書籍的成功，女性逐漸成為成人娛樂、含性露骨素材之情色作品與情趣玩具成長最快的客群。[2] 而有了可以在家中私下觀賞的情色影片，女性與夫妻／情侶便成為性露骨素材的消費者。女性加入收視族群使得**女性向色情作品**（femme porn，專為迎合女性與異性戀伴侶喜好的性露骨作品）出現。女性向色情作品相較於其他類型的色情作品，內容通常與女性有關，劇情著墨於情感上的親密與更為平等的兩性地位，較不會以男性為中心，也較避免暴力，且更細膩地貼近女性的情色幻想。[3] 具教育功能的「健康性愛影片系列」（Good Sex Video Series）是另一類性露骨影片，由辛克萊協會製作，這些影片的特色是有性治療師解說各種性行為，並著重在提升

性變態是現代文學的繆思。

蘇珊·桑塔格（Susan Sontag, 1933-2004）

個人與夫妻／情侶的性表達。

■ 網路上的性露骨素材

搜尋性露骨素材是最常見的網路性活動，線上性露骨素材自然便是網路上最有利可圖的生財工具之一。（請參見第一冊第一章，了解網際網路促成與形塑性文化的其他方式。）

美國曾針對一萬五千兩百四十六名受訪者進行非隨機調查，以評估線上觀看情色素材與性尋求行為之情形，[4] 其結果能讓我們大致了解成人觀看線上情色作品的情況。一些重要發現如下：

■ 百分之七十五的男性與百分之四十一的女性，表示曾刻意觀賞、下載網路情色圖片或電影。

■ 女性比男性更可能表示獲得改善性關係之益處，例如更願意接受新事物（百分之二十六對百分之二十四）、更願意談論自己的需求（百分之二十六對百分之二十三），以及和伴侶一起觀賞以提升性興奮程度（百分之十九對百分之十六）等。

■ 男性比女性更可能表示獨處的好處，即單獨一人時更能提升性興奮程度（百分之十六對百分之十四）。

■ 女性比男性更常表示觀賞線上色情作品會減少性行為次數（百分之十二對百分之九）、網路色情作品可能令伴侶對她們更加吹毛求疵（百分之九對百分之二），以及色情作品導致她們感受到表現壓力（百分之十五對百分之二）。

■ 男性比女性更常表示線上色情作品降低他們對性行為的興趣（百分之九對百分之三），亦使他們更加批評伴侶的身體（百分之八對百分之二）。

值得注意的是，比較上述觀賞線上性露骨素材後感受到的效果時，男性、女性的差異不大，且許多結果的發生率並不高，尤其是負面結果。

瑞士一項針對六千零五十四名十六至二十歲、過去一個月曾使用網路的青少年進行之研究，其結果指出接觸色情作品與高風險性行為並無關聯。

該研究亦發現，自願與非自願接觸網路情色影像的人，在高風險性行為方面沒有差異。[5]

多數情況下，大學生所處的年齡組（十八至二十五歲）之中，有最多人表示過去一年曾觀賞成人電影。[6] 隨著電腦科技與可得性大幅提升，大學生有相當多的途徑能接觸性露骨網站。針對大學生的研究，有助於我們藉由該群體了解性網站使用盛行的相關因素。

針對人們觀看網路色情作品的原因，目前研究尚顯不足。一項針對三百二十一名男、女大學生所進行的研究，評估了觀看網際網路色情作品的具體動機，並研究性別、性渴望／性恐懼與動機的關聯。[7] 四種觀賞網路情色素材的動機如下：（1）建立或維持一段關係、（2）作為一種情緒管理的方式，如提升性喚起程度或作為休閒娛樂、（3）出於習慣、（4）達到性幻想——感覺到自己彷彿與性愛鏡頭中的演員互動。這四項動機都顯示男性觀看色情作品的動機比女性強烈。最後，性渴望程度較高（對性的態度較正面）的學生比起較有性恐懼者，更有動機觀看網路色情作品。

流行音樂藝人的表演往往具有高度性意涵。例如碧昂絲（Beyoncé）於其影片與演唱會常以性感為主題，許多流行音樂藝人亦復如此。

二○○八年發表的一項研究，評估美國六所大學生觀看性露骨媒體（包括網際網路、電影與／或雜誌）的情形，結果發現此觀看行為的性別落差：男性為百分之八十七，女性為百分之三十一。[8] 另一項針對（美國西北部）大學生的研究則發現，有百分之九十二的男性與百分之五十的女性表示一生中曾使觀看性露骨素材。[9]（欲了解上述兩項研究的更多資訊，請參見第 232 頁的「想一想」單元。）

大學生與觀賞性露骨素材[10]

在這個科技逐漸發達的世界，性露骨素材的可得性與接受度日漸普遍。一九八〇年代的人們必須到店家詢問有無「色情」雜誌（通常在櫃檯後面），或前往成人電影院（位於城鎮裡的「破敗」地區），今日的年輕人則可以輕鬆地在網路或電視頻道上找到性露骨素材。由於性露骨素材容易取得，有必要探討其在年輕族群間的盛行率、接受度，以及其他相關現象。此單元將介紹三個性露骨素材與大學生之研究的主要結果。

印第安納大學的研究者以兩百四十五名大學生為研究對象，評估色情作品對他們有何影響。[11] 該研究的重點在於檢驗下列假設：觀賞色情作品是否透過常態化作用而拓展了關於性的見聞，以及是否透過賦權而提升了嘗試新的性行為與關係之意願。質性研究資料發現，觀看色情作品可以擴展對各種性行為的興趣與表達。換言之，色情作品中豐富且廣為傳播的性腳本，似乎對某些人而言能產生解放的作用。舉例而言，異性戀男性觀看色情作品的頻率，與他們對振動按摩器（有時出現於色情作品中）的興趣之間有相關。研究者的結論如下：大致而言，「研究發現與我們的理論假設一致」。然而，研究者亦指出，此種常態化作用不必然會導致與關係外伴侶發生性行為的慾望或賦予這樣的權力。

美國楊百翰大學專門研究家庭生活的學者——傑森・卡羅爾（Jason Carroll）與其同事，針對來自美國六所大學的八百一十三名男、女大學生，評估其色情作品使用情形。[12] 該研究將色情作品定義為描繪裸體與性行為，用以提升或企圖提升性喚起程度的媒體（如網際網路、電影與／或雜誌）。以下為部分研究主要發現：

- 約三分之二的男性與一半的女性，同意觀看色情作品是一種可接受的性表達方式。
- 近九成的男性與將近三分之一的女性表示曾觀看色情作品。將近一半的男性與僅百分之三的女性表示每週觀看或更加頻繁。
- 對於男性而言，觀看色情作品與下列情形有顯著相關：較多的終生性伴侶，以及較能接受婚前性行為、隨意性行為和婚外性行為。
- 對於女性而言，觀看以及較能接受色情作品與下列情形有顯著相關：較能接受隨意性行為、在過去十二個月與終生的性伴侶數較多，以及酒精使用、暴飲和吸菸。

樹城州立大學心理學研究者伊麗莎白・摩根（Elizabeth Morgan）檢視青少年時期與成年早期觀看性露骨素材的程度，與性偏好、性行為、性與關係滿意度之相關。研究對象為七百八十二名來自美國西北地區的男、女大學生。[13] 觀看色情作品之定義為刻意觀看人的裸照、有人裸體的電影、有人發生性行為的圖片或電影、描述人發生性行為的文字或聲音素材，或現實生活中的裸體人物。性行為的定義為陰道、肛門或口部插入性交。研究的主要成果如下：

※ 略超過九成的年輕男性與一半的年輕女性，表示曾觀看各種類型的性露骨素材。

※ 男性觀看各類型性露骨素材的比例較女性高，性露骨書籍例外。

※ 女性表示曾與約會對象觀看性露骨素材的比例較高；男性則較有可能獨自觀看，如未處在交往關係中時，以及自慰時。

※ 觀看性露骨素材的頻率較高以及類型較多，與較多的性經驗之間存在顯著相關（即性伴侶數量與隨意性行為對象較多，第一次性交的年齡較低）。

※ 觀看性露骨素材的頻率較高，與性及關係滿意度較低有關。

※ 觀看性露骨素材的頻率與觀看類型，皆與強烈偏好性露骨素材中典型的性行為類型有關。

　　這三項研究在本質上皆為探索性質。有鑑於大學生觀看性露骨素材的盛行率相對較高，未來應針對觀看性露骨素材進一步進行縱向研究與實驗研究。舉例而言，年輕人長期觀看性露骨素材，是否會培養出對自己與伴侶的性表達不切實際的期望，並導致普遍的不滿，或是能認清某些性露骨素材與真實經驗的差異？此外，本單元中的三項研究檢視了觀看性露骨素材與其他變項（如性行為頻率）之相關，但尚未建立因果關係。未來若能持續探討性方面的態度、行為和感覺是先於性露骨素材出現，或觀看這類素材之後才出現，將更有助益。[14]

批 判 性 思 考

01　上述研究中有任何發現令你／妳感到驚訝嗎？如果有，是哪幾項？為何令你／妳驚訝？

02　看完以上研究發現後，你／妳是否或多或少能夠接受性露骨素材是一種正面的性表達方式？

03　你／妳認為性露骨素材的使用，會對大學生的性態度與行為產生負面影響（例如導致不切實際的期望）或是正面影響（例如讓情侶學習新的性愛技巧以改善

關係）？如果是負面影響，為什麼？如果是正面影響，為什麼？分別會如何影響？

04. 如果你／妳要對大學生講授性露骨素材的課程，你／妳最想傳達的重要資訊會是什麼？

│ 內容與主題

許多在性露骨素材中出現的主題，亦能在主流媒體中發現。舉例而言，音樂影片、電視節目和電影，皆可能包含性愛場景與影射，以及女性的從屬地位。兩者之主要差別在於性露骨的程度。

多數「主流」性露骨影片皆以男性和異性戀為目標觀眾，並描繪男性在性方面的刻板印象：強勢的男子，擁有巨大、堅挺的陰莖，能夠「持久」並滿足熱切、順從、為他們的勇猛而瘋狂不已的女性。這類影片的主題多為「食譜」式的性行為──吮陽、舔陰、陰道與肛門性交、性高潮，最後男性射精在女性的身體上，女性則經常假裝達到性高潮。影片重點通常在於女「明星」美麗的外表，並經常以三人性行為（兩女一男）或群交為主題。男性演員甚至不需要「長得好看」。[15] 針對此種影片的其中一項批評，在於無法反映出性表達的個別特性以及女性如何滿足情慾。這類影片極少著重於關係、情感上的親密、與性行為無關的生活層面，或女性的性滿足。鏡頭中的情人鮮少會按摩彼此的肩膀，或耳語著「我愛你／妳」，亦不會問對方「這樣可以嗎？」或「我該怎麼做才能讓你／妳更舒服？」等問題。[16] 有些性治療師批評此種影片強化了不健康且不切實際的性意象：男性無所不能，而女人只是附屬品，性滿足全部來自男性的支配。

屬於男同性戀、女同性戀的性露骨影片略不同於以異性戀為主的影片。男同性戀色情作品通常主打有吸引力、年輕、肌肉發達、「雄偉」的

男性，並著重男性身體的情慾層面。女同性戀的性露骨影片則通常描繪真實的性互動，有著各種身材以及「T」（butch，舉止或外表明顯具有陽剛特質）與「婆」（femme）特質的主角。男性之間的性行為很少出現在異性戀影片中，可能因為這會令異性戀男性感到不適。但以異性戀為焦點的影片，有時則可能描繪女性之間的性行為，因為許多異性戀男性發現這種畫面能引起性興奮。

■　性露骨素材的影響

有許多人關注性露骨素材的影響，除上一節關於網際網路與性露骨素材方面的討論之外，研究者亦好奇性露骨素材是否會導致人們從事「偏差」行為？是否為一種針對女性的性歧視？最後，是否會導致針對女性的暴力？

|　性表達

閱讀或觀賞性露骨素材的人通常將其視為幻想，藉以由日常生活中解脫。接觸該種素材能暫時鼓勵性表達，並可能引發個人典型的性行為模式，或促進實驗性的性行為。挪威一項具全國代表性樣本的研究，針對三百九十八對年齡介於二十二至六十七歲的異性戀伴侶進行調查，結果發現有百分之十五的伴侶曾藉由色情作品來提升性生活，且比起未觀看色情作品的伴侶，曾觀賞色情作品的伴侶會身處於更放縱的情慾氛圍中。[17] 研究者的結論認為，針對此份挪威樣本而言，觀看色情作品較屬獨立的活動，而非多數穩定伴侶之性腳本中的一環。一項研究針對克羅埃西亞一千五百二十八名年齡介於十八至二十五歲的異性戀男、女，評估過早接觸性露骨素材的影響。研究者發現過早（十四歲）接觸色情作品，與男性或女性青少年晚期、成年早期較高的性強迫行為之間並無顯著關聯。[18]

性露骨素材的內容牽涉到性幻想，而非人類關係脈絡中的性行為。這種幻想中的性行為通常發生在一個純粹以性來定義任何人與情境的世界，人們在性以外的關係則遭到剝除。

對性露骨素材感興趣的原因有幾個：第一，人們喜歡情色作品激起的

西方男性，尤其西方的評論家，仍然會覺得這種話很難見報：「推薦各位去看這齣戲，因為這齣戲讓我勃起。

肯尼思・泰南（Kenneth Tynan, 1927-1980）

性感覺，此種感覺能帶來強烈的快感。本身即能帶來快感的自慰或其他性活動，可能會在觀看性露骨素材的同時或之後進行。第二，自十九世紀以來，性露骨素材一直是性資訊與性知識的來源。大眾一般對於情慾層面會加以隱藏或不予討論。由於性的情色面向很少被談論，性露骨題材便可填補這個空白。第三，性露骨素材如同幻想，或能給人演練性活動的機會。第四，閱讀或觀看性露骨素材能獲得快感，以及提升性幻想或自慰體驗，或許可視為較安全的性行為。

性治療師芭芭拉·凱斯林（Barbara Keesling）表示她經常推薦性慾低、有性喚起問題的女性利用性露骨素材。[19] 她指出「女性在觀看性露骨影像時，可以學習透過重新訓練自己感覺身體興奮的能力，使性喚起的程度增加」。凱斯林亦表示有些女性可能因為覺得某些性露骨素材讓人反感而「關機」，這樣的女性應嘗試尋找自己可接受，又能激起性慾的素材。男性則被提醒性露骨素材通常把重點都放在生殖器，這可能導致對他人進行性表達時出現問題。男性不應該接受此一想法——性行為就得像多數成人片裡演的那樣。醫學作家麥克·卡瑟曼（Michael Castleman）對男性有以下建議，女性也同樣適用：

> 停止模仿你／妳在色情作品裡看到的東西——完全集中在生殖器上的那種匆忙、機械式的性行為。取而代之的是培養與色情作品中相反的性行為：輕鬆從容、玩鬧嬉戲、有創意、全身投入、以按摩為基礎的做愛方式，按摩部位包括生殖器，但不需對它特別執著。[20]

｜ 性攻擊

一九七〇年，美國總統直屬色情暨猥褻調查委員會（President's Commission on Pornography and Obscenity）的評估結果表示色情作品不會造成傷害或暴力。該委員會建議廢除所有限制成人接觸色情作品之法案，因其不符合美國《憲法》第一修正案。

一九八〇年代，美國總統雷根成立新的色情調查委員會，由司法部長艾德溫·米斯（Edwin Meese）主持。一九八六年，司法部長主導的色情調查委員會指出「最盛行的色情作品形式」帶有暴力成分，但並未提出能證

部分當代的電玩遊戲中，帶有強烈、暗示性的性訊息。

實其主張的證據。[21] 事實上，沒有證據顯示多數性露骨素材有暴力內容。這類素材中，攻擊性、肢體暴力或強暴之內容確實甚少。

一九七〇年代，女性主義者等陣營人士致力於提高強暴意識，並開始呼籲重視媒體上對女性進行暴力行為的描繪。女性主義者與其他人士發現，以強暴為主題的性露骨素材格外令人不安，並宣稱這類影像強化了強暴迷思。然而再次地，並無證據支持非暴力的性露骨素材與女性實際遭受性攻擊有關。即使是保守的色情調查委員會，亦同意非暴力的性露骨素材不會有這類影響。[22] 儘管調查委員會確實主張「某些形式的性露骨素材，其內含的因果關係……會導向性暴力」，但並未提出科學證據。

研究者已檢視暴力的性露骨素材與針對女性的攻擊、負面態度之間的關係。多數研究皆採實驗方式進行，意即男性大學生會先接觸各種媒體，接著評估他們對於強暴女性（舉例而言）的態度與相關因素。研究男性對強暴描述的反應時，研究者發現寫實的強暴描繪往往不會使男性興奮，且實際上可能產生負面的情緒反應。[23] 這與引發相信「強暴迷思」（或影片中不真實地描繪女性達到性興奮，且自願參與）的反應恰恰相反。一項以全美國大專院校男性為對象的樣本研究中，研究者表示，敵意、性「濫交」與觀看色情作品程度最高的男性，自陳曾經對女性進行性攻擊的可能性亦最高。但研究者也提醒我們不應根據此分析結果，而斷定觀看色情作品會

我對色情電影的反應如下：片子開始十分鐘後，我想回家滾床單。片子開始二十分鐘後，我這輩子再也不想滾床單了。

艾瑞卡・鍾（Erica Jong, 1942-）

受淫慾念頭的吸引有何不妥？我們也被殺人念頭吸引。

蘭尼・布魯斯（Lenny Bruce, 1925-1966）

導致性攻擊傾向，或性攻擊傾向會增加觀看色情作品的頻率。[24]

有時候，大眾媒體通常會將觀看性露骨影片與性侵害這兩者連結在一起，但並沒有提出相關證據。一項針對一九九五年（此時網路色情作品的可得性漸增）至二○○五年的美國性侵害趨勢分析，發現性侵害的件數呈現穩定下降。分析性侵害趨勢的學者以此得出結論：「經過最容易取得各類型情色、貶抑人性與暴力素材的完整十年，並未發現性侵害通報率增加的現象。」[25] 澳洲一項針對一千零二十三名性露骨素材（來自雜誌、影音光碟、小說和網際網路）消費者所進行的研究發現，性露骨素材的消費與針對女性的負面態度之間並無關聯。[26]

接觸性露骨素材屬於自律性的選擇，但針對這種自我導向行為的相關因素之研究卻非常有限：「既有的研究成果大致上並無法證實性露骨素材的自我導向式接觸，是否確有導致強烈反社會影響之疑慮。」[27] 儘管已有更新的研究發現，但帶有暴力的性露骨素材是否會導致針對女性的性攻擊，仍屬棘手的議題。

▍性別歧視

自一九八○年代以來，女性主義者在性露骨素材的議題上，意見始終分歧。女性主義運動的其中一支，將自身定位為反色情作品陣營，認為性露骨素材本質上是貶低女性人格、將女性去人性化。此陣營中的許多人認為性露骨素材透過物化女性，建構出女性的從屬地位，並強調性露骨素材鼓吹剝削與打壓女性，以阻止女性獲得平等權利。

批評此種說法的女性主義者與其他人士指出，這樣的論點將性與剝削聯想在一起，是一種反性行為之偏見。性露骨影像不同於特別具性別歧視的影像，兩者不該混為一談。除此之外，西方文化對於女性的歧視與女性從屬地位之認定，早在性露骨素材興起前便存在已久。將女性歸於從屬地位的概念根深柢固，消除對女性的性描繪，亦無法顯著改變對女性的歧視。性學研究者威廉‧費雪（William Fisher）與克萊夫‧戴維斯（Clive Davis）在一項針對性露骨素材之影響的回顧研究中指出，部分人士擔憂色

> 審查機制不能消除邪惡，只會扼殺自由。
>
> 蓋瑞森‧凱勒（Garrison Keillor, 1942-）

情作品觀看經驗可能會導致任何仇視女性的態度與攻擊行為，性科學家同樣反對這種與色情作品有關的態度與行為，並建議可透過教育、政策、法律與社會改革等方式加以補救。[28] 但兩位研究者也表示：

> 缺乏一致的證據支持色情作品與造成傷害有關，這代表致力於打擊色情作品以作為對抗仇視女性的態度與攻擊行為之方式，將無法獲致期望的成效。

紐約大學醫學院精神醫學臨床副教授及性治療師──萊奧諾‧堤費爾（Leonore Tiefer），針對女性的性提倡新興的觀點。她表示性露骨素材有助於提升女性的性力量。[29] 堤費爾指出賦權（而非保護）是能促使女性在性方面成長的途徑。她表示：

> 如果我們接受女性的性層面一直是由無知與羞恥所形塑，且正剛開始尋找新的發聲機會與管道，那麼現在考慮採取行動加以禁止，時機上甚為不妥。禁止色情作品將會傷害女性對於發展自己的性面向所做的抗爭。

兒童色情作品

兒童色情作品是兒童性剝削的一種形式。參與製作性露骨素材的兒童，年齡通常介於六歲到十六歲之間，其動機來自朋友煽動、對性感興趣、金錢與威脅等。幼童可能未曾意識到其照片被作為性方面的用途，這些兒童當中，一些人與拍照者有親戚關係。許多以此方式遭受剝削的兒童，會出現痛苦情緒與適應不良的情形，他／她們可能會承受憂鬱、焦慮與罪惡之苦，有些人則會從事破壞與反社會的行為。

數位相機和有照相功能的智慧型手機，加上電腦下載照片的功能，已使現代成為有些人口中的「兒童色情作品黃金時代」。兒童與青少年互相拍照並在網路上發布，或互相傳看，這樣的行為稱作「發送性內容訊息」（sexting，相關討論請參見第一冊第一章）。持有這類影像屬於犯罪行為，但仍無法阻止人們在網路上散布與觀看相關影像。管制猥褻與兒童色情作品的法律早已存在，且大致可適用於涉及網際網路的案件，以充分保護未成年人。兒童色情作品與某些性露骨素材不同之處，在於前者明顯違法，

因此不在言論自由的保障範圍內。網路上的兒童色情作品相當常見。

■ 審查機制、性露骨素材與法律

審查指透過檢查，以禁止或去除任何可能引起反感的事物。**審查制度**（censorship）則指政府、民間團體或個人，透過禁止其認定具冒犯性的文字、想法或影像，將其政治或道德觀念加諸於他人之上。如同先前所述，猥褻是指有悖於普遍接受的行為或道德標準。二十世紀上半葉，詹姆斯·喬伊斯的《尤利西斯》與 D · H · 勞倫斯（D. H. Lawrence）的作品，在美國皆因猥褻法而遭到禁止，哈維洛克·埃利斯（Havelock Ellis）的《性心理研究》（*Studies in the Psychology of Sex*）亦遭禁，裸體繪畫從畫廊與博物館的牆上被移走，電影中除了純潔的吻以外，其餘內容皆遭禁播多年。

美國最高法院於一九五〇年代與一九六〇年代作出的判決，取消多數支持全國層級文學審查制度的法律框架，但審查制度仍持續於各州與地方層次進行，尤其是學校與圖書館。女性健康書籍《新版我們的身體，我們自己》（*The New Our Bodies, Ourselves*），因其女性主義觀點與女同性戀性行為之描述，長期飽受抨擊。晚近則有兩本兒童讀物亦加入最常遭受審查的書籍行列：萊絲莉·紐曼（Lesléa Newman）的《海瑟有兩個媽咪》（*Heather Has Two Mommies*）與麥可·威爾霍特（Michael Willhoite）的《爸爸的室友》（*Daddy's Roommate*），兩本書皆因描述生長於健康女同性戀、男同性戀家庭的兒童，而招致批評。茱蒂·布盧（Judy Blume）的青少年書籍、沙林傑（Jerome D. Salinger）的《麥田捕手》、《運動畫刊》的泳裝特輯等，皆為出版物禁止名單上的常客。已故攝影師羅伯特·梅普爾索普（Robert Mapplethorpe）拍攝的展示照片，亦因為「提倡」同性戀情慾，而遭到保守團體的猛烈攻擊。

| 猥褻法

性露骨素材本身並不違法，但被法律認定為猥褻的素材則會觸法。然而要作出一個能決定特定圖畫、照片、小說和影片是否為猥褻的法律定義並不容易。傳統上，如果素材有令使用者墮落、敗壞之傾向，美國法院便

●《爸爸的室友》是一對男同志伴侶與一個男孩組成三人幸福家庭的故事。中文版由大家出版社於二〇一七年出版。

會考量將其界定為猥褻素材。許多法庭案件已針對該法律爭論多年，這個過程導致一套準則應運而生，以確定何者屬於猥褻：

- 該作品的主要題材必定能引發淫穢的性興趣，並以明顯具冒犯意味的方式描繪性行為。
- 整體而言，該作品必定毫無重要的文學、藝術、政治或科學價值。
- 一個「理智」之人必定認為該作品以整體來看毫無社會價值。

　　上述準則與早期準則的問題都在於高度主觀，例如，何謂理智之人？我們多半可能認為一個理智之人對猥褻的看法會與我們類似（否則我們會認為他／她不可理喻），但是在很多情況下，「理智之人」對於某個素材是否具有社會價值的意見不一。一九六九年的「史丹利訴喬治亞州案」，美國最高法院法院裁定在家中私自持有猥褻素材並不違法。[30] 然而，此判決不適用於兒童色情作品。

　　正如先前所述，我們對於性露骨素材的評估，與我們對該材料的感受密切相關。我們判斷的依據並非理智，而是情緒。一九六五年，美國法官波特·斯圖爾特（Potter Stewart）在「雅可貝里斯訴俄亥俄州案」中的惱怒，顯示出一個理智之人在嘗試定義色情作品時的挫敗：「但是當我看到它時我便知道。」

｜ 兒童保護議題

　　一九八八年，美國通過《兒童保護與防治猥褻執行法》（*Child Protection and Obscenity Enforcement Act*），該法案針對參與生產、散布與持有兒童色情作品者加重刑罰。自此之後，兒童色情作品的發展與散播，以及未成年者對網路色情作品的取得，一直是美國國會的討論焦點，因此促成許多法案的通過。如表 5.1 所示，基於保護言論自由，這些法案通常多半遭到法院駁回，但仍有少數幾個法院支持通過法律的案例。

　　美國一九九六年《通訊內容端正法》（*The Communications and Decency Act*）試圖解決藉由網路對兒童與青少年的性剝削問題，將透過電子郵件、聊天室和網站發送猥褻或不雅訊息列為犯罪行為。[31] 一九九七年，美國最

如果一個男人在電影裡砍下一個女人的乳房，這部片只會列為「限制級」（R rating）。然而（但願不會），如果一個男人在電影裡親吻一個女人的乳房，這部片就會列為「成人級」（X rating）。為什麼暴力比柔情更容易被接受？

莎莉·史特勞瑟斯（Sally Struthers, 1947-）

我希望在有生之年，能看到所有猥褻法消失。我不知道這是否會發生，但這是我的目標。如果我還能留下什麼貢獻，我願協助擴大言論自由的範疇。

拉瑞·弗林特（Larry Flynt, 1942-）

表 5.1　美國國會防止兒童接觸網路色情作品的作為，以及法院判決

1996 年	國會通過《通訊內容端正法》，禁止在網路上發布、傳送猥褻或不雅訊息給未滿十八歲者。
1998 年	國會通過《兒童網路保護法》，僅針對商業網站上「對未成年者有害」的素材。受保護的年齡調降至十七歲以下。《兒童網路保護法》受到美國公民自由聯盟（American Civil Liberties Union）與網路出版商的挑戰，理由在於該法侵犯言論自由的權利。
1999 年	《通訊內容端正法》遭到美國最高法院駁回，稱其過於模糊且廣泛。
2000 年	美國上訴法院駁回《兒童網路保護法》，引述該法以指出其試圖制定網際網路的「社群標準」。《兒童網路保護法》對於應該遭禁止的素材定義為：「適用當代社群標準之一般大眾，將發現其……旨在引起……淫穢念頭。」
2002 年	最高法院裁定，使用社群標準本身並不會使《兒童網路保護法》過於廣泛。
2003 年	美國上訴法院再次駁回《兒童網路保護法》，稱該法並非政府用以保護未成年者免於接觸網路色情作品的最低限制方式。
2004 年	依據美國最高法院判決，《兒童網路保護法》不得生效。法官認為該法可能違憲，此外以電腦過濾軟體篩選性露骨素材，限制性可能較低。該法被送回次級法院。
2007 年	美國地方法院法官發布對《兒童網路保護法》的永久禁令，稱其違反美國《憲法》第一與第五修正案。聯邦政府對此裁決進行上訴。
2009 年	美國最高法院駁回聯邦政府恢復該法的最後嘗試，《兒童網路保護法》就此終止。

資料來源：改寫自 "Congress' Attempts at Limits Have Faced Several Obstacles," *USA Today*, June 30, 2004, p. 6A (Years 1996-2004)。

高法院裁定該法案違憲，因其違反《憲法》第一修正案對言論自由的保障。隨後的兩項裁決中，美國最高法院駁回將線上發送不雅訊息給未滿十八歲者列為犯罪的法律，以及禁止電腦產生之「虛擬」兒童色情作品與其他假造性愛圖片的法律，並表示該法律可能導致藝術作品被禁。[32] 然而在二〇〇八年，美國最高法院贊同二〇〇三年《兒童猥褻與色情作品防治法》（*Child Obscenity and Pornography Act*），該法將製作或持有兒童性露骨圖片，與透過廣告宣傳、展示、散布或徵求這類圖片以「煽動」有意願的受眾之行為列為犯罪；即使素材僅由電腦產生的圖像或經數位方式變更的成人照片組成，且素材的提供涉及詐欺（例如素材不存在），亦適用於此法。[33] 當時負責撰寫主要意見書的法官安東寧‧史卡利亞（Antonin Scalia）指出「向他人供應與取得兒童色情作品，可無條件地排除於第一修正案之外」。[34]

對此，言論自由的擁護者則質疑現在可能遭到起訴的會是主流電影，或嬰幼兒的純真照片。

　　另一項法律——《兒童網路保護法》（*Child Online Protection Act*，簡稱 COPA），旨在保護上網瀏覽的兒童不致接觸成人素材。該法於一九九八年通過，要求網路使用者在進入含有「成人」內容的商業網站前，需提供已成年的身分證明。[35] 此法律遭到美國最高法院兩度封殺。表 5.1 列出美國國會防止兒童接觸網路色情作品的嘗試，以及隨後的法院判決。在二〇〇四年的裁決中，美國最高法院表示家用電腦安裝過濾軟體，可能是預防兒童接觸網路色情作品，同時保障成人權利的最佳方法。撰寫主要意見書的甘迺迪法官指出，法院推定任何政府限制網路性露骨素材的嘗試皆屬違憲。[36] 二〇〇七年，《兒童網路保護法》再次遭到駁回。一位美國地方法院法官裁定，被告（聯邦政府）未能證明《兒童網路保護法》在防止未成年者接觸網路色情作品的目標上，為最小限制且最有效的方案；此外，《兒童網路保護法》之模糊與過度廣泛，已至不可容許的程度。法官亦指出「如果以保護未成年者的名義，刪除其充分享有的《憲法》第一修正案保障，可能反而會造成傷害」。[37] 二〇〇九年一月，《兒童網路保護法》在美國國會通過的十餘年後，正式終止。美國最高法院未置一詞，便駁回政府嘗試恢復該法的最終上訴。[38]

　　由於在家中使用網路的兒童數以百萬計，針對其接觸特定類型的資訊、圖片、繪畫、影片、動畫和互動體驗等，有必要提出嚴肅的問題。政府審查制度、學術自由、《憲法》保障的言論、兒童安全疑慮、公共健康困境——諸如上述的棘手議題，皆為網路言論自由的核心爭論點。

　　由於無法找到能客觀定義猥褻的準則，審查這類素材便具有潛在的風險，我們最終可能會以個人標準來限制《憲法》第一修正案所保障的言論自由。將自身偏見付諸實踐，便危害了他人的自由。

是否要啜飲淫穢之泉，每一個人都有自己決定的權利。

史蒂芬・凱斯勒（Stephen Kessler）

謀殺是犯罪，描述謀殺不是；性行為不是犯罪，描述性行為是。

比爾・馬勾（Bill Margold, 1943-2017）

我不同意你的觀點，但我誓死捍衛你說話的權利。

伏爾泰（Voltaire, 1694-1778）

性交易

以性交、吮陽、肛交、綁縛與調教、猥褻凌辱等性行為，交換金錢與／或物品，稱為**性交易**（prostitution）。近年來，「性工作者」（sex worker）已取代「賣淫者」（prostitute）一詞的使用，尤其是賣淫者本身經常使用前一用語，以表明其身分及在「性產業」中從事的其他工作，如電話性愛、艷舞、網路性愛以及出演性露骨影片等。許多進入性交易行業的人是為了賺取金錢，因此性交易可以代表一種工作形式。然而，有鑑於部分研究揭示出性交易的負面面向，且有些賣淫者會遭到第三方的脅迫，部分女性主義者對於將性交易視為一種性工作表示難以接受，且不願「讚揚商業化性行為市場的存在」。[39]本書決定使用「性交易／賣淫者」等詞彙，以與其他類型的「性工作」區分。然而本書亦認同「性工作」是許多賣淫者較能接受的用詞，且已經常用於描述性交易。

男孩、女孩，以及男人、女人，包括異裝者與跨性別者，皆可能從事賣淫的工作。至今最常見的性交易形式，即女性向男性販賣性行為，其次常見則為男性賣淫者向男性提供性交易。男性向女性販賣性行為較不常見，兩名女性間的性交易則更罕見。日益成長的國際兒童性奴隸市場，推動了開發中國家的經濟成長，並催生出數百億美元商機的產業，通常稱為「性旅遊」（請參見第 246 頁的「想一想」單元）。

女性賣淫者的男性顧客稱為「嫖客」，涵蓋範圍廣泛的職業、種族、年齡與婚姻狀況等。雖然一般認為尋求性交易自然是男人性經驗中的一部分，但研究顯示，多數男性不會尋求性交易，也很少是性交易的常客。[40]男性找賣淫者有許多因素，有些人想體驗其伴侶不願嘗試的特定性行為，或本身並無固定伴侶；有些人渴望與具備特定形象者發生性行為，如性感、運動型的外型等，也有些人認為找賣淫者在本質上的不正當性，有其吸引人之處；有些人喜歡與賣淫者發生性行為的匿名性：不需要討好，完事後不會有所期待，亦不像外遇那般糾結。某些性生活非常活躍的男性，單純只是想要更多的性伴侶。非性層面的因素，如陪伴、同情和友誼等，也可能成為尋求賣淫者的動機。最後，某些年輕男性會找賣淫者當作第一次的

性經驗。[41] 有趣的是，一項研究針對美國中西部與西岸大城市一百四十位曾召妓的男性，結果發現六成的男性目前正處於有性行為的交往關係中，僅三分之一表示與女性賣淫者發生性關係很享受，且有百分之五十七表示曾嘗試停止召妓。該研究亦發現，雖然一般印象多認為男性找賣淫者是因為婚姻中的性無法令其滿足，但在此研究僅有少數佐證，且研究結果不支持男性會找賣淫者進行綁縛等「不尋常」性行為之看法。另外有近百分之三十的受訪者表示，找賣淫者之前曾使用酒精。[42]

■　從事性交易工作的女性

　　要確認從事賣淫的女性人數並不容易，其原因有幾個，例如性交易定義的差異，以及接受金錢並提供性行為往往帶有私密性等。有些針對女性賣淫者及其男性顧客的研究，有助於了解女性從事性交易的普遍程度，但研究中的數字可能無法反映真實的盛行率，因為與性交易相關的汙名化可能導致數據低估。社會學家艾德華·勞曼（Edward Laumann）與其同事表示，接受調查的男性中有百分之十六曾為性行為付費。[43] 一項針對全球男性之代表性樣本的更近期研究則發現，平均約有百分之九至百分之十的男性於過去十二個月中，曾以金錢向一名女性賣淫者換取性行為。[44] 另一項針對兩千六百六十五名英國男性進行的健康篩檢問卷研究發現，百分之十的受訪者表示曾於一九九〇年至二〇〇〇年間付錢購買性行為，其中百分之九十六表示付錢給女性，百分之四付給男性。[45] 此外，挪威一項針對四千五百四十五位男性進行的全國研究指出，有百分之十三的受訪者表示曾付費購買性行為。[46]

｜　性作為工作

　　許多接受金錢或藥物並提供性活動的女性，並不認為自己是賣淫者。賣淫者常自稱為「上班小姐」或「性工作者」，明確地描述她們如何看待自己與性之間的關係。還有其他常見但更具貶義的用詞，例如「妓女」或「娼妓」。這些人從事性工作，通常並非因為喜歡匿名性行為或更換性伴侶，而是認為這屬於一份高薪的工作。賣淫者通常不期待愉快地和顧客發

人口販運：國際兒童與青少年性交易

全世界估計有一千兩百三十萬名成年人與兒童被迫從事性交易與勞力工作。此種非自願的勞役現象稱為人口販運，已成為價值約三百二十億美元的產業，影響全球一百六十一個國家。[47] 根據聯合國兒童基金會（United Nations International Children's Emergency Fund，簡稱 UNICEF）的資料顯示，全球商業性質的性行業中，有多達兩百萬名兒童被迫從事性交易。[48] 由於利潤豐厚以及取締困難，此種病態現象並未顯示出減退的跡象。

有些家庭可能因為某些緣故，例如太窮無法養活子女，而認為自己別無選擇，只能將孩子送入悲慘的境地。跨境貿易增加、子女和其父母缺乏教育（包括性教育）、立法不足、執法不力或缺乏取締、媒體將兒童呈現為情慾的對象等因素，皆助長商業上針對兒童的性剝削。[49] 非洲東部與東南部地區，因愛滋病而成為孤兒的孩子可能缺乏來自其他家人的必要支持；工業化國家中的兒童可能因遭受虐待而逃家；在東南亞，長久以來的態度與行為模式使得女孩一直處於低下的地位。[50]

兒童與青少年的性販運現象，並不僅限於美國以外的國家。近三十萬名美國兒童與青少年（多數為年輕女孩），皆面臨性販運的風險。[51] 遭販運至美國者，多數來自拉丁美洲、東南亞與東歐。美國聯邦調查局（Federal Bureau of Investigation）估計，有成千上萬名兒童與年輕女性已遭販運至美國。這群受害者有女孩也有男孩，年齡從九歲到十九歲不等，平均年齡為十一歲。這些兒童與青少年當中，多數是逃家者或遭到遺棄的兒童，有些則「出身良好」，或遇到狡詐的人口販子，以工作、金錢、服飾、模特兒職業等承諾加以誘惑或要脅。皮條客常令這些年輕人在美國各州間移動，使得此問題成為聯邦層級的事務。二○○三年，美國聯邦調查局展開一項營救無辜失蹤者的計畫（Innocence Lost National Initiative），專門打擊兒童與青少年的性販運問題。[52] 這項計畫成功營救逾一千兩百名孩童，並將六百名以上的皮條客與老鴇繩之以法。

年幼即進入性奴役行業的兒童，會遭受嚴重的身體與心理後果，例如營養不良、罹患人類免疫缺乏病毒／愛滋病等性感染疾病的風險增加，以及感到罪惡與無能等影響。

美國二○○○年通過的《人口販運受害者保護法》（*Trafficking Victims Protection Act*），將美國境內的人口販運列為聯邦層級的犯罪行為。此外，該法令

允許遭販運至美國的女性，得以在暫時居留簽證發放後三年，取得永久居留權。[53] 另外，根據美國法律，美國人若於境外與兒童從事性交易而被捕，可於美國境內起訴。[54] 教育、社會動員與意識建立、法律支援、社會服務、心理諮商以及取締犯罪者等方法，僅為一小部分解決此問題的策略。為保護世界上陷入危機的孩童，以及保障其福祉，仍有許多工作要做。

批判性思考

01. 在你／妳看來，什麼因素導致對於兒童性工作者的需求？

02. 你／妳認為要解決全球的性販運問題，還可以做些什麼？

03. 如果可以，美國應該增立什麼法律，以防範兒童與年輕女性遭販運至美國？

生性行為，且會為了避免產生親密情感而設立界線以隔絕情緒性的自我，使身體上的性行為與內在自我分離。賣淫者會將性行為劃分為換取金錢的身體行為，以及表達親密與愉悅的行為。[55] 兩名於美國內華達州合法妓院（請參見第 251 頁關於內華達州妓院的討論）工作的賣淫者，曾談論工作中的性行為與家中性行為之間的差異。[56] 許多賣淫者不會和顧客接吻，其中一名受訪者表示「不能有個人情感。接吻就會有個人情感與浪漫感受」。相較之下，與丈夫或男朋友發生性行為時，「我會真的投入自己的情感，把我所有的愛給他，把我自己給他」。

| 進入性交易行業

許多女性在年輕時即開始從事性交易的工作，甚至十幾歲就投入此行業。[57] 美國的全國青少年健康縱向研究（National Longitudinal Study of Adolescent Health）分析了一萬三千兩百九十四名具全國代表性的青少年組成之樣本，結果發現這些青少年中有百分之三點五（其中百分之三十二點

> 將女人定位為提供男人性服務的性物，奠定了特定性別之奴隸制度的社會基礎。
>
> 凱斯琳·貝里（Kathleen Berry）

一為女性）曾以性行為交換毒品或金錢。[58]

　　童年時期遭受性侵，往往是青少年男、女進入性交易行業的一項因素，原因有二：第一，性侵增加了青春期前兒童或青少年參與偏差街頭文化和活動的可能性。身體與性方面遭受侵害的青少年，較有可能受到一般同儕的排擠，因此涉入偏差活動。第二，青少年逃家的一大主因是受到父母的虐待——女孩通常遭受性侵，男孩則是身體傷害。[59]

　　女孩通常經由皮條客（男性，常為賣淫者的情感與金錢寄託）引介進入性交易行業。賣淫者將賺來的錢交給皮條客，皮條客則為她們提供住處、購買衣服珠寶，以及在街頭時給予保護。許多女孩與年輕女性因為受到金錢、保護和陪伴等承諾的「甜言蜜語」誘惑，而進入性交易行業。青少年賣淫者身旁有皮條客的可能性較成年賣淫者高。

　　一旦與皮條客有所牽扯，女性經常會遭其侵害。女性亦面臨被嫖客侵害與暴力傷害的風險。在街頭攬客的賣淫者（稱為**流鶯**，streetwalkers）特別容易遭受傷害。

｜　個人背景與動機

　　成年賣淫者通常是幼年曾遭男性性攻擊的女性，青少年時期有多次性經驗，因性活動而遭同儕排擠，且缺少父母適當的情感支持。她們有很高的比例在童年曾遭受身體與性侵害（包括家內性侵），以及被忽略。[60]她們的父母往往未能提供充滿愛的互動模式，因此，當女孩長大，她們很容易感到焦慮、寂寞與孤立，且對自我認同感到疑惑。另一種貫串大多數賣淫者人生的常見情節，即為處於劣勢的經濟背景。然而進入這個「最古老行業」的人，有著形形色色的動機與背景，正如一位曾從事性工作者所言：[61]

> 我剛開始從事性工作時，沒想到會發現我的同事們有著各種不同的教育背景和生活經歷。我原本跟很多人一樣，以為做性交易的主要都是別無選擇的女性，結果我的同事裡有想存錢買房子的、有想供應孩子上學的、有想幫自己湊學費的，也有想創業的女性。

研究顯示，青少年賣淫者對其剛踏入性交易行業時的整體心理狀態所作的描述，多為非常負面、憂鬱、不快樂或沒有安全感。這些人有許多是離家出走，並有著高風險性行為，藥物使用程度也較高，包括酒精、甲基安非他命、大麻、古柯鹼和海洛因等，許多染上毒癮的人後來會開始從事性交易，以支撐其吸毒習慣。[62] 這些人的情緒狀態使其特別容易受到皮條客的影響。

似乎並無單一動機能夠解釋為何有些人會成為賣淫者。導致女性從事這個職業的原因，可能是環境、社會、經濟與個人等因素的結合。當女性在敘述性交易次文化生活中最吸引人之處時，會以金錢與物質角度切入。一名賣淫者表示：「我問自己，為什麼敢做這種恐怖的事？我的答案是錢、錢、錢。」[63] 比起只能領最低工資的工作（這可能是唯一替代選擇），性交易似乎是較符合經濟效益的決定。

賣淫者皆意識到了在心理上與身體上付出的代價。一項針對一百三十名性工作者進行的十五年縱向研究發現，性工作與較高的疾病發生率（包括性感染疾病、心理健康問題以及物質濫用）和死亡率有關。[64] 賣淫者會擔心遭受身體與性侵害、愛滋病與其他性感染疾病、騷擾、坐牢和法律費用。她們也明白這份工作會受到家庭、社會的汙名化與排擠而對自尊造成損害、對於男性與性行為的負面觀感、工作條件差、沒有未來、皮條客的控制等。許多人並非樂於當個賣淫者，一項國際研究發現將近百分之九十的賣淫者想要離開性交易行業。[65]

在許多國家，賣淫者的可得性已成為旅遊經濟的其中一環，因付給性交易業者的錢占國家收入的一大重要部分。[66] 印度、泰國、菲律賓等開發中國家，其社會、經濟條件與男性支配的階層制度結合在一起，且接受性方面的雙重標準，這些國家中有許多人認為性交易是必要且可被接受的職業。

> 賣淫者受到社會的低貶與懲罰，她們因身體供人消費而飽受屈辱，其身體也同樣受辱。
>
> 菲莉絲·凱斯勒（Phyllis Chester, 1940-）

| 女性的性交易形式

女性賣淫者的工作類型包括流鶯、在妓院或按摩院工作、應召女郎或伴遊，且大多會在網路上攬客。部分學者認為美國絕大多數的賣淫者過著

由於無法篩選客人或控制工作條件，流鶯是最容易受害的賣淫者。

足不出戶，且多半無人聞問的生活。

　　流鶯　雖然估計值不一，但美國約有百分之十的賣淫者屬於流鶯。[67] 街頭拉客通常是青少年開始接觸性交易時的第一種類型，也是青少年較偏好的類型，儘管街頭拉客位於性交易階層的最底層，且文化上的汙名最為嚴重。許多流鶯的穿著打扮惹火，並到性交易盛行的地區徘徊攬客。以流鶯為工作的女性常為高中輟學生，或是逃離施虐家庭的蹺家者，她們進入性交易行業僅是為了生存。然而並非所有的流鶯皆走投無路才踏上這行，有些人已婚，且在私生活中擁有滿意的性關係。由於流鶯以公開的方式招徠顧客，因此較為顯眼也較容易遭到逮捕。由於無法篩選客人，流鶯較有可能遭到毆打、搶劫或強暴。一項研究發現，超過百分之九十五的流鶯曾遭受性侵，有百分之七十五曾遭強暴。[68] 該研究也發現，民眾往往認為賣淫者「不會被強暴」，或甚至認為這些人遭到強暴是罪有應得。流鶯也容易產生嚴重的心理健康問題，一項質性研究針對二十九名從事性行業的街頭青少年進行訪談，結果發現受訪者企圖自殺的比率相當高。[69] 此外，蘇格蘭一項針對流鶯的研究中，多數受訪女性表示這類工作對於她們的自尊，

以及她們和家人、朋友與伴侶的生活，皆有深遠的負面影響。[70]

　　相較於俗稱「室內駐點」的妓院和按摩院賣淫者、伴遊、獨立接客的應召女郎或網路攬客的賣淫者，流鶯會遭受較為嚴重的職業傷害，包括侵害、綁架、武器威脅、搶劫和強暴等。流鶯較無法掌控工作條件，例如自由拒絕客戶或進行特定性行為，經人口販運脅迫進行性交易的可能性也較高，但獲得保護服務的機會卻較少，且比室內駐點的性工作者更仰賴皮條客。[71]

　　與其他類型的賣淫者相比，流鶯與客人的性活動通常變化較少，時間也較短。[72] 吮陽是流鶯最常進行的性活動，包含性交的性接觸低於四分之一。美國一項針對三個西部城市的研究，以尋求女性賣淫者服務而遭到逮捕的男性為研究對象，結果發現在這群人與賣淫者的性接觸中，吮陽是最常見的行為。[73]

　　妓院　妓院（亦稱酒家、娼寮或風化場所）可見於許多大城市中，但在美國僅於內華達州的十個偏遠州郡合法。一項針對在內華達州妓院工作的女性進行之研究發現，受訪女性進入妓院之前，有些曾以非法賣淫為業，並希望由這種行業的壓力中解脫；有些從事其他合法的性工作，如脫衣舞或成人電影的演出；有些則從事待遇較低的服務業，需要一份收入更好的工作以維持生計。[74] 妓院內的性交易工作，其地位高於街頭拉客，且更為安全。事實上，內華達州合法妓院的主要優勢，即在於能防範暴力；女性以合意性行為賺取金錢的各種環境中，此種合法妓院最為安全。[75] 內華達妓院內使用的安全預防措施包含緊急按鈕、監聽設備和管理監督制度等。[76]此外，內華達妓院的賣淫者需定期接受健康檢查與性感染疾病檢查，其中一項成果即為減少性感染疾病的傳播。另外，為防止性感染疾病，付費購買服務的男性必須讓賣淫者檢查其生殖器。妓院的最吸引人之處，在於舒適和友善的氛圍。在妓院裡，男性顧客可以喝咖啡、飲酒或看電視，或是與妓院女子隨意談天；許多消費者為常客。有時候，顧客去妓院僅是為了談天或放鬆，而非進行性行為。

　　來自內華達大學拉斯維加斯分校的研究者，針對內華達州妓院的女性賣淫者進行了一項深入且經同儕審查的研究。近四十名女性受訪者的訪談結果，發表於其二〇一〇年的著作《食性之州》（*The State of Sex*）中。[77]研究者據其研究結果表示：「我們認為販賣性行為本身，對女性並非全然有害。」且並未發現人口販運或女性在違反其意願下工作的證據。研究者總結指出，與其將性交易定義為犯罪，內華達州的合法妓院較為可取，且能防治暴力、性感染疾病和嚴重剝削等，但勞工措施有改善之必要。上述發現引起一群批評該研究，並認為性交易剝削女性、應予廢止的人針對相關議題進行爭論。[78]

　　男性妓院（俗稱「馬廄」〔stable〕）常見於東南亞與美國部分大城市。這些「馬廄」是男性賣淫者可為男性顧客提供性服務的工作據點，但也有某些為女顧客開設的男性妓院，稱為「牛郎店」（stud farm）。

　　色情按摩師　時至今日，妓院數量已較為減少，多半由按摩院取代。妓院與按摩院之間的主要差別，在於妓院呈現出的樣貌就是專門提供性交易的場所，按摩院則會掩飾其意圖。大部分的按摩院僅提供按摩服務，然而部分按摩院則是性交易的前台，提供任何客人要求的付費性服務，費用則和按摩師協調。不過多數的按摩院「僅提供按摩與手淫服務」，此種俗稱「半套」的按摩院應屬最普遍的按摩場所，主要服務為「局部」、「純手工」或「舒壓」按摩，而且只包含手淫。透過將性行為限縮在僅幫客人手淫，這類場所大多能規避執法機關取締，因為性犯罪的相關刑事法規多明定需涉及生殖器插入、口交、費用討論與明確拉客行為，才能進行刑事起訴。在「半套按摩店」工作的女性經常被稱為「手妓」（hand whores），但她們往往認為自己並非娼妓，儘管後來可能進入性交易行業。許多按摩師會在報紙與網站上刊登廣告，或提供外出服務，和顧客約在飯店房間或家中見面。

　　應召女郎　在所有賣淫者中，應召女郎的地位最高，承受的社會汙名較少，且身處於最安全的工作環境，比流鶯更能掌控其工作條件與挑選顧客。她們的教育程度通常比其他賣淫者高，具有中產階級背景，且穿著打扮時

尚。應召女郎的費用很高，遠高於流鶯或色情按摩師。其接洽工作的方式是透過直接聯繫或別人介紹，不需要上街攬客，而是利用電話或電腦，安排與顧客在對方住處或下榻的飯店房間碰面。性交易由應召女郎自行安排，不透過仲介，可降低仲介因媒介性交易而遭受取締的可能性。應召女郎與流鶯的另一個主要區別，在於流鶯與顧客之間的交流通常很短暫，應召女郎則有較高的機率會提供「情感服務」，例如與顧客談心或成為朋友。[79] 此外，應召女郎經常會提供類似約會的互動，例如聊天、接受禮物、擁抱、親吻、按摩、讓顧客人為其口交等。[80]

應召女郎亦經常透過報紙或網路宣傳其提供的伴遊服務。伴遊仲介負責針對各種社交場合提供吸引人的伴遊服務，且從不宣傳會提供性服務，但通常必定包含在內。仲介通常專營某一性別的服務，如女性對男性、男性對男性、女性對女性，或男性對女性，有些則會提供跨性別的賣淫者。並非所有的伴遊都要透過仲介，有些會獨立接客並自行與客人聯繫。[81]

■ 從事性交易工作的男性

雖然針對性交易已有大量研究，但多數仍關注由女性提供的性交易。關於男性從事性交易的研究多著重在街頭牛郎（street hustler，相當於男性版的流鶯），其他類型的男性賣淫者，如應召牛郎、租借男孩、男按摩師，以及在男同性戀酒吧工作的賣淫者等，尚未受到廣泛的研究。男性性工作者來自各種不同的背景，從識字能力有限、中產階級到富裕男子皆有，工作環境亦各有不同，如街頭、俱樂部和伴遊仲介等。男性性工作者利用伴遊仲介或透過網路宣傳的情形也日漸增多。[82] 從事性交易工作的男性之中有少數為男寵（gigolos）——為女性提供性服務以換取金錢的異性戀男性，他們的顧客通常為富有，且想尋求性關係、社交「伴侶」或年輕男子的中年女性。男寵現象顯示女性如男性一般，亦會付費購買性行為。另一種

街頭牛郎如同流鶯，通常是有藥物、酒精與健康問題的年輕成人。

男性賣淫者稱為援交男孩（kept boys）──為年長的「乾爹」提供性服務以換取經濟支持的年輕男性。絕大多數的男性賣淫者將其性服務販賣給其他男性。年輕的男性賣淫者稱為「男雞」（chicken），受其吸引的顧客則稱為「雞鷹」（chickenhawk）。[†]

† 台灣、香港與中國等地多稱女性賣淫者為「雞」，稱男性賣淫者為「鴨」或「男公關」，對於男性賣淫者的顧客則無特殊稱呼。──譯註

男性賣淫者最常進行的性行為類型是吮陽與肛交。男性性工作者通常被顧客期望能在性接觸過程中射精，由於射精後有一段不反應期的緣故，男性性工作者在短時間內的接客數量有限，此點與女性性工作者不同。女性與顧客發生性行為的過程中通常不會達到性高潮，也沒有不反應期。

多數男性是受到同儕的影響而進入性交易行業，通常因為朋友建議可以在街頭「輕鬆賺錢」而開始。街頭牛郎可能獨居或與室友住在一起，流鶯則通常與皮條客同住。然而，一項針對九十名街頭男性性工作者（平均年齡三十二歲）進行的訪談研究發現，街頭牛郎屬於無家可歸者的比例相當高。這類男性亦可能曾因藥物或財物方面的犯罪行為而接觸到刑事司法體系，企圖自殺的比率亦較高。[83]

男性性交易由三種次文化形塑而成：同儕偏差次文化、同性戀次文化與異裝次文化。**同儕偏差次文化**（peer delinquent subculture）指一種反社會的街頭次文化，典型現象為男性和女性間的性交易、毒品交易、行乞、竊盜與暴力。此種文化中的年輕人，販賣性行為的理由如同販毒或竊盜財物，都是為了賺錢。青少年牛郎不一定認為自己是同性戀，因為他們是在販賣性行為，而非尋求情慾上的滿足；反之，他們對自己的認同可能是雙性戀或異性戀。青少年牛郎招攬顧客的地點是在城市裡的「情色區」──成人書店、上空酒吧和成人電影院等，這些場所能迎合所有性傾向者在性方面的興趣。他們在街頭營生的可能性高於在酒吧裡。本節先前曾提到，美國一項具全國代表性的研究針對一萬三千兩百九十四名青少年進行調查，有百分之三點五的受訪者表示曾以性行為交換毒品或金錢，且其中有三分之二（百分之六十八）為男孩。對男性和女性而言，曾經使用藥物、逃家和憂鬱者，以性行為交換金錢或藥物的可能性較高。[84]

相對於男性非法賣淫者，男同性戀賣淫者將從事性交易當作一種性表達與賺錢的手段。男同性戀賣淫者認定自己是同性戀，且主要在同性戀社區或同性戀酒吧工作，其中有許多人曾經是「被推開」的兒童，他們因自己的性傾向遭到家人與同儕拒絕，於是逃家。他們從事性交易工作最重要的三個原因，就是金錢、性、好玩／冒險。

關於男性異裝賣淫者，目前所知甚少。男性異裝賣淫者為相當多元化的群體，與其他男性和女性賣淫者皆有所區別，且可見於多數主要城市。男性異裝賣淫者的顧客有異性戀、雙性戀和男同性戀。許多男性異裝賣淫者的異性戀顧客會以為他們是女性，但旁人會覺察到他們是異裝者。

另一種類型的男性賣淫者為**女雄**（she-male），指已接受隆胸手術的男性。女雄的顧客可能將他錯認為女性。他們的顧客經常為另一名女雄，或知道女雄實為男兒身的男性。[85]

■ 性交易與法律

逮捕從事性交易者與呼籲掃黃，似乎成為一種有力人士重申其道德、政治與經濟主導權的公眾儀式。逮捕象徵著群眾不贊成該行為，但逮捕往往具有選擇性，且對於終結性交易並無效果。

女性從事性交易是唯一有女性廣泛遭到起訴的性犯罪行為，男性嫖客則很少被捕。賣淫者會因多種罪行遭到逮捕，包括流浪（vagrancy）和遊蕩（loitering），但最常見的罪名為拉客。**拉客**（solicitation）指暗示提供性交易的字眼、手勢或行動，其定義非常模糊，使得非從事性交易的男性和女性有時卻可能因「形跡可疑」而遭到逮捕。金錢直接經手的性交易通常不易目擊，且逮捕工作會因牽涉嫖客而變得複雜。

每隔一段時間，便會有人嘗試廢除將性交易定義為犯罪的法律，原因在於認定性交易屬於無受害者犯罪：賣淫者與顧客皆自願參與其中。其他人士，尤其是女性主義者，則認為賣淫者蒙受皮條客、顧客、執法體系與社會汙名之害，因而希望廢除該法。[86]

我必須遺憾地說，我們聯邦調查局對於口部—生殖器親密行為的案件無能為力，除非這種行為以某種方式阻礙了州際貿易。

約翰・埃德加・胡佛（J. Edgar Hoover, 1895-1972）

> 被迫地下化的性交易，已被納入犯罪的地下世界。如同禁酒令，性交易被視為犯罪成了一種自我應驗的預言。反性交易運動一如生育控制運動，皆由提升女性地位出發，最終卻導致弱勢女性在職業與政策上成為受害者。
>
> 露絲‧羅森（Ruth Rosen, 1956-）

> 我們沒有權利置這些女性於不顧。她們受委屈，我們也感同身受。她們的存在是我們要面對的一部分問題。她們是我們所抗議的不公不義之下的產物。
>
> 卡麗‧查普曼‧卡特（Carrie Chapman Catt, 1859-1947）

改革派人士提議將性交易合法化或除罪化。近年來，世界各地對於性交易的態度由禁止轉向合法化，反映出新的性規範與經濟形勢。舉例而言，澳洲的新南威爾斯省、紐西蘭與德國等地已將性交易除罪化，且多數西歐國家與土耳其、塞內加爾、丹麥和希臘等國，也已去除性交易的部分犯罪面向。荷蘭不僅將性交易除罪化，更讓妓院合法化。美國在改變禁令政策方面仍然落後。[87]

支持性交易合法化的人士，希望比照內華達州與歐洲部分地區，由警方與衛生部門負責發放執照與登記事項。提議除罪化的人士，希望移除從事性交易的刑事罰則，但賣淫者既不需取得執照，亦不必登記立案。許多改革派人士則認為，賣淫者應享有與全體公民相同的政治、法律保障和權利。[88] 部分賣淫者成立了北美性交易工作小組（North American Task Force on Prostitution，簡稱 NTFP）、賣淫者教育網絡（Prostitutes' Education Network）和「揚棄假道學」（COYOTE，全名為 Call Off Your Old Tired Ethics）等組織，支持並推動性交易除罪化。北美性交易工作小組的目標包括廢除現有性交易法律、確保賣淫者與其他性工作者的權利、促進性工作者的社會支持服務發展，並且終結與性工作有關的公眾汙名等。

無論對於成人性交易除罪化的看法為何，青少年性交易是否為犯罪則需被重新評估。將少年賣淫者視作違法者，形同忽視一項事實，即青少年賣淫者在許多層面上，與其說是犯罪者，更像是受害者。研究者與其他關心此議題的人士，在檢視兒童性侵與

性工作在荷蘭是合法的，圖為阿姆斯特丹的德瓦倫（De Wallen），是知名的紅燈區，也是觀光地。

身體傷害、逃家和青少年性交易等社會問題時，逐漸發現其中存在著令人不安的相互關係。然而，法律並未將青少年性交易視為受害後的反應，或嘗試在街頭生存的手段；相反地，法律將其視為犯罪行為，並以法律懲處加以制裁。較為恰當的因應方式應包含提供諮詢、中途之家、替代性學校教育、職業培訓等。

■　人類免疫缺乏病毒／愛滋病與其他性感染疾病的影響

人類免疫缺乏病毒／愛滋病的疫情蔓延之後，性交易開始逐漸受到重視。許多研究證實從事性交易的女性、男性與男跨女之跨性別者當中，感染人類免疫缺乏病毒等性感染疾病的頻率很高。[89] 女性和男性賣淫者的風險高於一般人的原因有數個，第一，許多賣淫者亦為注射毒品使用者，而使用注射毒品是人類免疫缺乏病毒的其中一種主要傳播方式。在毒品交易或使用場所以性行為交換毒品的賣淫者，亦為人類免疫缺乏病毒與其他性感染疾病的高危險群。第二，由於性伴侶眾多，賣淫者感染性感染疾病／人類免疫缺乏病毒的風險較高。第三，賣淫者不見得總是要求顧客使用保險套。男性賣淫者由於從事高風險的性活動（尤其是肛交），且其同性戀／雙性戀顧客同為高風險群，罹病風險甚至高於女性賣淫者（關於肛交與人類免疫缺乏病毒風險的討論，請參見本冊第四章）。我們能由上面這些內容學到什麼？賣淫者的顧客及其伴侶若不使用保險套，便會令自身陷於人類免疫缺乏病毒與其他性感染疾病的高度風險之中。

性與法律

美國社會的一項基本原則，即所有美國人在法律之前一律平等。但美國與性有關的州法律卻因地而異，民眾的權利和特權有相當大的差異。儘管多數美國人對於政府在性生活方面的決策想法不多，卻普遍同意性行為具有私密性，自己臥房中發生的事其他人管不著。美國人甚至可能認為與性有關的法律適用於其他人，而非自己。因此多數的美國人不會考量到隨著住的地方或去的地方不同，自己的生活可能會受到何種法律的影響。

　　人類免疫缺乏病毒／愛滋病、兒童性侵、性交易、基於性傾向與性別認同的仇恨犯罪等，皆屬於人類的性之不同面向，與這些面向相關的法律貫串全書的討論主題。本節將特別討論兩個性相關領域方面的法律問題：成人間私下的合意性行為，以及同性婚姻。

■ 私人的合意性行為之合法化

　　歷史上，美國曾制定法律將某些與性有關的行為確立為犯罪，如性騷擾、強暴、亂倫、性侵害、公然猥褻與性交易等。大多數情況下，美國人對於這類法律的必要性與價值，皆能形成強烈的共識。然而，其中一種涉及**雞姦**（sodomy）的性行為，卻引起相當多的爭論。雞姦有數個定義，包含異性或同性間任何無法導致生殖的性行為（其中有部分被視為「違反自然之罪」），以及屬於「同性戀活動」的性行為；口交與肛交即為典型的雞姦行為。一六一〇年，美國第一部禁止雞姦行為的法律於維吉尼亞殖民地通過，違者判處死刑；該法起源於十六世紀英國禁止無生殖能力之性行為的法律。一八七三年，南卡羅萊納州成為美國最後一個廢除雞姦死刑懲罰的州。近年來，《性悖軌法》（sodomy law，或稱《雞姦法》）已用於針對參與同性性行為的個體。[90]

　　美國各州原本都有禁止同性性行為的法律，直到一九六一年伊利諾州廢除禁止同性性行為之法令。至二〇〇三年中為止，美國僅剩十三個州有《性悖軌法》，其中有九個州的法律禁止同性與異性伴侶間的無生殖性之性行為，有四個州禁止同性伴侶間的無生殖性之性行為。公民權利運動者與同性戀社群主張該法律侵犯個人權利，實際上甚少執行，且導致其他基於性傾向的歧視。其他團體，尤其是認為同性戀不道德的人士，則爭取保留該法律。

　　二〇〇三年，在勞倫斯訴德州案中，美國最高法院以決定性的六票對三票，宣告德州禁止同性性行為的法律無效。許多人將此判決視為美國性權提倡的「分水嶺」，此舉推翻了一九八六年，美國最高法院於鮑爾斯訴哈德維克案中贊同（喬治亞州）將同性性行視為犯罪的判決。美國最高法

院表示，當時鮑爾斯案的裁決並不正確，推及至現今亦不正確。這個具有指標意義的判決，亦使僅存於美國十三州的《性悖軌法》失去效力。此後無論雙方的性別為何，成年人之間的合意性行為在美國各州皆屬合法。

德州案始於一九九八年，當時哈里斯郡一名警員接獲有人持武器闖入民宅的假線報，前往該處後當場發現約翰‧格德斯‧勞倫斯（John Geddes Lawrence）與蒂龍‧甘莫（Tyron Garner）兩人正於勞倫斯的住處發生性行為。由於違反該州禁止同性伴侶間口交與肛交的法律規定，此二人各遭罰款兩百美元。[91] 二○○三年撰寫主要意見書的法官安東尼‧甘迺迪（Anthony Kennedy）表示：[92]

> **該案實為涉及兩名成年人，在雙方充分與相互同意之下進行同性戀生活方式中常見的性活動。上訴人（勞倫斯與甘莫）有獲得私生活被尊重之權利。該州不可透過將其私密的性行為定為犯罪，而貶低其存在，抑或控制其命運。根據正當程序條款給予之自由權利，上訴之二人有充分權利在不受政府干預之情況下，遂行其行為。**

美國最高法院在勞倫斯訴德州案中的裁決，對同性戀權利倡議者而言可謂一大里程碑。特別對男同性戀而言，同性性行為除罪化不僅帶來解脫，更有助於確立同性戀身為人類之存有的地位，減少其面對的部分汙名化。近年來有數項法庭判決皆對於同性戀權利議題有著重大意義。表 5.2 為本書付梓前，幾項美國具指標性的法庭判決整理。男同性戀與女同性戀可能會因其性傾向而被解雇、失去領養子女的機會、失去對子女的監護權，以及無法申請住宅。欲了解男同性戀和女同性戀相關法律議題的最新資訊，請參考人權戰線網站：http://www.hrc.org。

■ 同性婚姻

同性伴侶合法結婚的權利，已成為美國一項重要的社會與政治議題。表 5.2 簡單摘列出美國與同性婚姻相關的重大法庭判決。本書（英文版）印行時，美國已有八個州（與哥倫比亞特區）通過同性婚姻合法化，包括康乃狄克州、愛荷華州、麻州、馬里蘭州、新罕布夏州、紐約州、華盛頓州

> 探討偏差行為時宜記得，引發社會改革的並非偏差行為之盛行，而是偏差行為象徵的意義。
>
> 露絲‧羅森（1956-）

表 5.2　美國近年關於維護同性戀權利的指標性判決 [†]

1986 年	最高法院贊同喬治亞州法將同性性行為定為犯罪。
1996 年	頒布聯邦《捍衛婚姻法》，將婚姻定義為「一男一女間的合法結合」，並明定各州不需承認其他州的同性婚姻。
2000 年	佛蒙特州成為第一個在法律上承認同性伴侶間民事結合的州，提供大部分與婚姻相同的福利。
2003 年	美國最高法院駁回德州禁止同性成年人之間性行為的法律，使尚存於十三州的《性悖軌法》失去效力。
2004 年	同性婚姻在麻州合法化。
2005 年	加州最高法院首開先例，發布承認同性伴侶共同親職權利的判決。
2008 年	加州成為第二個將同性戀婚姻合法化的州（約維持四個月），但後來民眾投票通過加州州法修正案（八號提案），再度禁止同性婚姻。
2008 年	康乃狄克州最高法院裁定同性伴侶具有合法結婚權利。
2009 年	加州最高法院贊同同性婚姻禁令，批准二〇〇八年民眾投票的決定。
2009 年	愛荷華州最高法院一致通過抵制禁止同性婚姻的州法。
2009 年	佛蒙特州議會推翻州長對於一項法案的否決，該法案允許男同性戀與女同性戀伴侶結婚。此舉使同性婚姻合法化，該州議會成為第一個將同性婚姻合法化的州立法機構。
2009 年	緬因州州長將該州的同性婚姻合法化，但當地居民於十一月投票推翻該法。
2009 年	新罕布夏州將同性婚姻合法化。
2010 年	美國一地方法院裁定加州的八號提案違憲，但該裁定遭到上訴，交由美國最高法院裁定。
2010 年	國會通過哥倫比亞特區的同性婚姻合法化。
2010 年	在阿肯色州與佛羅里達州，同性伴侶收養子女成為合法行為。
2011 年	紐約通過一項法律，將同性婚姻合法化，並承認其他州的同性婚姻。
2011 年	美國軍方廢除禁止服役之男同性戀和女同性戀公開性傾向的「不問不說」政策。
2012 年	馬里蘭州與華盛頓州將同性婚姻合法化。
2012 年	美國一上訴法院駁回《捍衛婚姻法》之部分條文，該部分條文剝奪已婚同性伴侶享有與異性戀夫妻相同的聯邦福利。
2013 年	羅德島州、德拉瓦州、明尼蘇達州、夏威夷州、伊利諾州等地州長簽署同性婚姻法案。
2013 年	美國最高法院宣判《捍衛婚姻法》中的一項關鍵條款違憲。
2013 年	美國聯邦最高法院駁回二〇一〇年某地方法院裁定加州八號提案違憲一案的上訴，地方法院的裁決因此有效，加州的同性婚姻恢復合法。

2013 年	紐澤西州最高法院將同性婚姻合法化，該州州長放棄上訴。
2013 年	新墨西哥州最高法院通過同性婚姻合法化。
2013 年	猶他州聯邦地區法院推翻該州同性婚姻禁令，裁定該禁令違反《憲法》第十四修正案。
2014 年	肯塔基州、田納西州、俄亥俄州皆有地方法官表示，該州必須承認其他州的同性婚姻。
2014 年	包括奧克拉荷馬州、維吉尼亞州、德州、密西根州、阿肯色州、愛達荷州、奧勒岡州、賓夕法尼亞州、威斯康辛州、印第安納州、科羅拉多州、佛羅里達州、密西西比州等地，皆有地方法官推翻該州的同性婚姻禁令。
2015 年	南達科他州、阿拉巴馬州、內布拉斯加州等地，皆有地方法官推翻該州的同性婚姻禁令。
2015 年	美國聯邦最高法院宣布全美同性婚姻合法化。

† 二〇一三年以後之資料為本書譯者增補。——譯註

和佛蒙特州。另外，已有九個州（與哥倫比亞特區）明定全面性的民事結合或同居伴侶關係合法，包括加州、德拉瓦州、夏威夷州、伊利諾州、內華達州、紐澤西州、奧勒岡州、羅德島州和華盛頓州。† 欲了解美國各州關於同性婚姻的法律狀況，請上人權戰線網站（http://www.hrc.org）與威廉斯研究所網站（https://williamsinstitute.law.ucla.edu/）。

† 美國聯邦最高法院已經於二〇一五年六月二十六日判決同性婚姻合法。——編註

　　美國國會基於擔心某些州可能將同性戀婚姻合法化，而於一九九六年通過《捍衛婚姻法》（Defense of Marriage Act，簡稱 DOMA），將婚姻定義為一男一女之間的結合。至二〇一一年中為止，美國有十二個州創立了自己的法案版本：有十二州依該法案禁止同性婚姻，另有二十九州則依該州州法禁止。當時擔任美國總統的歐巴馬表示反對《捍衛婚姻法》，美國司法部則於二〇一一年二月表示將不再為該法辯護，但在法院決議該法是否合憲前，仍會加以執行。挑戰《捍衛婚姻法》的訴訟，很可能上達最高法院層級。[93]

　　美國關於同性婚姻的爭議仍相當分歧，但民眾對於同性婚姻的支持已達前所未有的程度，且於二〇一一年首次由支持者略居多數（請參見本冊第四章「想一想」單元：「關於男、女同性戀議題與權利的輿論觀點」）。部分反對同性婚姻者宣稱自己是「維護家庭價值」，並強調同性伴侶不適用其對家庭的定義，因此不應以「家庭」為名接受相同的法律權利。請參

> 是否結婚、與誰結婚、如何表達性方面的親密情感、是否要建立家庭，以及如何建立家庭——這些都是每一個人最基本的自由與正當程序權利。
>
> 美國麻州最高法院首席大法官，瑪格麗特‧馬歇爾（Margaret Marshall, 1944-）

見第 263 頁的「想一想」單元，了解同性伴侶是否能組成家庭的晚近相關
輿論研究。

　　同性婚姻在美國依舊充滿爭議的同時，過去十年來已有十個國家將
同性婚姻合法化，由荷蘭於二○○一年率先通過。另外，已有數個國家將
同性伴侶合法化，並給予同性伴侶配偶權利，但仍未達成同性婚姻合法
化。[94] 二○一一年六月，聯合國人權理事會（United Nations Human Rights
Council）通過一項具指標意義的決議，抵制基於性傾向而對他人的侵害，
並著手進行一項調查同性戀與跨性別者遭受歧視情形的全球報告。[95]

■　性權提倡

　　政策制訂者與言論自由提倡者持續檢視各州的性法律及執法措施，並
對其進行監督和檢舉。其中一個類似的倡議團體即為美國性資訊及教育委
員會（Sexuality Information and Education Council，簡稱 SIECUS）。該組
織表示：[96]

> **性權屬於人權之一，依據固有的自由、尊嚴與眾人平等為基礎。性權包
> 括身體完整、性安全、性隱私、性愉悅和性保健等權利；做出自由、知
> 情的性與生育方面選擇之權利；獲得具有正確科學根據之性知識的權利。**

　　與性有關的法律，在許多層面反映出美國文化對於性的矛盾心理。某
些與性有關的議題，雖然法律已經頒布，卻仍未達成共識，特別是針對關
於性教育和墮胎的議題。雖然有些法律看似以性作為考量基礎，我們必定
能受其保護，但在某些情況下，在法制上卻仍不夠完備。舉例而言，美國
有許多州尚未針對基於性傾向的性騷擾與歧視採取保護措施，且各州仍需
致力於發展支持性權與性健康的相關法律。如同在第一冊第一章曾介紹的
《性權宣言》，其中包含十一項性權。也如本書許多章節所提及，不少性
權的表達受到法律與社會限制的阻礙。基本性權需要進一步的立法保障，
我們才能充分實現個人的性健康。

「家庭」定義的擴大：使同性婚姻合法化更進一步之趨勢？[97]

　　如同我們所知，家庭為社會的核心部分，且與許多社會制度有關。家庭擁有一定程度的社會特權，如繼承和養育子女等。傳統主義者（其中許多人宣稱自己是「擁護家庭價值」）將家庭定義為一名丈夫、一名妻子與子女，而進步主義者則擴大家庭的定義，以涵括同性伴侶等其他選項。無論社會可接受的定義仍為傳統的一夫一妻制，或已擴展該定義，皆有其深遠影響。舉例而言，當同性戀伴侶在法律上被排除於家庭定義之外（經常如此），其權利（如結婚權）便被限縮。

　　印第安納大學社會學家布萊恩・鮑威爾（Brian Powll）曾帶領一群研究者進行三次具全國代表性的調查，了解美國民眾對於家庭的定義。自二〇〇三年至二〇〇六年的研究發現，發表於其著作《排除在外：同性關係與美國人對於家庭之定義》（*Counted Out: Same-sex relations and Americans' definitions of family*）[98] 中，另一項研究則隨後於二〇一〇年進行。這些調查的主要發現為：美國民眾對於同性伴侶作為家庭單位的看法，持續穩定朝向更為接受的態度，特別是對於有子女的同性伴侶。一部分研究的具體發現如下：

- 二〇一〇年，約三分之二的受訪者同意有子女的同性伴侶可算作家庭單位，但對於無子女的同性伴侶，僅約一半同意。二〇〇三年，僅有略超過一半的受訪者認為與子女同住的男同性戀和女同性戀伴侶屬於家庭。
- 約有八成的受訪者認為與子女同住的異性戀夫妻可算是家庭單位，但僅有一半認為無子女的異性戀夫妻亦屬家庭。
- 支持同性婚姻的受訪者比例，由二〇〇三年的四成左右，增加至二〇一〇年的五成多。
- 受訪者中自陳沒有任何朋友或家人是同性戀的比例，由二〇〇三年的六成降至二〇一〇年的四成。
- 每五位受訪者中，就有四位表示自己認識同性戀。

　　將研究者的發現與過去反對跨種族婚姻的法律與習俗進行比較之後，

鮑威爾表示：「我們預期在不久的將來，總有一天同性家庭也會獲得絕大多數人的認同。」[99] 鮑威爾亦指出，他認為美國人尚未準備好要接納同性婚姻，但已準備接受。[100]接受度提升或許會導致同性婚姻合法化的可能性增加，因為當針對某項社會議題的輿論逐漸增強時，反映主流意見的公共政策與法律便會隨之跟進。此現象目前正在發生：隨著美國民眾更能接受同性伴侶，有更多與之相關的權利正在合法化的路上。

批 判 性 思 考

01. 你／妳如何定義「家庭」？伴侶的性傾向或有無子女，是否會影響你／妳的觀點？

02. 你／妳認為美國各州承認同性婚姻合法化，是否與更多人接受同性戀夫妻可作為家庭單位有關？

03. 你／妳如何解釋美國民眾對於同性伴侶作為家庭單位的接受度增加？

結 語

　　性的商業世界，反映出我們的社會對性所抱持的矛盾態度。社會譴責性露骨素材與性交易的同時，又將上述兩者提供給顧客。由於態度和行為的衝突，我們的社會鮮少能以無私的客觀態度，去面對性露骨素材與性交易方面的議題。現在於美國各州，無論該成年人的性傾向為何，皆可合法與其他成年人進行私密的合意性行為，但其他基本性權仍受到法律或社會限制的阻礙。

摘 要

當代美國的性露骨素材

- 對於何以構成情色作品、色情作品或猥褻，因為皆屬主觀概念，現今仍缺乏共識。性露骨素材一詞則較為中性。

- 觀看性露骨素材的行為已日漸普遍。

- 情色影片的可得性與日俱增，能以影音光碟、付費電視頻道和網際網路等方式私下在家中觀看，因此導致觀眾人數增加。女性加入觀眾的行列，致使女性向色情作品出現。

- 確定一部作品是否猥褻的法律準則，在於該作品的主題必須引起性方面的興趣，且以明顯具冒犯意味的方式描繪性行為。就作品整體而言，必須缺少重要的文學、藝術、政治或科學價值，且理智之人必定認為其不具社會價值。猥褻的素材不受法律保護。

- 閱讀或觀看性露骨素材的人，通常認定其為幻想，並藉以由日常生活中解脫。性露骨素材會暫時鼓勵性表達，引發個人典型的性行為模式。人們會對性露骨素材感興趣，原因在於享受性方面的感受，且性露骨素材是性資訊與知識的來源，可以供人們演練性活動，亦屬較安全的性行為。

- 兒童色情作品是一種性剝削的形式，因網際網路的緣故，已成為全球性的問題。美國法院已經禁止其生產、銷售與持有。

- 部分女性主義者認為，性露骨素材代表一種針對女性的性別歧視，原因在於將女性置於貶低、抹滅人性的情境之中。然而另有女性主義者認為，反對性露骨素材的人士具有反性行為的偏見。

- 一九七〇年，美國總統直屬色情暨猥褻調查委員會總結指出，色情作品不會造成傷害或暴力。多年以來，對於性露骨素材的影響，仍持續有激烈爭論。然而，並無明確證據指出非暴力的性露骨素材與針對女性的性攻擊有關，亦無證據表明性暴力素材會使態度或行為產生長久改變。

性交易

- 性交易亦稱性工作，指以性行為交換金錢與／或物品的行為。男性和女性皆會以賣淫者為業。女性一般由皮條客引介從事此種類型的性工作。

- 青少年賣淫者多以「負面」描述初入性交易行業時的心理狀態。流鶯工作時要冒著遭受顧客侵犯和暴力攻擊的風險。賣淫者表示進入性交易行業的動機有很多，包括賺錢迅速且輕鬆、性交易次文化，以及「此種生活」的刺激性。吮陽是流鶯最常進行的性行為。

- 賣淫者可能在街頭拉客，也可能在妓院與按摩院工作。部分女按摩師會與顧客性交，但大多數僅提供幫顧客手淫的服務。應召（伴遊）女郎在賣淫者當中地位最高。

- 大多數關於男性性交易的研究，皆著重於街頭牛郎。男性性交易由同儕偏差、男同性戀、異裝等次文化形塑而成。男性從事性交易工作的三項主要理由為金錢、性、好玩／冒險。

- 性交易在美國內華達州的十個偏遠州郡屬於

合法行為。一項針對此處妓院的研究總結指出，合法妓院是將性交易定為犯罪的良好替代方案。

■ 逮捕從事性交易者象徵著社區的不贊成意見，對於遏止性交易並無成效。女性性交易是唯一有女性廣泛遭到起訴的性犯罪，男性嫖客則很少被捕。性行為的除罪化往往為當務之急，因為性交易屬於無被害者犯罪，且賣淫者會受到皮條客、顧客、警方和法律制度的傷害。有些人士倡導由警方與衛生部門加以監管。

■ 賣淫者罹患人類免疫缺乏病毒／愛滋病的風險較一般人高，因為其中有些人是注射毒品的使用者、有多位性伴侶，且不會時時要求顧客使用保險套。女性和男性賣淫者及其顧客，可能是將人類免疫缺乏病毒與其他性感染疾病傳播至一般異性戀社群的途徑。

性與法律

■ 二○○三年，美國最高法院推翻了仍存在於十三個州的《性悖軌法》（《雞姦法》），使成年男同性戀、女同性戀、異性戀皆能在美國各州私下發生合意性行為。

■ 二○一一年，美國軍方廢除禁止軍中服役之女同性戀和男同性戀公開性傾向的「不問不說」政策。

問題討論

01. 想像你／妳受指定參與辯論，主張美國聯邦政府應管制性露骨素材。你／妳會如何論述？想像與此相反的主張：性露骨素材應進入市面，供成年人自由使用。你／妳又會如何為此立場進行辯護？

02. 你／妳認為性露骨素材是有益的、有害的或是中性的？性露骨素材在社會上居於什麼位置？就此議題解釋你／妳的立場。

03. 你／妳認為性交易應該合法化／受到規範（亦即由警方與衛生部門負責執照發放與／或登記事宜）抑或除罪化（亦即沒有刑事罰則，亦不需取得執照或登記立案），或兩者皆否？請為你／妳的立場辯護。

04. 你／妳如何看待並評價同性婚姻在美國合法化的現象？為什麼？

性與網路

美國公民自由聯盟（American Civil Liberties Union）

捍衛美國《憲法》第一修正案所保障的權利，是美國公民自由聯盟的其中一項使命。然而該組織的性質與工作內容究竟為何，又能如何幫助你／妳？欲了解詳情，請前往美國公民自由聯盟網站首頁（http://www.aclu.org），並找到一個與本章相關的主題，或是你／妳感興趣的文字內容，例如網際網路議題、言論自由、人類免疫缺乏病毒／愛滋病、女同性戀與男同性戀權利、隱私權、生育權或女性權利等。閱讀與該主題相關的資訊後，請回答下列問題：

■ 你／妳發現哪些新資訊或新聞稿與該主題

有關？

■ 與該主題有關的法律，其歷史或背景為何？

■ 公民自由聯盟對此主題的立場為何？

■ 你／妳的立場為何？為什麼？

推薦網站

■ Human Rights Campaign（人權戰線）

http://www.hrc.org
人權戰線倡導 LGBT 人士的平等權利。

■ National Center for Missing and Exploited Children（美國全國失蹤與被剝削兒童保護中心）

http://www.missingkids.com
提供兒童失蹤與遭受性剝削等相關議題的資源。

■ National Coalition Against Censorship（美國反言論審查聯盟）

http://www.ncac.org
提供活動通知、審查制度相關新聞與審查制度方面的常見問題。

■ Polaris Project（北極星計畫）

http://www.polarisproject.org
北極星當年引導奴隸，沿著「地下鐵路」走向自由；此計畫以北極星為名，提供打擊人口販運與現代奴隸制度之全面性方案。

■ Prostitutes' Education Network（賣淫者教育網絡）

http://www.bayswan.org
提供與性交易有關的資訊與資源。

■ Prostitution Research and Education（性交易研究及教育中心）

www.prostitutionresearch.com
倡導性交易的替代選擇，包括為性工作者提供情緒與身體保健服務。

■ U.S. Supreme Court（美國最高法院）

http://www.supremecourtus.gov
本網站按年份與卷別，列出美國最高法院的裁定。可於搜索欄位中輸入「sodomy」，以找到法院針對「勞倫斯訴德州案」的裁決。

延伸閱讀

■ Angell, J. (2004). *Call girl.*（《女教授應召實錄》）Sag Harbor, N.Y. Permanent Press.
一本揭露事實的回憶錄，作者為大學教授，同時也是一名應召女郎。

■ Brents, B. G., Jackson, C. A., & Hausbeck, K. (2010). *The state of sex: Tourism, sex, and sin in the New American heartland.*（《食色之州：美國中心地帶的旅遊業、性與犯罪》）New York: Routledge.
本書記載一項長達十年、針對內華達州合法妓院的多重方法研究，捕捉妓院中性工作者的心聲。

■ Flowers, R. B. (2001). *Runaway kids and teenage prostitution: America's lost, abandoned, and sexually exploited children*.（《逃家兒童與青少年性交易：美國失蹤、遭遺棄與性剝削的兒童》）Westfield, CT: Greenwood Press.

本書文字簡明，由犯罪學、社會學與心理學角度，檢視美國逃家兒童與青少年性交易之間的關聯。

■ Powll, B., Bolzendahl, C., Geist, C., & Steelman, L. C. (2010). *Counted out: Same-sex relations and Americans' definitions of family*.（《排除在外：同性關係與美國人對於家庭之定義》）New York: Russell Sage Foundation.

本書為一項全國調查研究報告，詢問美國人對於「家庭」定義、同性婚姻與收養、未婚伴侶的法定權利等議題之觀點。

■ Ringal, N. J., & Daly, R. (2003). *Love for sale: A world history of prostitution*.（《可販賣的愛：性交易的世界歷史》）New York: Grove Press.

本書以概論方式，探尋全球性交易史。

■ Spector, J. (Ed.). (2006). *Prostitution and pornography: Philosophical debate about the sex industry*.（《性交易與色情作品：關於性產業的哲學辯論》）Stanford, CA: Stanford University Press.

本選集檢視有關性產業的辯論，探討性交易、色情作品及其他商業性質的性行為形式，如何受制於立法。

■ Strosser, N. (2000). *Defending pornography*.（《捍衛色情作品》）New York: New York University Press.

本書以清晰、廣泛方式，探索色情作品長期以來的相關爭論。

■ Weitzer, R. (Ed.). (2010). *Sex for sale: Prostitution, pornography, and the sex industry* (2nd ed).（《可販賣的性：性交易、色情作品與性產業》）New York: Routledge.

本書探討性工作與性產業。

註　第
釋　一
　　章

1. Reiss, I. (1980). A multivariate model of the determinants of extramarital sexual permissiveness. *Journal of Marriage and Family*, 42, 395-411.

2. Davis, K. E., & Todd, M. J. (1985). Assessing friendship: Prototypes, paradigm cases and relationship description. In S. Duck & D. Perlman (Eds.), *Understanding personal relationships: An interdisciplinary approach*. Newbury Park, CA: Sage.

3. Giles, L. C., Glonek, G. F. V., Luszca, M. A., & Andrew, G. R. (2005). Effect of social networks on 10-year survival in very old Australians: The Australian Longitudinal Study of Aging. *Journal of Epidemiology and Community Health*, 59, 574-579.

4. Harvey, J. H., Wenzel, A., & Sprecher, S. (2004). *The handbook of sexuality in close relationships*. Mahwah, NJ: Erlbaum; Sprecher, S. (2002). Sexual satisfaction in premarital relationships: Associations with satisfaction, love, commitment, and stability. *Journal of Sex Research*, 39(3), 190-196.

5. Baumeister, R. (2011). *Sexual economics: A research-based theory of sexual interactions, or why the man buys dinner*. Paper presented at the annual meeting of the American Psychological Association.

6. Blumstein, P., & Schwartz, P. (1983). *American couples*. New York: McGraw-Hill; Laumann, E., Gagnon, J., Michael, R., & Michaels, S. (1994). *The social organization of sexuality*. Chicago: University of Chicago Press.

7. Hill, C. A. (2002). Gender, relationship stage, and sexual behavior: The importance of partner emotional investment within specific situations. *Journal of Sex Research*, 39(3), 228-240.

8. Sprecher, S., & Toro-Morn, M. (2002). A study of men and women from different sides of earth to determine if men are from Mars and women are from Venus in their beliefs about love and romantic relationships. *Sex Roles*, 46(5-6), 131-147.

9. Perrin, P. B., Heesacker, M., Tiegs, T. J., Swan, A. W., et al. (2011). Aligning Mars and Venus: Th e social construction and Instability of gender diff erences in romantic relationships. *Sex Roles*, 64 (9-10), 613-628.

10. Carpenter, L. M., Nathanson, C. A., & Kim, Y. J. (2009). Physical women, emotional men: Gender and sexual satisfaction in midlife. *Archives of Sexual Behavior*, 38, 87-107.

11. Blum, D. (1997). *Sex on the brain*. New York: Viking Press.

12. Peplau, L. A., Fingerhut, A., & Beals, K. P. (2004). Sexuality in the relationships of lesbians and gay men. In J. Harvey, A.Wenzel, & S. Sprecher (Eds.), *The handbook of sexuality in close relationships* (pp. 349-269). Mahwah, NJ: Lawrence Erlbaum Associates; Solomon, S. E., Rothblum, E. D., & Balsam, K. F. (2005). Money, housework, sex, and confl ict: Same-sex couples in civil unions, those not in civil unions, and heterosexual married siblings. *Sex Roles*, 52, 561-575.

13. Gotta, G., Green, R. J., Rothblum, R., Solomon, S., Balsam, K., & Schwartz, P. (2011). Heterosexual, lesbian, and gay male relationships: A comparison of couples in 1975 and 2000. *Family Process*, 50(3), 356-376.

14. Wienke, C., & Hill, G. J. (2009). Does the "marriage benefit" extend to partners in gay and lesbian relationships? *Journal of Family Issues*, 30(2), 259-289.

15. Prause, N., & Graham, C. A. (2007). Asexuality: Classification and characterization. *Archives of Sexual Behavior*, 36, 341-356.

16. Bogaert, A. F. (2004). Asexuality: Prevalence and associated factors in a national probability sample. *Journal of Sex Research*, 41(3), 279-287.

17. Laumann, E., Gagnon, J., Michael, R., & Michaels, S. (1994). *The social organization of sexuality*. Chicago: University of Chicago Press.

18. Krivickas, K. M., & Lofquist, D. (2010). Demographics of same-sex couple households with children. Washington, DC: U.S. Census Bureau. Available: http://www.census.gov/population/www/socdemo/Krivickas-Lofquist%20PAA%202011.pdf (Last visited 8/10/11).

19. Roisman, G. I., Clausell, E., Holland, A., Fortuna, K., & Elieff, C. (2008). Adult romantic relationships as contexts of human development: A multi-method comparison of same-sex couples with opposite-sex dating, engaged, and married dyads. *Developmental Psychology*, 44(1), 91-101.

20. Roisman, G. I., Clausell, E., Holland, A., Fortuna, K., & Elieff, C. (2008). Adult romantic relationships as contexts of human development: A multi-method comparison of same-sex couples with opposite-sex dating, engaged, and married dyads.

21. Gottman, J. M., Levenson, R. W., Gross, J., Frederickson, B. L., McCoy, K., et al. (2003). Correlates of gay and lesbian couples, relationship satisfaction and relational dissolution. *Journal of Homosexuality*, 45(1).

22. Roisman, G. I., Clausell, E., Holland, A., Fortuna, K., & Elieff, C. (2008). Adult romantic relationships as contexts of human development: A multi-method comparison of same-sex couples with opposite-sex dating, engaged, and married dyads.

23. Krivickas, K. M., & Lofquist, D. (2010). Demographics of same-sex couple households with children.

24. 24 Borrello, G., & Thompson, B. (1990). A note regarding the validity of Lee's typology of love. *Journal of Psychology*, 124(6), 639-644; Lee, J. A. (1973). *The color of love*. Toronto: New Press; Lee, J. A. (1988). Love styles. In R. Sternberg & M. Barnes (Eds.), *The psychology of love*. New Haven, CT: Yale University Press.

25. Paul, E. L., McManus, B., & Hayes, A. (2000). "Hookups": Characteristics and correlates of college students' spontaneous and anonymous sexual experiences. *Journal of Sex Research*, 37(1), 76-88.

26. Grello, C., Welsh, D. P., & Harper, M. S. (2006). No strings attached: The nature of casual sex in college students. *Journal of Sex Research*, 43(3), 255-267; Lacey, R. S., Reifman, A., Scott, J. P., Harris, S. M., & Fitzpatrick, J. H. (2004). Sexual-moral attitudes, love styles and mate selection. *Journal of Sex Research*, 41(2), 121-128.

27. Grello, C., Welsh, D. P., & Harper, M. S. (2006). No strings attached: The nature of casual sex in college students.

28. Sternberg, R. (1986). A triangular theory of love. *Psychological Review*, 93, 119-135.

29. Sternberg, R., & Grajek, S. (1984). The nature of love. *Journal of Personality and Social Psychology*, 47, 312-327.

30. Sternberg, R. J., & Barnes, M. L. (1989). *The psychology of love*. New Haven, CT: Yale University Press.

31. Hazan, C., & Shaver, P. (1987). Romantic love conceptualized as an attachment process. *Journal of Personality and Social Psychology*, 52(3), 511-524; Shaver, P. (1984). *Emotions, relationships, and health*. Newbury Park, CA: Sage; Shaver, P., Hazan, C., & Bradshaw, D. (1988). Love as attachment: The integration of three behavioral systems. In R. Sternberg & M. Barnes (Eds.), *The psychology of love*. New Haven, CT: Yale University Press.

32. Fisher, H. (2004). *Why we love: The nature and chemistry of romantic love*. New York: Henry Holt and Company.

33. Ainsworth, M., et al. (1978). *Patterns of attachment: A psychological study of the strange situation*. Hillsdale, NJ: Erlbaum.

34. Shaver, P., Hazan, C., & Bradshaw, D. (1988). Love as attachment: The integration of three behavioral systems.

35. 資料來源：Brizendine, L. (2010). *The male brain*. New York: Crown Publishing; Cohen, E. (2007, February 15). Loving with all your…brain. Available: http://www.cnn.com/2007/HEALTH/02/14/love.science/index.html; Linden, D. J. (2011). *The compass of pleasure*. New York: Penguin; Slater, L. (2006, February). Love: The chemical reaction. *National Geographic*, pp. 34-49.

36. Brizendine, L. (2010). *The male brain*. New York: Crown Publishing; Walter, C. (2008 February/March). Affairs of the lips. *Scientific American*

Mind, pp. 24–29. Available: http://www.sciAmMind.com (Last visited 7/25/08).

37. Linden, D. J. (2011). *The compass of pleasure: How our brains make fatty foods, orgasm, exercise, marijuana, generosity, vodka, learning, and gambling feel so good*. New York: Penguin.

38. Linden, D. J. (2011). *The compass of pleasure: How our brains make fatty foods, orgasm, exercise, marijuana, generosity, vodka, learning, and gambling feel so good*.

39. Simpson, J., Collins. W. A., Tran, S., & Haydon, K. (2007). Attachment and the experience and expression of emotion in romantic relationships: A developmental perspective. *Journal of Personality and Social Psychology*, 92(2), 355-367.

40. Pistole, M. C. (1995). College students' ended love relationships: Attachment style and emotion. *Journal of College Student Development*, 36(1), 53-60.

41. Buss, D. M. (1999). *Evolutionary psychology: The new science of the mind*. Boston: Allyn & Bacon; Easton, J. A., & Shackelford, T. K. (2009). Morbid jealousy and sex differences in partner-directed violence. *Human Nature*, 30, 342-350.

42. Buss, D. M. (2000). *Dangerous passion: Why jealousy is as necessary as love and sex*. New York: Simon & Schuster.

43. Buss, D. M., Larsen, R. J., Westen, D., & Semmelroth, J. (1992). Sex differences in jealousy: Evolution, physiology, and psychology. *Psychological Science*, 3, 251–255; Cann, A., Mangum, J. L., & Wells, M. (2001). Distress in response to relationship infidelity: The roles of gender and attitudes about relationships. *Journal of Sex Research*, 38(3), 185-190.

44. Buss, D. M. (1999). *Evolutionary psychology: The new science of the mind*.

45. Gatzeva, M., & Paik, A. (2011). Emotional and physical satisfaction in noncohabiting, cohabiting, and marital relationships: The importance of jealous conflict. *Journal of Sex Research*, 48(1), 29-42.

46. 資料來源：Hatfield, E. (2010). The Passionate Love Scale. In Fisher, T. D., Davis, C. M., Yarber, W. L., & Davis, S. L., *Handbook of sexuality-related measures*. (3rd ed.). New York: Routledge.

47. Hatfield, E., & Walster, G. W. (1978). *A new look at love*. Lanham, MD: University Press of America.

48. Easton, J. A., & Shackelford, T. K. (2009). Morbid jealousy and sex differences in partner-directed violence.

49. Adimora, A. A., & Schoenbach, V. J. (2007). Concurrent sexual partnerships among men in the United States. *American Journal of Public Health*, 97, 2230-2237; Laumann, E., Gagnon, J., Michael, R., & Michaels, S. (1994). *The social organization of sexuality*. Chicago: University of Chicago Press.

50. Mosher, W. D., Chandra, A., & Jones, J. (2005). Sexual behaviors and selected health measures: Men and women 15-44 years of age, United States, 2002. *Advance Data from Vital Statistics*, No. 362. Hyattsville, MD: National Center for Health Statistics.

51. Treas, J., & Giesen, D. (2000). Sexual infidelity among married and cohabiting Americans. *Journal of Marriage and Family*, 62, 48-60.

52. Fincham, F. D., & Beach, R. H. (2010). Marriage in the new millennium: A decade in review. *Journal of Marriage and Family*, 72(3), 630-649.

53. Karney, B. R., Garyan, C. W., & Thomas, M. S. (2003). *Family formation in Florida: 2003 baseline survey of attitudes, beliefs, and demographics relating to marriage and family formation*. Gainesville: University Press of Florida.

54. Treas, J., & Giesen, D. (2000). Sexual infidelity among married and cohabiting Americans. *Journal of Marriage and Family*, 62, 48-60

55. Allen, E. S., Atkins, D., Baucom, D. H., Snyder, D., et al. (2005). Intrapersonal, interpersonal, and contextual factors in engaging in and responding to extramarital involvement. *Clinical Psychology: Science and Practice*, 12, 101-130.

56. Mackey, R. A., & O'Brien, B. A. (1999). Adaptation in lasting marriages. *Families in Society: The Journal of Contemporary Human Services*, 80(6), 587-602.

57. Wood, M. L., & Price, P. (1997). Machismo and marianismo: Implications for HIV/AIDS risk reduction and education. *American Journal of Health Sciences*, 13(1), 44-52.

58. Okazaki, S. (2002). Influences of culture on Asian Americans' sexuality. *Journal of Sex Research*, 39(1), 34-41.

59. So, H., & Cheung, F. M. (2005). Review of Chinese sex attitudes and applicability of sex therapy for Chinese couples with sexual dysfunction. *Journal of Sex Research*, 42(2), 93-101.

60. Rathus, S. A., Nevid, J. S., & Fichner-Rathus, L. (2005). *Human sexuality in a world of diversity* (6th ed.). Boston: Allyn & Bacon.

61. Lips, H. (2007). *Sex and gender* (6th ed.). New York: McGraw-Hill.

62. Montagu, A. (1986). *Touching* (3rd ed.). New York: Columbia University Press.

63. Thayer, L. (1986). *On communication*. Norwood, NJ: Ablex.

64. Fisher, H. (2004). *Why we love: The nature and chemistry of romantic love*. New York: Henry Holt and Company.

65. Christopher, F. S., & Sprecher, S. (2000). Sexuality in marriage, dating, and other relationships: A decade review. *Journal of Marriage and Family*, 62, 999-1017.

66. Gottman, J., & Carrere, S. (2000, October). Welcome to the love lab. *Psychology Today*, pp. 42-47.

67. 資料來源：Catania, J. A. (2010). Dyadic sexual communication scale. In T. D. Fisher, C. M. Davis, W. L. Yarber, & S. L. Davis, *Handbook of sexuality-related measures* (3rd ed.). New York: Routledge.

68. Byers, E. S. (2005). Relationship satisfaction and sexual satisfaction: A longitudinal study of individuals in long-term relationships. *Journal of Sex Research*, 42(2), 113-118; Gottman, J., & Carrere, S. (2000, October). Welcome to the love lab. *Psychology Today*, pp. 42-47.

69. MacNeil, S., & Byers, E. S. (2009). Role of sexual self-disclosure in the sexual satisfaction of long-term heterosexual couples. *Journal of Sex Research*, 46(1), 3-14.

70. Lips, H. (2007). *Sex and gender* (6th ed.). New York: McGraw-Hill.

71. Tannen, D. (2001). *You just don't understand: Women and men in conversation*. New York: HarperCollins.

72. Smith, T. W., Uchino, B. N., Berg, C. A., Florsheim, P., Pearce, G., Hawkins, M., Hopkins, P. N., & Yoon, H. C. (2007). Hostile personality traits and coronary artery calcification in middle-aged and older married couples: Different effects for self-reports versus spouse ratings. *Psychosomatic Medicine*, 69, 441-448.

73. 資料來源：本文由班布里治島《Yes! Magazine》2011 年冬季刊，〈幸福家庭知道什麼〉（"What Happy Families Know"）授權轉載，原文改寫自：*Seven Principles for Making Marriage Work*, by John M. Gottman, Ph.D., and Nan Silver, Three Rivers Press, 1999。

74. Gottman, J., & Carrere, S. (2000, October). Welcome to the love lab. *Psychology Today*, pp. 42-47.

第二章

1. Blechman, E. A. (1990). *Emotions and the family: For better or for worse*. Hillsdale, NJ: Erlbaum.

2. Ford, C., & Beach, F. (1951). *Patterns of sexual behavior*. New York: Harper & Row.

3. Buss, D. M. (1994a). *The evolution of desire: Strategies of human mating*. New York: Basic Books; Buss, D. M. (2003a). *The evolution of desire:*

Strategies for human mating (Rev. ed.). New York: Basic Books.

4.　Ford, C., & Beach, F. (1951). *Patterns of sexual behavior.*

5.　Fisher, H. (2009). *Why him? Why her?* New York: Henry Holt and Company; Jasienska, S., Lipson, P., Thune, I., & Ziomkiewicz, A. (2006). Symmetrical women have higher potential fertility. *Evolution and Human Behavior*, 27, 390-400; Little, A. C., Apicella, C. L., & Marlowe, F. W. (2007). Preferences for symmetry in human faces in two cultures: Date from the UK and Hadza, an isolated group of hunter-gathers. *Proceedings of the Royal Society*, 274, 3113-3117; Moalem, S. (2009). *How sex works.* New York: HarperCollins; Tovee, J., Tasker, K., & Benson, P. J. (2000). Is symmetry a visual cue to attractiveness in the human female body? *Evolution and Human Behavior*, 21, 191-200.

6.　Quoted in Svoboda, E. (2008). Scents and sensibility. *Psychology Today*, January-February.

7.　Fisher, H. (2009). *Why him? Why her?* New York: Henry Holt and Company; Herz, R. (2007). *The scent of desire: Discovering our enigmatic sense of smell.* New York: William Morrow; Martins, Y., Preti, G., Crabtree, C. R., Runyan, T., Vainius, A. A., & Wysocki, C. J. (2005). Preference for human body odors is influenced by gender and sexual orientation. *Psychological Science*, 16, 694-701; Moalem, S. (2009). *How sex works.* New York: HarperCollins; Svoboda, E. (2008). Scents and sensibility. *Psychology Today*, January-February.

8.　Frederick, D. A., & Haselton, M. G. (2007). Why is masculinity sexy? Tests of the fitness indicator hypothesis. *Personality and Social Psychology Bulletin*, 33, 1167-1183; Jayson, S. (2007, July 9). Charles Atlas was right: Brawny guys get the girls. *USA Today*, p. D6.

9.　Buss, D. M. (2003b). Sexual strategies: A journey into controversy. *Psychological Inquiry*, 14, 219-226; Buss, D. M., & Schmitt, D. P. (1993). Sexual strategies theory: An evolutionary perspective on human mating. *Psychological Review*, 100(2), 204-232.

10.　Hyde, J. S., & DeLamater, J. D. (2008). *Understanding human sexuality (10th ed).* New York: McGraw-Hill.

11.　Geary, D. C., Vigil, J., & Byrd-Craven, J. (2004). Evolution of human mate choice. *Journal of Sex Research*, 41, 27-42.

12.　Shackelford, T. K., Goetz, A. T., LaMunyon, C. W., Quintus, B. J., & Weekes-Shackelford, V. A. (2004). Sex differences in sexual psychology produce sex-similar preferences for a short-term mate. *Archives of Sexual Behavior*, 33, 405-412.

13.　Fielder, R. L., & Carey, M. P. (2010). Predictors and consequences of sexual "hookups" among college students: A short-term prospective study. *Archives of Sexual Behavior*, 39, 1105-1119; Owen, J., & Fincham, F. D. (2011a). Young adults' emotional reactions after hooking-up encounters. *Archives of Sexual Behavior*, 40, 321-330; Owen, J., & Fincham, F. D. (2011b). Effects of gender and psychological factors on "friends with benefits" relationships among young adults. *Archives of Sexual Behavior*, 40, 311-320.

14.　Schmitt, D. P. (2003). Universal sex differences in the desire for sexual variety: Tests from 52 nations, 6 continents, and 13 islands. *Journal of Personality and Social Psychology*, 85, 85-104.

15.　資料來源：Bogle, K. A. (2008). *Hooking up: Sex, dating, and relationships on campus.* New York: New York University Press; Fielder, R. L., Carey, M. P. (2009). Predictors and consequences of sexual "hookups" among college students: A short-term prospective study. *Archives of Sexual Behavior*, 39, 1105-1119; Grello, C. M., Welsh, D. P., & Harper, M. S. (2006). No strings attached: The nature of casual sex in college students. *Journal of Sex Research*, 43, 255-267; Jonason, R. K., Li, N. P., & Cason, M. J. (2009). The "booty call": A comparison between men's and women's ideal mating strategies. *Journal of Sex Research*, 46, 460-470; Owen, J., & Fincham, F. D. (2011). Young adults' emotional reactions after hooking up encounters. *Archives of Sexual Behavior*, 40, 321-330; Owen, J., & Fincham, F. D. (2011). Effects of gender and psychological factors on "friends with benefits" relationships among young adults. *Archives of Sexual Behavior*, 40, 311-320; Owen, J., & Fincham, F. D. (2001). Short-term prospective study of hooking up among college students. *Archives of Sexual Behavior*, 40, 331-334.

16.　Jonason, P. K., Li, N. P., & Cason, M. J. (2009). The "booty call": A compromise between men's and women's ideal mating strategies. *Journal of Sex Research*, 46, 460-470.

17.　Owen, J., & Fincham, F. D. (2011a). Young adults' emotional reactions after hooking-up encounters. *Archives of Sexual Behavior*, 40, 321-330; Owen, J., Fincham, F. D. (2011b). Effects of gender and psychological factors on "friends with benefits" relationships among young adults. *Archives of Sexual Behavior*, 40, 311-320.

18.　Bogle, K. A. (2008). *Hooking up: Sex, dating, and relationships on campus.* New York: New York University Press.

19.　Owen, J., & Fincham, F. D. (2011a). Young adults' emotional reactions after hooking-up encounters; Owen, J., Fincham, F. D. (2011b). Effects of gender and psychological factors on "friends with benefits" relationships among young adults; Owen, J., & Fincham, F. D. (2011c). Short-term prospective study of hooking up among college students. *Archives of Sexual Behavior*, 40, 331-334.

20.　Paik, A. (2010). "Hookups," dating, and relationship quality: Does the type of sexual involvement matter? *Social Science Research*, 39, 739-753.

21.　Fielder, R. L., & Carey, M. P. (2010). Predictors and consequences of sexual "hookups" among college students: A short-term prospective study. *Archives of Sexual Behavior*, 39, 1105-1119.

22.　Grello, C., Welsh, D. P., & Harper, M. S. (2006). No strings attached: The nature of casual sex in college students. *Journal of Sex Research*, 43(3), 255-267.

23.　Fenigstein, A., & Preston, M. (2007). The desired number of sexual partners as a function of gender, sexual risks, and the meaning of "ideal." *Journal of Sex Research*, 44, 879-895.

24.　Eagly, A. (1987). *Sex differences in social behavior: A social role interpretation.* Hillsdale, NJ: Erlbaum.

25.　Buss, D. M. (2006). Strategies for human mating. *Psychological Topics*, 15, 239-260.

26.　Schmitt, D. P., & Buss, D. M. (2001). Human mate poaching: Tactics and temptations for infiltrating existing partnerships. *Journal of Personality and Social Psychology*, 80, 894-917.

27.　Buss, D. M., Shackelford, T. D., Kirkpatrick, L. A., & Larsen, R. J. (2001). A half century of mate preferences: The cultural evolution of values. *Journal of Marriage and Family*, 63, 491-503.

28.　Buss, D. M., Shackelford, T. D., Kirkpatrick, L. A., & Larsen, R. J. (2001). A half century of mate preferences: The cultural evolution of values.

29.　Cassell, C. (2008). *Put passion first: Why sexual chemistry is the key to finding and keeping lasting love.* New York: McGraw-Hill.

30.　Fisher, W. (1986). A psychological approach to human sexuality. In D. Byrne & K. K. Kelley (Eds.), *Alternative approaches to human sexuality.* Hillsdale, NJ: Erlbaum; Fisher, W. (1998). The Sexual Opinion Survey. In C. M. Davis, W. L. Yarber, R. Bauserman, G. Schreer, & S. L. Davis (Eds.), *Handbook of sexuality-related measures.* Thousand Oaks, CA: Sage.

31.　Mahay, J., Laumann, E. O., & Michaels, S. (2009). Race, gender, and class in sexual scripts. In N. B. Moore, J. K. Davidson, & T. D. Fisher (Eds.), *Speaking of sexuality: Interdisciplinary readings.* New York: Oxford University Press.

32.　Simon, W., & Gagnon, J. H. (1987). A sexual scripts approach. In W. T. O'Donohue (Ed.), *Theories of human sexuality.* New York: Plenum.

33.　Mahay, J., Laumann, E. O., & Michaels, S. (2009). Race, gender, and class in sexual scripts.

34.　Dworkin, S. L., & O'Sullivan, L. (2005). Actual versus desired initiation patterns among a sample of college men: Tapping disjunctures within traditional male sexual scripts. *Journal of Sex Research*, 42, 150-158.

35.　　Ford, C., & Beach, F. (1951). *Patterns of sexual behavior*. New York: Harper & Row.

36.　　Laumann, E., Gagnon, J., Michael, R., & Michaels, S. (1994). *The social organization of sexuality*. Chicago: University of Chicago Press.

37.　　Laumann, E., Gagnon, J., Michael, R., & Michaels, S. (1994). *The social organization of sexuality*.

38.　　Leitenberg, H., & Henning, K. (1995). Sexual fantasy. *Psychological Bulletin*, 117(3), 469-496

39.　　Elliott, L., & Brantley, C. (1997). *Sex on campus: The naked truth about the real sex lives of college students*. New York: Random House.

40.　　Leitenberg, H., & Henning, K. (1995). Sexual fantasy.

41.　　Zurbriggen, E. L., & Yost, M. R. (2004). Power, desire, and pleasure in sexual fantasies. *Journal of Sex Research*, 41, 288-300.

42.　　Leitenberg, H., & Henning, K. (1995). Sexual fantasy.

43.　　Hicks, T. V., & Leitenberg, H. (2001). Sexual fantasies about one's partner versus someone else: Gender differences in incidence and frequency. *Journal of Sex Research*, 38, 43-50.

44.　　Whipple, B., Ogden, G., & Komisaruk, B. R. (1992). Physiological correlates of imagery-induced orgasm in women. *Archives of Sexual Behavior*, 21(2), 121-133.

45.　　Kinsey, A., Pomeroy, W., & Martin, C. (1948). *Sexual behavior in the human male*. Philadelphia: Saunders; Kinsey, A., Pomeroy, W., Martin, C., & Gebhard, P. (1953). *Sexual behavior in the human female*. Philadelphia: Saunders.

46.　　Kinsey, A., Pomeroy, W., & Martin, C. (1948). *Sexual behavior in the human male*; Kinsey, A., Pomeroy, W., Martin, C., & Gebhard, P. (1953). *Sexual behavior in the human female*.

47.　　資料來源：改寫自 Abramson, P. R., & Mosher, D. L. (1975). The development of a measure of negative attitudes toward masturbation. *Journal of Consulting and Clinical Psychology*, 43, 485-490. (Table 1, p. 487)。

48.　　Abramson, P. R., & Mosher, D. L. (1975). The development of a measure of negative attitudes toward masturbation. *Journal of Consulting and Clinical Psychology*, 43, 485-490.

49.　　Pinkerton, S. D., Bogart, L. M., Cecil, H., & Abramson, P. R. (2002). Factors associated with masturbation in a collegiate sample. *Journal of Psychology and Human Sexuality*, 14, 103-121.

50.　　Gerressu, M., Mercer, C. H., Graham, C. A., Wellings, K., & Johnson, A. M. (2008). Prevalence of masturbation and associated factors in a British national probability survey. *Archives of Sexual Behavior*, 37, 266-278.

51.　　Herbenick, D., Reece, M., Schick, V., Sanders, S. A., Dodge, B., & Fortenberry, J. D. (2010a). Sexual behavior in the United States: Results from a national probability sample of men and women ages 14–94. *Journal of Sexual Medicine*, 7, 255-265.

52.　　Reece, M., Herbenick, D., Schick, V., Sanders, S. A., Dodge, B., & Fortenberry, J. D. (2010c). Findings from the National Survey of Sexual Health and Behavior (NSSHB). *Journal of Sexual Medicine*, 7(Suppl. 5), 243-373.

53.　　Gerressu, M., Mercer, C. H., Graham, C. A., Wellings, K., & Johnson, A. M. (2008). Prevalence of masturbation and associated factors in a British national probability survey. *Archives of Sexual Behavior*, 37, 266-278.

54.　　Kelly, M. P., Strassberg, D. S., & Kircher, J. R. (1990). Attitudinal and experiential correlates of anorgasmia. *Archives of Sexual Behavior*, 19(2), 165-167; Schnarch, D. (2002). *Resurrecting sex*. New York: HarperCollins.

55.　　Davidson, J. K., & Darling, C. A. (1986). The impact of college-level sex education on sexual knowledge, attitudes, and practices: The knowledge/sexual experimentation myth revisited. *Deviant Behavior*, 7, 13-30.

56.　　Herbenick, D., Reece, M., Schick, V., Sanders, S. A., Dodge, B., & Fortenberry, J. D. (2010a). Sexual behavior in the United States: Results from a national probability sample of men and women ages 14-94. *Journal of Sexual Medicine*, 7, 255-265.

57.　　Reece, M., Herbenick, D., Schick, V., Sanders, S. A., Dodge, B., & Fortenberry, J. D. (2010c). Findings from the National Survey of Sexual Health and Behavior (NSSHB). *Journal of Sexual Medicine*, 7(Suppl. 5), 243-373.

58.　　Gerressu, M., Mercer, C. H., Graham, C. A., Wellings, K., & Johnson, A. M. (2008). Prevalence of masturbation and associated factors in a British national probability survey. *Archives of Sexual Behavior*, 37, 266-278.

59.　　Laumann, E., Gagnon, J., Michael, R., & Michaels, S. (1994). *The social organization of sexuality*.

60.　　Herbenick, D., Reece, M., Schick, V., Sanders, S. A., Dodge, B., & Fortenberry, J. D. (2010a). Sexual behavior in the United States: Results from a national probability sample of men and women ages 14-94.

61.　　資料來源：Byers, F. S., Henderson, J., & Hobson, K. M. (2009). University students' definitions of sexual abstinence and having sex. *Archives of Sexual Behavior*, 38, 665-674. Randall, H. E., & Byers, E. S. (2003). What is sex? Students' definitions of having sex, sexual partner, and unfaithful sexual behavior. *Canadian Journal of Human Sexuality*, 12, 87-96; Sanders, S., & Reinisch, J. (1999). Would you say you "had sex" if . . . ? *Journal of the American Medical Association*, 281, 275-277.

62.　　Sanders, S., & Reinisch, J. (1999). Would you say you "had sex" if . . . ? *Journal of the American Medical Association*, 281, 275-277.

63.　　Randall, H. E., & Byers, E. S. (2003). What is sex? Students' definitions of having sex, sexual partner, and unfaithful sexual behavior. *Canadian Journal of Human Sexuality*, 12, 87-96.

64.　　Byers, F. S., Henderson, J., & Hobson, K. M. (2009). University students' definitions of sexual abstinence and having sex. *Archives of Sexual Behavior*, 38, 665-674.

65.　　資料來源：Sanders, S. A., Hill, B. J., Yarber, W. L., Graham, C. A., Crosby, R. A., & Milhausen, R. R. (2010). Misclassification bias: Diversity in conceptualizations about having "had sex." *Sexual Health*, 7 (Suppl. 5), 31-34; Yarber, W. L., Sanders, S. A., Graham, C. A., Crosby, R. A., & Milhausen, R. R. (2007, November). Public opinion about what behaviors constitute "having sex": A state-wide telephone survey in Indiana.

66.　　McCarthy, B. W., & McCarthy, E. (2009). *Discovering your couple sexual style*. New York: Routledge.

67.　　Masters, W. H., & Johnson, V. E. (1970). *Human sexual inadequacy*. Boston: Little, Brown.

68.　　Lever, J. (1995, August 22). Lesbian sex survey. *The Advocate*, pp. 23-30.

69.　　Lever, J. (1994, August 23). Sexual revelations. *The Advocate*, pp. 17-24.

70.　　McCarthy, B. W., & McCarthy, E. (2009). *Discovering your couple sexual style*. New York: Routledge.

71.　　Blumstein, P., & Schwartz, P. (1983). *American couples*. New York: McGraw-Hill.

72.　　資料來源：Best, K. (2007, December 17). Kiss and tell: Smooches make or break a relationship. *Indianapolis Star*, p. E1; Hughes, S. M., Harrison, M. A., & Gallup, G. G. (2007). Sex differences in romantic kissing among college students: An evolutionary perspective. *Evolutionary Psychology*, 5, 612-631; Regan, P. C., Shen, W., De La Pena, E., & Gosset, E. (2007). "Fireworks exploded in my mouth": Affective responses before, during, and after the very first kiss. *International Journal of Sexual Health*, 19(2), 1-16; Stein, R. On this you can rely: A kiss is fundamental. *Indianapolis Star*, p. A4.

73. Hughes, S. M., Harrison, M. A., & Gallup, G. G. (2007). Sex differences in romantic kissing among college students: An evolutionary perspective. *Evolutionary Psychology*, 5, 612-663.

74. Quoted in Best, K. (2007, December 17). Kiss and tell: Smooches make or break a relationship. *Indianapolis Star*, p. E1.

75. Hughes, S. M., Harrison, M. A., & Gallup, G. G. (2007). Sex differences in romantic kissing among college students: An evolutionary perspective.

76. Quoted in Best, K. (2007, December 17). Kiss and tell: Smooches make or break a relationship.

77. Regan, P. C., Shen, W., De La Pena, E., & Gossett, E. (2007). "Fireworks exploded in my mouth": Affective responses before, during, and after the very first kiss. *International Journal of Sexual Health*, 19(2), 1-16.

78. Blumstein, P., & Schwartz, P. (1983). *American couples*. New York: McGraw-Hill.

79. Reinholtz, R. K., & Muehlenhard, C. L. (1995). Genital perceptions and sexual activity in a college population. *Journal of Sex Research*, 32(2), 155-165.

80. Chambers, W. C. (2007). Oral sex: Varied behaviors and perceptions in a college population. *Journal of Sex Research*, 44, 28-42.

81. Lever, J. (1994, August 23). Sexual revelations. *The Advocate*, pp. 17-24.

82. Blumstein, P., & Schwartz, P. (1983). *American couples*.

83. Monto, M. A. (2001). Prostitution and fellatio. *Journal of Sex Research*, 38, 140-145.

84. Blumstein, P., & Schwartz, P. (1983). *American couples*.

85. Kinsey, A., Pomeroy, W., & Martin, C. (1948). *Sexual behavior in the human male*. Philadelphia: Saunders.

86. McCarthy, B. W., & McCarthy, E. (2009). *Discovering your couple sexual style*.

87. Reece, M., Herbenick, D., Schick, V., Sanders, S. A., Dodge, B., & Fortenberry, J. D. (2010c). Findings from the National Survey of Sexual Health and Behavior (NSSHB). *Journal of Sexual Medicine*, 7(Suppl. 5), 243-373.

88. Lever, J. (1994, August 23). Sexual revelations. *The Advocate*, pp. 17-24.

89. Mercer, C. H., Fenton, K. A., Copes, A. J., Wellings, K., Erens, B., McManus S., et al. (2004). Increasing prevalence of male homosexual partnerships and practices in Britain, 1990–2000: Evidence from national probability surveys. *AIDS*, 18, 1453–1458.

90. Grulich, A. E., de Visser, R. O., Smith, A. M. A., Rissel, C. E., & Richters, J. (2003). Sex in Australia: Homosexual experience and recent homosexual encounters. *Australian and New Zealand Journal of Public Health*, 27, 155-163.

91. Braverman, E. R. (2011). *Younger (sexier) you*. New York: Rodale.

92. Braverman, E. R. (2011). *Younger (sexier) you*; Brody, S. (2010). The relative health benefits of different sexual activities. *Journal of Sexual Medicine*, 7, 1336-1361; Cohen, E. (2010). *New Year's resolution: Have more sex*; Jannini, E. A., Fisher, W. A., Bitzer, J., & McMahon, C. G. (2009). Is sex just fun? How sexual activity improves health. *Journal of Sexual Medicine*, 6, 2640–2648; Whipple, B., Knowles, J., & Davis, J. (2007). The health benefits of sexual expression. In M. S. Tepper & A. F. Owens (Eds.), *Sexual health: Vol. 1. Psychological foundations*. Westport, CT: Praeger.

93. Whipple, B., Knowles, J., & Davis, J. (2007). The health benefits of sexual expression.

94. Jannini, E. A., Fisher, W. A., Bitzer, J., & McMahon, C. G. (2009). Is sex just fun? How sexual activity improves health.

95. Braverman, E. R. (2011). *Younger (sexier) you*.

1. American Psychiatric Association. (2000). *Diagnostic and statistical manual of mental disorders* (4th ed., text revision). Washington, DC: Author.

2. Lehne, G. K. (2009). Phenomenology of paraphilia: Love map theory. In F. M. Saleh et al. (Eds.), *Sex offenders: Identification, risk assessment, treatment, and legal issues*. New York: Oxford University Press.

3. Seligman, L., & Hardenberg, S. A. (2000). Assessment and treatment of paraphilias. *Journal of Counseling and Development*, 78, 107-113.

4. Logan, C. (2008). Sexual deviance in females. In D. R. Laws & W. T. O'Donohue (Eds.), *Sexual deviance: Theory, assessment, and treatment* (2nd ed.). New York: Guilford Press.

5. American Psychiatric Association. (2000). *Diagnostic and statistical manual of mental disorders* (4th ed., text revision).

6. American Psychiatric Association. (2000). *Diagnostic and statistical manual of mental disorders* (4th ed., text revision).

7. American Psychiatric Association. (2000). *Diagnostic and statistical manual of mental disorders* (4th ed., text revision).

8. American Psychiatric Association. (2000). *Diagnostic and statistical manual of mental disorders* (4th ed., text revision).

9. American Psychiatric Association. (2000). *Diagnostic and statistical manual of mental disorders* (4th ed., text revision).

10. Moser, C. (2001). Paraphilia: A critique of a confused concept. In P. J. Kleinplatz (Ed.), *New directions in sex therapy: Innovations and alternatives*. Philadelphia: Brunner/Routledge; Moser, C., & Kleinplatz, P. J. (2005). DSM-IV-TR and the paraphilias: An argument for removal. *Journal of Psychology and Human Sexuality*, 17, 91-109.

11. Money, J. (1980). Love and love sickness: *The science of sex, gender difference, and pair bonding*. Baltimore: Johns Hopkins University Press; Money, J. (1984). Paraphilias: Phenomenology and classification. *American Journal of Psychotherapy*, 38, 164-179.

12. Moser, C. (2009). When is an unusual sexual interest a mental disorder? *Archives of Sexual Behavior*, 38, 323-325.

13. Bancroft, J., Graham, C. A., Janssen, E., & Sanders, S. A. (2009). The dual control model: Current status and future directions. *Journal of Sex Research*, 46(2-3), 121-142.

14. Elliott, L., & Brantley, C. (1997). *Sex on campus: The naked truth about the real sex lives of college students*. New York: Random House.

15. Hyde, J. S., & DeLamater, J. D. (2011). *Understanding human sexuality* (11th ed.). New York: McGraw-Hill.

16. Weinberg, M. S., Williams, C. J., & Moser, C. (1984). The social constituents of sadomasochism. *Social Problems*, 31, 379-389.

17. American Psychiatric Association. (2000). *Diagnostic and statistical manual of mental disorders* (4th ed., text revision).

18. Janus, S., & Janus, C. (1993). *The Janus Report on sexual behavior*. New York: Wiley.

19. Tomassilli, J. C., Golub, S. A., Bimbi, D. S., & Parsons, J. T. (2009). Behind closed doors: An exploration of kinky sexual behaviors in urban lesbian and bisexual women. *Journal of Sex Research*, 46, 438-445.

20. American Psychiatric Association. (2000). *Diagnostic and statistical manual of mental disorders* (4th ed., text revision).

21. American Psychiatric Association. (2000). *Diagnostic and statistical manual of mental disorders* (4th ed., text revision).

22. Scorolli, C., Ghirlanda, S., Enquist, M., Zattoni, S., & Jannini, E. A. (2007). Relative prevalence of different fetishes. *International Journal of Impotence*, 19, 432-437.

23. Schwartz, S. (2000). *Abnormal psychology: A discovery approach*. Mountain View, CA: Mayfield.

24.　Lowenstein, L. (2002). Fetishes and their associated behaviors. *Sexuality and Disability*, 20, 135-147.

25.　Darcangelo, S. (2008). Sexual deviance in females. In D. R. Laws & W. T. O'Donohue (Eds.), *Sexual deviance: Theory, assessment, and treatment* (2nd ed.). New York: Guilford Press.

26.　Wheeler, J., Newring, K. A. B., & Draper, C. (2008). Transvestic fetishism: Psychopathology and theory. In D. R. Laws & W. T. O'Donohue (Eds.), *Sexual deviance: Theory, assessment, and treatment* (2nd ed.). New York: Guilford Press.

27.　Taylor, V., & Rupp, L. J. (2004). Chicks with dicks, men in dresses: What it means to be a drag queen. *Journal of Homosexuality*, 46, 113-133.

28.　資料來源：Kalichman, S. C. (2010). Sexual Sensation Seeking Scale. In T. D. Fisher, C. M. Davis, W. L. Yarber, & S. L. Davis (Eds.), *Handbook of sexuality-related measures* (3rd ed., pp. 564-565). New York: Routledge; Hendrickson, C. S., Stoner, S. A., George, W. H., & Norris, J. (2007). Alcohol use, expectancies, and sexual sensation seeking as correlates of HIV risk behavior in heterosexual young adults. *Psychology of Addictive Behaviors*, 21, 365-372; Kalichman, S. C., & Rompa, D. (1995). Sexual sensation seeking and sexual compulsivity scales: Reliability, validity, and Predicting HIV risk behaviors. *Journal of Personality Assessment*, 65, 586-602.

29.　Docter, R. F., & Prince, V. (1997). Transvestism: A survey of 1032 cross-dressers. *Archives of Sexual Behavior*, 26, 589-606.

30.　Langstrom, N., & Zucker, K. J. (2005). Transvestic fetishism in the general population: Prevalence and correlates. *Journal of Sex and Marital Therapy*, 31, 87-95.

31.　American Psychiatric Association. (2000). *Diagnostic and statistical manual of mental disorders* (4th ed., text revision).

32.　Maxmen, J., & Ward, N. (1995). *Essential psychopathology and its treatment* (2nd ed.). New York: Norton.

33.　Reyonds, A., & Caron, S. L. (2000). How intimate relationships are impacted when heterosexual men crossdress. *Journal of Psychology and Human Sexuality*, 12, 63-77.

34.　Hyde, J. S., & DeLamater, J. D. (2011). *Understanding human sexuality* (11th ed.). New York: McGraw-Hill.

35.　American Psychiatric Association. (2000). *Diagnostic and statistical manual of mental disorders* (4th ed., text revision).

36.　Kinsey, A., Pomeroy, W., & Martin, C. (1948). *Sexual behavior in the human male*. Philadelphia: Saunders; Kinsey, A., Pomeroy, W., Martin, C., & Gebhard, P. (1953). *Sexual behavior in the human female*. Philadelphia: Saunders.

37.　Nagaraja, J. (1983). Sexual problems in adolescents. *Child Psychiatry Quarterly*, 16, 9-18.

38.　Crépault, C., & Couture, M. (1980). Men's erotic fantasies. *Archives of Sexual Behavior*, 9, 565-581.

39.　Earls, C. M., & Lalumière, M. L. (2009). A case study of preferred bestiality. *Archives of Sexual Behavior*, 38, 605-609.

40.　Beetz, A. M. (2004). Bestiality/zoophilia: A scarcely investigated phenomenon between crime, paraphilia and love. *Journal of Forensic Psychology Practice*, 4, 1-36; Miletski, H. (2000). Bestiality/zoophilia: An exploratory study. *Scandinavian Journal of Sexology*, 3, 149-150.

41.　Williams, C. J., & Weinberg, M. S. (2003). Zoophilia in men: A study of sexual interest in animals. *Archives of Sexual Behavior*, 32, 523-535.

42.　American Psychiatric Association. (2000). *Diagnostic and statistical manual of mental disorders* (4th ed., text revision).

43.　Mann, R. E., Ainsworth, F., Al-Attar, Z., & Davies, M. (2008). In D. R. Laws & W. T. O'Donohue (Eds.), *Sexual deviance: Theory, assessment, and treatment* (2nd ed.). New York: Guilford Press.

44.　Seligman, L., & Hardenberg, S. A. (2000). Assessment and treatment of paraphilias. *Journal of Counseling and Development*, 78, 107-113.

45.　Associated Press & MTV. (2009, September 23). *AP-MTV Digital Abuse Study: Executive Summary*. Available: http://www.athinline.org/MTVAP_Digital_Abuse_Study_Executive_Summary.pdf (Last visited 5/17/12).

46.　Langstrom, N., & Seto, M. (2006). Exhibitionistic and voyeuristic behavior in a Swedish national population study. *Archives of Sexual Behavior*, 35, 427-435.

47.　American Psychiatric Association. (2000). *Diagnostic and statistical manual of mental disorders* (4th ed., text revision).

48.　資料來源：Rye, B. J., & Meaney, G. J. (2007). Voyeurism: It is good as long as we do not get caught. *International Journal of Sexual Health*, 19, 47-56。

49.　Rye, B. J., & Meaney, G. J. (2007). Voyeurism: Is it good as long as we do not get caught? *International Journal of Sexual Health*, 19, 47-56.

50.　Buss, D. M. (1998). Sexual strategies theory: Historical origins and current status. *Journal of Sex Research*, 35, 19-31.

51.　Langstrom, N., & Seto, M. (2006). Exhibitionistic and voyeuristic behavior in a Swedish national population study.

52.　American Psychiatric Association. (2000). *Diagnostic and statistical manual of mental disorders* (4th ed., text revision).

53.　Murphy, W., & Page, J. (2008). Psychological profi le of pedophiles and child molesters. *Journal of Psychology*, 134, 211-224.

54.　Tomassilli, J. C., Golub, S. A., Bimbi, D. S., & Parsons, J. T. (2009). Behind closed doors: An exploration of kinky sexual behaviors in urban lesbian and bisexual women. *Journal of Sex Research*, 46, 438-445.

55.　Murphy, W., & Page, J. (2008). Psychological profile of pedophiles and child molesters.

56.　Arndt, W. B., Jr. (1991). *Gender disorders and the paraphilias*. Madison, CT: International Universities Press; Kenyon, E. B. (1989). The management of exhibitionism in the elderly: A case study. *Sexual and Marital Therapy*, 4(1), 93-100.

57.　American Psychiatric Association. (2000). *Diagnostic and statistical manual of mental disorders* (4th ed., text revision).

58.　Carroll, J. L. (2010). *Sexuality now: Embracing diversity*. Belmont, CA: Wadsworth.

59.　Grant, J. E. (2005). Clinical characteristics and psychiatric comorbidity in males with exhibitionism. *Journal of Clinical Psychology*, 66, 1367-1371.

60.　Price, M., Kafka, M., Commons, M. L., Gutheil, T. G., & Simpson, W. (2002). Telephone scatologia—comorbidity with other paraphilias and paraphilia-related disorders. *International Journal of Law and Psychiatry*, 25, 37-49; Quayle, E. (2008). Online sex off ending: Psychopathology and theory. In D. R. Laws & W. T. O'Donohue (Eds.), *Sexual deviance: Theory, assessment, and treatment* (2nd ed.). New York: Guilford Press.

61.　Matek, O. (1988). Obscene phone callers. In D. Dailey (Ed.), *The sexually unusual*. New York: Harrington Park Press.

62.　American Psychiatric Association. (2000). *Diagnostic and statistical manual of mental disorders* (4th ed., text revision).

63.　Templeman, T., & Stinnett, R. (1991). Patterns of sexual arousal and history in a "normal" sample of young men. *Archives of Sexual Behavior*, 20(2), 137-150.

64.　Lussier, P., & Piché, L. (2008). Frotteurism: Psychopathology and theory. In D. R. Laws & W. T. O'Donohue (Eds.), *Sexual deviance: Theory, assessment, and treatment* (2nd ed.). New York: Guilford Press.

65.　Carnes, P. (1983). *Out of shadows*. Minneapolis: CompCare; Carnes, P. (1991). Progress in sex addiction: An addiction perspective. In R. T. Francoeur (Ed.), *Taking sides: Clashing views on controversial issues in human sexuality* (3rd ed.). Guilford, CT: Dushkin.

66. Coleman, E. (1991). Compulsive sexual behavior: New concepts and treatments. *Journal of Psychology and Human Sexuality*, 4, 37-52; Coleman, E. (1996). *What sexual scientists know about compulsive sexual behavior.* Allentown, PA: Society for the Scientific Study of Sexuality. Cited in Tepper, M. S., & Owens, A. F., (2007). Current controversies in sexual health: Sexual addiction and compulsion. In A. F. Owens & M. S. Tepper, *Sexual health: State-of-the-art treatments and research.* Westport, CT: Praeger.

67. Coleman, E. (1987). Sexual compulsivity: Definition, etiology, and treatment considerations. *Journal of Chemical Dependency Treatment*, 1, 189-204; Coleman, E., Raymond, N., & McBean, A. (2003). Assessment and treatment of compulsive sexual behavior. *Minnesota Medicine*, 86(7), 42–47; Miner, M. H., Coleman, E., Center, B., Ross, M., Simon Rosser, B. (2007). The compulsive sexual behavior inventory: Psychometric properties. *Archives of Sexual Behaviolr*, 36, 579-587.

68. Bancroft, J., & Vukadinovic, Z. (2004). Sexual addiction, sexual compulsivity, sexual impulsivity, or what? *Journal of Sex Research*, 41, 225-234.

69. Bancroft, J. (2009). *Human sexuality and its problems.* (3rd ed.) Edinburgh, Scotland: Elsevier.

70. Rosman, J., & Resnick, P. J. (1989). Sexual attraction to corpses: A psychiatric review of necrophilia. Bulletin of the American *Academy of Psychiatry and the Law*, 17(2), 153-163.

71. American Psychiatric Association. (2000). *Diagnostic and statistical manual of mental disorders* (4th ed., text revision).

72. Seto, M. (2008). Pedophilia: Psychopathology and theory. In D. R. Laws & W. T. O'Donohue (Eds.), *Sexual deviance: Theory, assessment, and treatment* (2nd ed.). New York: Guilford Press.

73. Fagan, P. J., Wise, T. N., Schmidt, C. W., & Berlin, F. S. (2002). Pedophilia. *Journal of the American Medical Association*, 288, 2458-2465.

74. American Psychiatric Association. (2000). *Diagnostic and statistical manual of mental disorders* (4th ed., text revision).

75. Madsen, L., Parsons, S., & Grubin, D. (2006). The relationship between the five-factor model and DSM personality disorder in a sample of child molesters. *Personality and Individual Differences*, 40, 227-236; Seto, M. (2008). Pedophilia: Psychopathology and theory.

76. American Psychiatric Association. (2000). *Diagnostic and statistical manual of mental disorders* (4th ed., text revision).

77. McLawsen, J. E., Jackson, R. L., Vannoy, S. D., Gagliardi, G., & Scalora, M. J. (2008). Professional perspectives on sexual sadism. *Sexual Abuse: A Journal of Research & Treatment*, 20, 272-304.

78. American Psychiatric Association. (2000). *Diagnostic and statistical manual of mental disorders* (4th ed., text revision).

79. Carroll, J. L. (2010). *Sexuality now: Embracing diversity.* Belmont, CA: Wadsworth; Kleinplatz, P., & Moser, C. (2006). *Sadomasochism: Powerful Pleasures.* New York: Haworth Press; Wiseman, J. (2000). *Jay Wiseman's erotic bondage handbook.* Oakland, CA: Greenery Press.

80. Alison, L., Santtila, P., Sandnabba, N. K., & Nordling, N. (2001). Sadomasochistically oriented behavior: Diversity in practice and meaning. *Archives of Sexual Behavior*, 30, 1-12; Santtila, P., Sandnabba, N. K., Alison, L., & Nordling, N. (2002). Investigating the underlying structure of sadomasochistically oriented behavior. *Archives of Sexual Behavior*, 31, 185-196.

81. Sandnabba, N., Santtila, P., Alison, L., & Nordling, N. (2002). Demographics, sexual behavior, family background and abuse experiences of practitioners of sadomasochistic sex: A review of recent research. *Sexual and Relationship Theory*, 17, 39-55.

82. Tomassilli, J. C., Golub, S. A., Bimbi, D. S., & Parsons, J. T. (2009). Behind closed doors: An exploration of kinky sexual behaviors in urban lesbian and bisexual women. *Journal of Sex Research*, 46, 438-445.

83. American Psychiatric Association. (2000). *Diagnostic and statistical manual of mental disorders* (4th ed., text revision).

84. Kingston, D. A., & Yates, P. M. (2008). Sexual sadism: Assessment and treatment. In D. R. Laws & W. T. O'Donohue (Eds.), *Sexual deviance: Theory, assessment, and treatment* (2nd ed.). New York: Guilford Press.

85. Hucker, S. J. (2008). Sexual masochism: Psychopathology and theory. In D. R. Laws & W. T. O'Donohue (Eds.), *Sexual deviance: Theory, assessment, and treatment* (2nd ed.). New York: Guilford Press.

86. Gosink, P. D., & Jumbelic, M. I. (2000). Autoerotic asphyxiation in a female. *American Journal of Forensic Medicine and Pathology*, 21, 114-118.

87. Tomassilli, J. C., Golub, S. A., Bimbi, D. S., & Parsons, J. T. (2009). Behind closed doors: An exploration of kinky sexual behaviors in urban lesbian and bisexual women. *Journal of Sex Research*, 46, 438-445.

88. Hucker, S. J. (2008). Sexual masochism: Psychopathology and theory. In D. R. Laws & W. T. O'Donohue (Eds.), *Sexual deviance: Theory, assessment, and treatment* (2nd ed.). New York: Guilford Press.

89. Johnston, J. C., & Huws, R. (1997). Autoerotic asphyxia: A case report. *Journal of Sex and Marital Therapy*, 23, 326-332.

90. Sauvageau, A., & Racette, S. (2006). Autoerotic deaths in the literature from 1954 to 2004: A review. *Journal of Forensic Sciences*, 51, 140-146.

91. Hucker, S. J. (2008). Sexual masochism: Psychopathology and theory.

92. Byard, R. W., & Botterill, P. M. B. (1998). Autoerotic asphyxia death—accident or suicide? *American Journal of Forensic Medicine and Pathology*, 19, 377-380.

93. Laws, D. R., & O'Donohue, W. T. (2008). Introduction. In D. R. Laws & W. T. O'Donohue (Eds.), *Sexual deviance: Theory, assessment, and treatment* (2nd ed.). New York: Guilford Press.

94. Fisher, D., & Howells, K. (1993). Social relationships in sexual offenders. *Sexual and Marital Therapy*, 8, 123-136; Goodman, A. (1993). Diagnosis and treatment of sexual addiction. *Journal of Sex and Marital Therapy*, 19, 225-251; Marshall, W. L. (1993). The role of attachments, intimacy, and loneliness in the etiology and maintenance of sexual offending. *Sexual and Marital Therapy*, 8, 109-121; Ward, T., & Beech, A. R. (2008). An integrated theory of sex offending. In D. R. Laws & W. T. O'Donohue (Eds.), *Sexual deviance: Theory, assessment, and treatment* (2nd ed.). New York: Guilford Press.

95. Schwartz, S. (2000). *Abnormal psychology: A discovery approach.* Mountain View, CA: Mayfield.

96. Laws, D. R., & O'Donohue, W. T. (2008). Introduction. In D. R. Laws & W. T. O'Donohue (Eds.), *Sexual deviance: Theory, assessment, and treatment* (2nd ed.). New York: Guilford Press; McConaghy, N. (1998). Pedophilia: A review of the evidence. *Australian and New Zealand Journal of Psychiatry*, 32, 252-265.

97. Marshall, W. L., Marshall, L. E., & Serran, G. A. (2006). Strategies in the treatment of paraphilias: A critical review. *Annual Review of Sex Research*, 17, 162-182.

第
四
章

1. U.S. Equal Employment Opportunity Commission. (2009). Facts about sexual harassment FSE/4. Available: http://www.eeoc.gov/facts/fs-sex.html (Last visited 8/29/11); U.S. Merit Systems Protection Board. (1995). *Sexual harassment in the federal workplace: Trends, progress, continuing challenges.* Washington, DC: Author.

2. U.S. Equal Employment Opportunity Commission. (n.d.). Sexual harassment charges EEOC & FEPAs combined: FY 1997-2010. Available: http://www.gov/eeoc/statistics/enforcement/sexual_harrassment.cfm (Last visited 8/29/11).

3. Powell, E. (1996). *Sex on your own terms.* Minneapolis, MN: CompCare.

4. Baum, K., Catalano, S., Rand, M., & Rose, K. (2009). *Stalking victimization in the United States.* Washington, DC: Bureau of Justice Statistics.

5. Black, M. C., Basile, K. C., Breiding, M. J., Smith, S. G., Walters, M. L., Merrick, M. T., et al. (2011). *The Intimate Partner and Sexual Violence Survey (NISVS): 2010 Summary Report*. Atlanta, GA: National Center for Injury Prevention and Control, Centers for Disease Control and Prevention.

6. Logan, T. K. (2010). *Research on partner stalking: Putting the pieces together*. Lexington: University of Kentucky.

7. U.S. Merit Systems Protection Board. (1995). *Sexual harassment in the federal workplace: Trends, progress, continuing challenges*. Washington, DC: Author.

8. U.S. Equal Employment Opportunity Commission. (n.d.). Sexual harassment charges EEOC & FEPAs combined: FY 1997-2010.

9. Hill, C., & Kearl, H. (2011). *Crossing the line: Sexual harassment at school*. Washington, DC: American Association of University Women.

10. American Association of University Women. (2006). Drawing the line: Sexual harassment on campus. Available: http://www.aauw.org/newsroom/presskits/DTL_Press_Conf_060124/DTL_012406.cfm (Last visited 1/10/06).

11. Oldenberg, C. M. (2005). Students' perceptions of ethical dilemmas involving professors: Examining the impact of the professor's gender. *College Student Journal*, 39, 129-140.

12. American Association of University Women. (2006). Drawing the line: Sexual harassment on campus.

13. Kidder, L. H., Lafleur, R. A., & Wells, C. V. (1995). Recalling harassment, reconstructing experience. *Journal of Social Issues*, 52(1), 69-84.

14. Boland, M. L. (2005). *Sexual harassment in the workplace*. Naperville, IL: Sphinx Publishers.

15. Mahabeer, P. (2011). Sexual harassment still pervasive in the workplace. *AOL Jobs Week 2001*. Available: http://jobs.aol.com/articles/2011/01/28/sexual-harassment-in-the-workplace/(Last visited 8/30/11).

16. Hirschfeld, S. (2004). Sex in the workplace: Employment Law Alliance Poll finds 24% involved in sexually-explicit computing. Available: http://www.employmentlawalliance.com/en/node/1324 (Last visited 5/26/09).

17. Kaye, R., & Estrada, I. (2008, March 19). Female veterans report more sexual, mental trauma.

18. Hefling, K. (2011, February 15). Veterans say rape cases mishandled. Available: http://s.apnews.com/db_16026/contentdetail.htm?contentguid%9hSlzmhM (Last visited 2/15/11).

19. Kimerling, R., Street, A. E., Pavao, J., Smith, M. W., Cronkite, R. C., Holmes, T. H., et al. (2010). Military-related sexual trauma among Veterans Health Administration patients returning from Afghanistan and Iraq. *American Journal of Public Health*, 100, 1409-1412.

20. Solomon, J. (1998, March 16). An insurance policy with sex appeal. *Newsweek*, p. 44.

21. Griffin, G. (1998). Understanding heterosexism—the subtle continuum of homophobia. *Women and Language*, 21, 11–21; Walls, N. E. (2008). Toward a multidimensional understanding of heterosexism: The changing nature of prejudice. *Journal of Homosexuality*, 55, 20-70.

22. Mushovic, I. (2011, September 1). *Progress obscures gay inequality*. USA Today, p. 7A.

23. Mushovic, I. (2011, September 1). *Progress obscures gay inequality*.

24. Corliss, H. L., Goodenow, C. S., Nichols, L., & Austin, S. B. (2011). High burden of homelessness among sexual-minority adolescents: Findings from a representative Massachusetts high school sample. *American Journal of Public Health*, 101, 1683-1689.

25. Centers for Disease Control and Prevention. (2011bb). Sexual identity, sex of sexual contacts, and health-risk behaviors among students in grades 9–12—Youth risk behavior surveillance, selected sites, United States. Morbidity and Mortality Weekly Report, 60(SS07), 1-133.

26. Hatzenbuehler, M. L. (2011). The social environment and suicide attempts in lesbian, gay, and bisexual youth. *Pediatrics*, 127, 896-903.

27. Gay, Lesbian, and Straight Education Network. (2010). 2009 National School Climate Survey: Nearly 9 out of 10 LGBT students experience harassment in school. Available: http://www.glsen.org/cgi-bin/iowa/all/news/record/2624.html (Last visited: 9/1/11).

28. Gallup Poll. (2011a). Support for legal gay relations hits new high. Available: http://www.gallup.com/poll/147785/Support-Legal-Gay-Relations-Hits-New-High.aspx (Last visited 9/6/11); Gallup Poll. (2011b). For first time, majority of Americans favor legal gay marriage: Available: http://www.gallup.com/poll/147662/first-time-majority-americans-favor-legal-gay-marriage.aspx (Last visited: 9/6/2011).

29. Farnsworth, C. H. (1992, January 14). Homosexual is granted refugee status in Canada. *New York Times*, p. A5.

30. National Coalition of Anti-Violence Programs. (n.d.). Hate violence against lesbian, gay, bisexual, transgendered, queer and HIV-infected people in the United States in 2010. Available: http://www.avp.org/documentsNCAVPHateViolenceReport2001Finaledits.pdf (Last visited 9/1/11).

31. Rothman, E. F., Exner, D., & Baughman, A. L. (2011). The prevalence of sexual assault against people who identify as gay, lesbian, or bisexual in the United States: A systematic review. *Trauma, Violence, & Abuse*, 12, 56-66.

32. Movement Advancement Project. (2011a). Snapshot: LGBT legal equality by state. Available: http://www.lgbtmap.org/equality-maps/legal_equality_by_state (Last visited 9/2/11).

33. 參見：http://www.lgbtmap.org/equality-maps/legal_equality_by_state。

34. Movement Advancement Project. (2011b). Hate crime laws. Available: http://www.lgbtmap.org/equality-maps/hae_crime_laws (Last visited 9/2/11).

35. Barnes, J. E. (2011, June 20). "Don't ask" policy draws to a close. *Wall Street Journal*, p. A5.

36. Lalumière, M. L., Harris, G. T., Quinsey, V. L., & Rice, M. E. (2005). *The causes of rape*. Washington, DC: American Psychological Association.

37. Rape, Abuse, and Incest National Network. (2009a). How often does sexual assault occur? Available: http://www.rainn.org/get-information/statistics/frequency-of-sexual-assault (Last visited 9/15/11).

38. Black, M. C., Basile, K. C., Breiding, M. J., Smith, S. G., Walters, M. L., Merrick, M. T., et al. (2011). *The Intimate Partner and Sexual Violence Survey (NISVS): 2010 Summary Report*. Atlanta, GA: National Center for Injury Prevention and Control, Centers for Disease Control and Prevention.

39. U.S. Department of Justice. (2010). *Criminal victimization, 2009*. Washington, DC: Bureau of Justice Statistics.

40. Basile, K. C., Chen, J., Black, M. C., & Saltzman, L. E. (2007). Prevalence and characteristics of sexual violence victimization among U.S. adults, 2001-2003. *Violence and Victims*, 22, 437-448.

41. Centers for Disease Control and Prevention. (2010a). Youth risk behavior surveillance—United States, 2009. *Morbidity and Mortality Weekly Report*, 59, 1-142. Available: http://www.cdc.gov/mmwr/pdf/ss5905.pdf (Last visited 6/28/11).

42. Kalof, L., & Wade, B. H. (1995). Sexual attitudes and experiences with sexual coercion: Exploring the influence of race and gender. *Journal of Black Psychology*, 21(3), 224-238.

43. Peterson, Z. D., & Muehlenhard, C. L. (2007). Conceptualizing the "wantedness" of women's consensual and nonconsensual sexual experiences: Implications for how women label their experiences with rape. *Journal of Sex Research*, 44, 72-88.

44. Cassidy, L., & Hurrell, R. M. (1995). The influence of victim's attire on adolescents' judgments of date rape. *Adolescence*, 30(118), 319-404.

45.　U.S. Department of Justice. (2010). *Criminal victimization, 2009.* Washington, DC: Bureau of Justice Statistics.

46.　Greenfeld, L. (1997). *Sex offenses and offenders: An analysis of data on rape and sexual assault.* Washington, DC: U.S. Department of Justice, Bureau of Justice Statistics; McCabe, M. P., & Wauchope, M. (2005). Behavioral characteristics of men accused of rape: Evidence for different types of rapists. *Archives of Sexual Behavior, 34,* 241-253.

47.　Cowan, G. (2000). Beliefs about the causes of four types of rape. *Sex Roles, 42,* 807-823.

48.　Sampson, R. (2003). *Acquaintance rape of college students.* Washington, DC: U.S. Department of Justice.

49.　Woodworth, T. W. (1996). DEA congressional testimony. Available: http://www.usdoj.gov/dea/(Last visited 2/6/97).

50.　Rape, Abuse and Incest National Network. (2009d). Effects of sexual abuse. Available: http://www.rainn.org/get-information/eff ects-of-sexual-assault (Last visited 9/19/11).

51.　Ellis, C. D. (2002). Male rape—the silent victims. *Collegian, 9,* 34-39; Office on Women's Health. (2008). Date rape drugs. Washington, DC: U.S. Department of Health and Human Services; Rape, Abuse, and Incest National Network. (2009c). Who are the victims? Available: http://www.rainn.org/get-information/statistics/sexual-assault-victims (Last visited 9/17/11).

52.　Rickert, V. I., & Wiemann, C. M. (1998). Date rape among adolescents and young adults. *Journal of Pediatric and Adolescent Gynecology, 11,* 167-175.

53.　Bridgeland, W. M., Duane, E. A., & Stewart, C. S. (1995). Sexual victimization among undergraduates. *College Student Journal, 29*(1), 16-25.

54.　Gillen, K., & Muncer, S. J. (1995). Sex differences in the perceived causal structure of date rape: A preliminary report. *Aggressive Behavior, 21*(2), 101-112.

55.　Humphreys, T. P. (2004). Understanding sexual consent: An empirical investigation of the normative script for young heterosexual adults. In M. Cowling & P. Reynolds (Eds.), *Making sense of sexual consent.* Aldershot, England: Ashgate.

56.　Parsons, C. (2003, July 29). Sexual consent measure is signed. *Chicago Tribune,* pp. 1, 7.

57.　Huff, M. (2009). The "new" withdraw of consent standard is Maryland rape law: A year after Baby v. State. *The Modern American, 5,* 14-17.

58.　Muehlenhard, C. L., Ponch, I. G., Phelps, J. L., & Giusti, L. M. (1992). Definitions of rape: Scientific and political implications. *Journal of Social Issues, 48*(1), 23-44.

59.　Locke, B. D., Mahalik, J. R. (2005). Examining masculinity norms, problem drinking, and athletic involvement as predictors of sexual aggression in college men. *Journal of Counseling Psychology, 52,* 279-283; Meston, C. M., & O' Sullivan, L. F. (2007). Such a tease: Intentional sexual provocation within heterosexual interactions. *Archives of Sexual Behavior, 36,* 531-542.

60.　Peterson, Z. D., & Muehlenhard, C. L. (2007). Conceptualizing the "wantedness" of women's consensual and nonconsensual sexual experiences: Implications for how women label their experiences with rape.

61.　Struckman-Johnson, C., Struckman-Johnson, D., & Anderson, P. B. (2003). Tactics of sexual coercion: When men and women won't take no for an answer. *Journal of Sex Research, 40,* 76-86.

62.　Baumeister, R. F., Catanese, K. R., & Wallace, H. M. (2002). Conquest by force: A narcissistic reactance theory of rape and sexual coercion. *Review of General Psychology, 6,* 92-135; Hanson, R. K., & Morton-Bourgon, K. E. (2005). The characteristics of persistent sexual offenders: A meta-analysis of recidivism studies. *Journal of Counseling and Clinical Psychology, 73,* 1154-1163; Koss, M. P., & Dinero, T. E. (1989). Predictors of sexual aggression among a national sample of male college students. *Annals of the New York Academy of Science, 528,* 133-146; Malamuth, N. M., Sockloskie, R. J., Koss, M. P., & Tanaka, J. S. (1991). Characteristics of aggressors against women: Testing a model using a national sample of college students. Journal of Consulting and Clinical Psychology, 59, 670-781; Muehlenhard, C. L., & Linton, M. A. (1987). Date rape and sexual aggression in dating situations: Incidence and risk factors. *Journal of Consulting Psychology, 34,* 186-196.

63.　Hall, G. C. N., DeGarmo, D. S., Eap, S., Teten, A. L., & Sue, S. (2006). Initiation, desistance, and persistence of men's sexual coercion. *Journal of Counseling and Clinical Psychology, 74,* 732-742.

64.　Sampson, R. (2003). *Acquaintance rape of college students.* Washington, DC: U.S. Department of Justice.

65.　Sampson, R. (2003). *Acquaintance rape of college students.*

66.　Rape, Abuse, and Incest National Network. (2009b). Acquaintance rape. Available: http://www.rainn.org/get-information/types-of-sexual-assault/acquaintance-rape (Last visited 9/15/11).

67.　U.S. Department of Justice. (2010). *Criminal victimization, 2009.* Washington, DC: Bureau of Justice Statistics.

68.　Martin, E. K., Taft, T. T., & Resick, P. A. (2007). A review of marital rape. *Aggression and Violent Behavior, 12,* 3329-3347.

69.　Holmes, R. M. (1991). *Sex crimes.* Newbury Park, CA: Sage.

70.　Sampson, R. (2003). *Acquaintance rape of college students.* Washington, DC: U.S. Department of Justice.

71.　Gidycz, C. A., & Koss, M. P. (1990). A comparison of group and individual sexual assault victims. *Psychology of Women Quarterly, 14*(3), 325-342.

72.　Glosser, A., Gardiner, K., & Fishman, M. (2004). Statutory rape: A guide to state laws and reporting requirements. Available: http://www.lewin.com/Lewin_Publications/Human_Services/StateLawsReport.htm (Last visited 3/26/06).

73.　U.S. Department of Justice. (2010). *Criminal victimization, 2009.* Washington, DC: Bureau of Justice Statistics.

74.　Rape, Abuse, and Incest National Network. (2009c). Who are the victims? Available: http://www.rainn.org/get-information/statistics/sexual-assault-victims (Last visited 9/17/11).

75.　Men Can Stop Rape. (2007). Men who have been sexually assaulted. Available: http://www.mencanstoprape.org/Table/Handouts (Last visited 9/19/11).

76.　Ratner, P. A., Johnson, J. L., Shoveller, J. A., Chan, K., Martindale, S. L., Schilder, A. J., et al. (2003). Nonconsensual sex experienced by men who have sex with men: Prevalence and association with mental health. *Patient Education and Counseling, 49,* 67-74.

77.　Men Can Stop Rape. (2007). Men who have been sexually assaulted.

78.　Ellis, C. D. (2002). Male rape—the silent victims. *Collegian, 9,* 34-39.

79.　Waldner-Haugrud, L., & Gratch, L. V. (1997). Sexual coercion in gay/lesbian relationships: Among gay and lesbian adolescents. *Violence and Victims, 12,* 87-98.

80.　Groth, A. N., Burgess, A. W., & Holmstrom, L. L. (1977). Rape: Power, anger, and sexuality. *American Journal of Psychiatry, 104*(11), 1239-1243; McCabe, M. P., & Wauchope, M. (2005). Behavioral characteristics of men accused of rape: Evidence for different types of rapists. *Archives of Sexual Behavior, 34,* 241-253.

81.　McCabe, M. P., & Wauchope, M. (2005). Behavioral characteristics of men accused of rape: Evidence for different types of rapists.

82. Groth, A. N., & Birnbaum, H. J. (1979). *Men who rape: The psychology of the offender*. New York: Plenum.

83. McCabe, M. P., & Wauchope, M. (2005). Behavioral characteristics of men accused of rape: Evidence for different types of rapists.

84. Groth, A. N., & Birnbaum, H. J. (1978). Adult sexual orientation and attraction to underage persons. *Archives of Sexual Behavior*, 7, 175-181.

85. Rape Network. (2000). Rape is a crime of silence. Available: http://www.rapenetwork.com/whatisrape.html (Last visited 11/16/00).

86. Rape, Abuse and Incest National Network. (2009d). Effects of sexual abuse. Available: http://www.rainn.org/get-information/eff ects-of-sexual-assault (Last visited 9/19/11).

87. American Psychiatric Association. (2000). *Diagnostic and statistical manual of mental disorders* (4th ed., text revision). Washington, DC: Author.

88. Ellis, C. D. (2002). Male rape—the silent victims; Men Can Stop Rape. (2007). Men who have been sexually assaulted; Walker, J., Archer, J., & Davies, M. (2005). Effects of rape on men: A descriptive analysis. *Archives of Sexual Behavior*, 34, 69-80.

89. Frazier, P. A. (1991). Self-blame as a mediator of postrape depressive symptoms. *Journal of Social and Clinical Psychology*, 10(1), 47-57.

90. Ullman, S. E., & Brecklin, L. R. (2002). Sexual assault history and suicidal behavior in a national sample of women. *Suicide and Life-Threatening Behavior*, 32, 117-130.

91. Krakow, B., Germain, A., Tandberg, D., Koss, M., Schrader, R., Hollifield, M., et al. (2000). Sleep breathing and sleep movement disorders masquerading as insomnia in sexual-assault survivors. *Comprehensive Psychiatry*, 41, 49-56.

92. Fergusson, D. M., Swain-Campbell, N. R., & Horwood, L. J. (2002). Does sexual violence contribute to elevated rates of anxiety and depression in females? *Psychological Medicine*, 32, 991-996; Sorenson, S. B., & Siegel, J. M. (1992). Gender, ethnicity, and sexual assault: Findings from a Los Angeles study. *Journal of Social Issues*, 48(1), 93-104.

93. National Organization for Victim Assistance. (1992). *Community crisis response team training manual*. Washington, DC: Author.

94. Meana, M., Binik, Y. M., Khalife, S., & Cohen, D. (1999). Psychosocial correlates of pain attributions in women with dyspareunia. *Psychosomatics*, 40, 497–502; Rape, Abuse and Incest National Network. (2009d). Effects of sexual abuse. Available: http://www.rainn.org/get-information/effects-of-sexual-assault (Last visited 9/19/11).

95. Men Can Stop Rape. (2007). Men who have been sexually assaulted.

96. Simpson, V. L. (2008, April 18). Pope meets with victims of sex abuse by priests. *Indianapolis Star*, p. A12.

97. Roesler, T. A. (October, 2000). Adult's reaction to child's disclosure of abuse will influence degree of permanent damage. *Boston University Child and Adolescent Behavior Newsletter*, pp. 1-2.

98. Laumann, E., Gagnon, J., Michael, R., & Michaels, S. (1994). *The social organization of sexuality*. Chicago: University of Chicago Press.

99. Putnam, F. W. (2003). Ten-year research update review: Child sexual abuse. *Journal of the American Academy of Child and Adolescent Psychiatry*, 42, 269-278.

100. Freyd, J. J., et al. (2005). The science of child sexual abuse. *Science*, 308, 501.

101. Finkelhor, D. (1994). Current information on the scope and nature of child sexual abuse. *The Future of Children*, 4, 31-53.

102. Basile, K. C., Chen, J., Black, M. C., & Saltzman, L. E. (2007). Prevalence and characteristics of sexual violence victimization among U.S. adults, 2001-2003. *Violence and Victims*, 22, 437-448.

103. Administration on Children, Youth and Families. (2009). Child maltreatment 2009. Available: http://www.acf.hhs.gov/programs/cb/stats_research/index.htm#can (Last visited 9/19/11).

104. Finkelhor, D., & Jones, L. M. (2006). Why have child maltreatment and child victimization declined? *Journal of Social Issues*, 62, 685-716.

105. Sedlack, A. J., Mettenburg, J., Basena, M., Petta, I., McPherson, K., Greene, A., et al. (2010). *Fourth National Incident Study of Child Abuse and Neglect (NIS-4): Report to Congress*. Washington, DC: U.S. Department of Health and Human Services, Administration for Children and Families.

106. Putnam, F. W. (2003). Ten-year research update review: Child sexual abuse.

107. Snyder, H. N., & Sickmund, M. (2006). *Juvenile offenders and victims: 2006 national report*. Washington, DC: U.S. Department of Justice.

108. Valente, S. M. (2005). Sexual abuse of boys. *Journal of Child and Adolescent Psychiatric Nursing*, 18, 10-16.

109. Finkelhor, D. (1990). Early and long-term effects of child sexual abuse: An update. Professional Psychology: Research and Practice, 21, 325-330; Hunter, J. A., Figueredo, A. J., & Malamuth, N. M. (2003). Juvenile sex offenders: Toward the development of a typology. *Sexual Abuse: Journal of Research and Treatment*, 15, 27-48; Milner, J., & Robertson, K. (1990). Comparison of physical child abusers, and child neglectors. *Journal of Interpersonal Violence*, 5, 37-48.

110. Haugaard, J. J., & Reppucci, N. D. (1998). *The sexual abuse of children: A comprehensive guide to current knowledge and intervention strategies*. San Francisco: Jossey-Bass.

111. Turner, J. S. (1996). *Encyclopedia of relationships across the lifespan*. Westport, CT: Greenwood Publishing.

112. Phelan, P. (1995). Incest and its meaning: The perspectives of fathers and daughters. *Child Abuse and Neglect*, 19, 7-24.

113. Canavan, M. M., Myers, W. J., & Higgs, D. C. (1992). The female experience of sibling incest. *Journal of Marital and Family Therapy*, 18, 129-142.

114. Rudd, J. M., & Herzberger, S. D. (1999). Brother-sister incest—father-daughter incest: A comparison of characteristics and consequences. *Child Abuse and Neglect*, 23, 15-28.

115. Adler, N. A., & Schultz, J. (1995). Sibling incest offenders. *Child Abuse & Neglect*, 19(7), 811-819.

116. Finkelhor, D. (1994). Current information on the scope and nature of child sexual abuse. *The Future of Children*, 4, 31-53.

117. Day, A., Thurlow, K., & Wolliscroft, J. (2003). Working with childhood sexual abuse: A survey of mental health professionals. *Child Abuse and Neglect*, 27, 191-198; Paolucci, E. O., Genuis, M. L., & Violato, C. (2001). A meta-analysis of the published research on the effects of child sexual abuse. *Journal of Psychology*, 135, 17-36.

118. Anderson, C. (1995). Childhood sexually transmitted diseases: One consequence of sexual abuse. *Public Health Nursing*, 12(1), 41-46; Briere, J. N., & Elliott, D. M. (1994). Immediate and long-term impacts of child sexual abuse. *The Future of Children*, 4, 54–69; Calam, R., Horne, L., Glasgow, D., & Cox, A. (1998). Psychological disturbance and child sexual abuse: A follow-up study. *Child Abuse and Neglect*, 22, 901-913; Carlson, B. E., McNutt, L., & Choi, D. Y. (2003). Childhood and adult abuse among women in primary health care: Effects on mental health. *Journal of Interpersonal Violence*, 18, 924-941; Wonderlich, S. A., et al. (2000). Relationship of childhood sexual abuse and eating disturbances in children. *Journal of the American Academy of Child & Adolescent Psychiatry*, 39, 1277-1283.

119. Chen, L. P., et al. (2010). Sexual abuse and lifetime diagnosis of psychiatric disorders: Systematic review and meta-analysis. *Mayo Clinic Proceedings*, 85, 618-629; Dube, S. A., et al. (2005). Long-term consequences of childhood sexual abuse by gender of victim. *American Journal of Preventive Medicine*, 28, 430-438; Najman, J. M., Dunne, M. P., Purdie, D. M., Boyle, F. M., & Coxeter, P. D. (2005). Sexual abuse

in childhood and sexual dysfunction in adulthood: An Australian population-based study. *Archives of Sexual Behavior*, 34, 517-526; Roller, C., Martsolf, D. S., Draucker, C. B., & Ross. R. (2009). The sexuality of childhood sexual abuse survivors. *International Journal of Sexual Health*, 21, 49-60; Sachs-Ericsson, N., et al. (2005). Childhood sexual and physical abuse and the 1-year prevalence of medical problems in the National Comorbidity Survey. *Health Psychology*, 24, 32-40.

120. Senn, T. E., Carey, M. P., Vanable, P. A., Coury-Doniger, & Urban, M. (2007). Characteristics of sexual abuse in childhood and adolescence influence sexual risk behavior in adulthood. *Archives of Sexual Behavior*, 36, 637-645.

121. Finkelhor, D. (1986). Prevention approaches to child sexual abuse. In M. Lystad (Ed.), *Violence in the home: Interdisciplinary perspectives.* New York: Brunner/Mazel.

122. McDonald, A., et al. (2005). Randomized trial of cognitive- behavioral therapy for chronic posttraumatic stress disorder in adult female survivors of childhood sexual abuse. *Journal of Clinical and Consulting Psychology*, 73, 515-524.

123. Finkelhor, D. (1986). Prevention approaches to child sexual abuse.

124. American Academy of Child and Adolescent Psychiatry. (2008). Facts for families: Child sexual abuse. Available: http://www.aacp.org/cs/roots/facts_for_families/child_sexual_abuse (Last visited 10/7/08).

125. Carelli, R. (1998, February 24). High Court turns down Megan's Law challenges. *San Francisco Chronicle*, p. A1.

126. CNN.com/Law Center. (2003, March 5). Supreme Court upholds sex offender registration laws. Available: http://www.cnn.com/2003/law/03/05/scotus.sex.off enders.ap/index (Last visited 3/5/03).

127. Koch, W. (2006, May 24). States get tougher with sex offenders. *USA Today*, p. A1.

128. Maine killer's use of sex-offender list. (2006, April 18). *New York Times*, p. A19.

129. Human Rights Watch. (2007). No easy answers. Available: http://www.hrw.reports/2007/us0907 (Last visited 8/17/08).

130. Human Rights Watch. (2007). No easy answers; Rozas, A. (2007, September 13). U.S. sex-off ender laws are called ineffective. *Chicago Tribune*, p. 3.

第五章

1. Dines, G. (2010). *Pornland: How porn has hijacked sexuality.* Boston: Beacon Press.

2. Comella, L. (2008). It's sexy: It's big business. And it's not just for men. *Contexts*, 7, 61-63.

3. Milne, C. (2005). *Naked ambition: Women pornographers and how they are changing the sex industry.* Berkeley, CA: Pub Group West.

4. Albright, J. M. (2008). Sex in America online: An exploration of sex, marital status, and sexual identity in Internet sex seeking and its impact. *Journal of Sex Research*, 45, 175-186.

5. Luder, M., Pittet, I., Berchtold, A., Akrfe, C., Michaud, P., & Suris, J. (2011). Associations between online pornography and sexual behavior among adolescents: Myth or reality? *Archives of Sexual Behavior*, 40, 1027-1035.

6. Buzzell, T. (2005). Demographic characteristics of persons using pornography in three technological contexts. *Sexuality & Culture*, 9, 28-48.

7. Paul, B., & Shim, J. W. (2008). Gender, sexual affect, and motivations for Internet pornography use. *International Journal of Sexual Health*, 20, 187-199.

8. Carroll, J. L. (2010). *Sexuality now: Embracing diversity.* Belmont, CA: Wadsworth.

9. Morgan, E. M. (2011). Associations between young adults' use of sexually explicit materials and their sexual preferences, behaviors, and satisfaction. *Journal of Sex Research*, 48, 520-530.

10. 資料來源：Carroll, J. S., Padilla-Walker, L. M., Nelson, L. J., Olson, C. D., Barry, C. M., & Madsen, S. D. (2008). Pornography acceptance and use among emerging adults. *Journal of Adolescent Health*, 23, 6-30; Morgan, E. M. (2011). Associations between young adults' use of sexually explicit materials and their sexual preferences, behaviors, and satisfaction. *Journal of Sex Research*, 48, 520-530; Weinberg, M. S., Williams, C. J., Kleiner, S., & Irizarry, Y. (2010). Pornography, normalization, and empowerment. *Archives of Sexual Behavior*, 39, 138-141.

11. Weinberg, M. S., Williams, C. J., Kleiner, S., & Irizarry, Y. (2010). Pornography, normalization, and empowerment. *Archives of Sexual Behavior*, 39, 138-141.

12. Carroll, J. S., Padilla-Walker, L. M., Nelson, L. J., Olson, C. D., Barry, C. M., & Madsen, S. D. (2008). Pornography acceptance and use among emerging adults. *Journal of Adolescent Research*, 23, 6-30.

13. Morgan, E. M. (2011). Associations between young adults' use of sexually explicit materials and their sexual preferences, behaviors, and satisfaction. *Journal of Sex Research*, 48, 520-530.

14. Morgan, E. M. (2011). Associations between young adults' use of sexually explicit materials and their sexual preferences, behaviors, and satisfaction.

15. Cassell, C. (2008). *Put passion first: Why sexual chemistry is the key to finding and keeping lasting love.* New York: McGraw-Hill; P. (2006). *Pornified: How pornography is transforming our lives, our relationships, and our families.* New York: Times Books.

16. Castleman, M. (2004). *Great sex: A man's guide to the secret principles of total-body sex.* New York: Rodale Books.

17. Daneback, K., Traeen, B., & Mansson, S. (2009). Use of pornography in a random sample of Norwegian heterosexual couples. *Archives of Sexual Behavior*, 38, 746-754.

18. Stulhofer, A., Jelovica, V., & Ruzic, J. (2008). Is early exposure to pornography a risk factor for sexual compulsivity? Findings from an online survey among young heterosexual couples. *International Journal of Sexual Health*, 20, 270-280.

19. Keesling, B. (2006). *Sexual healing: The complete guide to overcoming common sexual problems* (3rd ed.). Alameda, CA: Hunter House.

20. Castleman, M. (2004). *Great sex: A man's guide to the secret principles of total-body sex.*

21. U.S. Attorney General's Commission on Pornography (AGCOP). (1986). *Final report.* Washington, DC: U.S. Government Printing Office.

22. U.S. Attorney General's Commission on Pornography (AGCOP). (1986). *Final report.*

23. Bauserman, R. (1998). Egalitarian, sexist, and aggressive sexual materials: Attitude effects and viewer responses. *Journal of Sex Research*, 35(3), 244-253.

24. Malamuth, N. M., Addison, T., & Koss, M. (2001). Pornography and sexual aggression: Are there reliable effects? *Annual Review of Sex Research*, 11, 26-91.

25. Whitty, M., & Fisher, W. A. (2008). The sexy side of the Internet. In A. Barak (Ed.), *Internet sexuality.* New York: Oxford University Press.

26. McKee, A. (2007). The relationship between attitudes towards women, consumption of pornography, and other demographic variables in a survey of 1,023 consumers of pornography. *International Journal of Sexual Health*, 19, 31-45.

27. Fisher, W. A., & Barak, A. (2001). Internet pornography: A social psychological perspective on Internet sexuality. *Journal of Sex Research*, 38, 312-323.

28. Fisher, W. A., & Davis, C. M. (2007). *What sexual scientists know about pornography*. Allentown, PA: Society for the Scientifi c Study of Sexuality.

29. Tiefer, L. (2004). *Sex is not a natural act and other essays* (2nd ed.). Boulder, CO: Westview Press.

30. Sears, A. E. (1989). The legal case for restricting pornography. In D. Zillman & J. Bryant (Eds.), *Pornography: Research advances and policy considerations*. Hillsdale, NJ: Erlbaum.

31. Biskupic, J. (2004, June 30). It may be up to parents to block web porn. *New York Times*, p. 6A.

32. Biskupic, J. (2002, April 17). "Virtual" porn ruling hinged on threat to art. *USA Today*, p. A3; Biskupic, J. (2003a, March 4). Case tests Congress's ability to make libraries block porn. *USA Today*, p. A3; Biskupic, J. (2004, June 30). It may be up to parents to block web porn. *New York Times*, p. 6A.

33. Greenhouse, L. (2008, May 20). Court upholds child pornography law, despite free speech concerns. *New York Times*, p. A17; Mears, B. (2008). Justices: Child porn is not protected speech. Available: http://site.printthis.clickability.com/pt/cpt?action_cpt&title_Justices%3A_Child_porn (Last visited 5/19/08).

34. Greenhouse, L. (2008, May 20). Court upholds child pornography law, despite free speech concerns. *New York Times*, p. A17.

35. Miller, L. (2000, October 17). Panel agrees: Rethink new porn laws. *USA Today*, p. D3.

36. Biskupic, J. (2004, June 30). It may be up to parents to block web porn. *New York Times*, p. 6A.

37. U.S. District Court, Eastern District of Pennsylvania. (2007). Attorney General of the United States: Final Adjudication Lowell A. Reed, Jr., March 22, 2007. Available: http://www.paed.uscourts.gov (Last visited 6/12/08).

38. Internet pornography law dies in Supreme Court. (2009, January 22). *Herald Times*, p. E3.

39. Davidson, J. O. (2002). The rights and wrongs of prostitution. *Hypatia*, 17, 84-98.

40. Monto, M. A. (2004). Female prostitution, customers, and violence. *Violence Against Women*, 10, 160-188.

41. Bernstein, E. (2001). The meaning of purchase: Desire, demand and the commerce of sex. *Ethnography*, 2, 389-420; Brents, B. G., Jackson, C. A., & Hausbeck, K. (2010). *The state of sex: Tourism, sex, and sin in the new American heartland*. New York: Routledge; Jordon, J. (1997). Why men buy sex. *Australian and New Zealand Journal of Criminology*, 30, 57-71; Monto, M. A. (2004). Female prostitution, customers, and violence; Xantidis, L., & McCabe, M. P. (2000). Personality characteristics of male clients of female commercial sex workers in Australia. *Archives of Sexual Behavior*, 29, 165-176.

42. Sawyer, S., Metz, M. E., Hinds, J. D., & Brucker, R. A. (2001-2002). Attitudes toward prostitution among males: A "Consumers' Report." *Current Psychology*, 20, 363-376; Weitzer, R. (2005). New directions in research in prostitution. *Crime, Law and Social Change*, 43, 211-235.

43. Laumann, E., Gagnon, J., Michael, R., & Michaels, S. (1994). *The social organization of sexuality*. Chicago: University of Chicago Press.

44. Carael, M., Slaymaker, E., Lyerla, R., & Sarkar, S. (2006). Clients of sex workers in different regions of the world: Hard to count. *Sexually Transmitted Infections*, 82(Suppl-3), iii26-iii33.

45. Groom, T. M., & Nandwani, R. (2006). Characteristics of men who pay for sex: A UK sexual health clinic study. *Sexually Transmitted Infections*, 82, 364-367.

46. Schei, B., & Stigum, H. (2010). A study of men who pay for sex, based on the Norwegian National Sex Surveys. *Scandinavian Journal of Public Health*, 38, 135-140.

47. Polaris Project. (2010). International trafficking. Available: http://www.polarproject.org/human-trafficking/international-trafficking (Last visited 10/14/11).

48. U.S. Department of State. (2010). *The 2010 trafficking in persons report*. Washington, DC: Author.

49. Chelala, C. (2000, November 28). The unrelenting scourge of child prostitution. *San Francisco Chronicle*, p. A27.

50. Sternberg, S. (2005a, February 24). In India, sex trade fuels HIV's spread. *USA Today*, pp. D1-D2.

51. Polaris Project. (2010). International traffi cking. Available: http://www.polarproject.org/human-traffi cking/international-trafficking (Last visited 10/14/11); The Advocates for Human Rights. (2009). *The facts: Sex trafficking*. Minneapolis, MN: Author; U.S. Department of State. (2010). *The 2010 trafficking in persons report*. Washington, DC: Author.

52. Fang, B. (2005, October 24). Why more kids are getting into the sex trade—and how the feds are fighting back. *U.S. News and World Report*, pp. 30-34; Federal Bureau of Investigation. (2010). Innocence lost. Available: http://www.fbi/about-us/investigate/vc_majorthefts/cac/innocencelost (Last visited 10/14/11; Teen girls tell their stories of sex trafficking and exploitation in U.S. (2006, February 9). ABC News. Available: http://abcnews.go.com/Primetime/story?id_15967788page_1 (Last visited 3/30/06).

53. Victims of Trafficking and Violence Protection Act of 2000. (2000). Available: http://www.state.gov/documents/organization/10492.pdf (Last visited 6/16/08).

54. National Center for Missing and Exploited Children. (2011). What is sex tourism involving children? Available: http://www.missingkids.com/missingkids/servlet/PageServlet?LanguageCountry_en_US (Last visited 10/14/11).

55. Brents, B. G., Jackson, C. A., & Hausbeck, K. (2010). *The state of sex: Tourism, sex, and sin in the new American heartland*.

56. Quoted in Brents et al., 2010.

57. Albert, A. E., Warner, D. L., Hatcher, R. A., Trussell, J., & Bennett, C. (1995, March 21). Condom use among female commercial sex workers in Nevada's legal brothels. Paper available from Family Planning Program, Emory University School of Medicine, Atlanta; Dittman, M. (2004). Getting prostitutes off the street. *Monitor on Psychology*, 35(9), 71.

58. Edwards, J. M., Iritani, B. J., & Hallfors, D. D. (2006). Prevalence and correlates of exchanging sex for drugs or money among adolescents in the United States. *Sexually Transmitted Infections*, 82, 354-358.

59. Widom, C. S., & Kuhns, J. B. (1996). Childhood victimization and subsequent risk for promiscuity, prostitution, and teenage pregnancy: A prospective study. *American Journal of Public Health*, 86(11), 1607-1612.

60. Widom, C. S., & Kuhns, J. B. (1996). Childhood victimization and subsequent risk for promiscuity, prostitution, and teenage pregnancy: A prospective study.

61. Quoted in Queen, C. (2000, November 19). Sex in the city. *San Francisco Chronicle*, pp. 1, 4.

62. Edwards, J. M., Iritani, B. J., & Hallfors, D. D. (2006). Prevalence and correlates of exchanging sex for drugs or money among adolescents in the United States. *Sexually Transmitted Infections*, 82, 354-358; Potterat, J. J., Rothenberg, R. B., Muth, S. Q., Darrow, W. W., & Phillips-Plummer, L. (1998). Pathways to prostitution: The chronology of sexual and drug abuse milestones. *Journal of Sex Research*, 35(4), 333-340.

63. Quoted in Weisberg, D. K. (1990). *Children of the night*. New York: Free Press.

64. Ward, H., & Day, S. (2006). What happens to women who sell sex? Report of a unique occupational cohort. *Sexually Transmitted Infections*,

82, 413-417.

65. Farley, M. (2003). *Prostitution, trafficking and traumatic stress*. New York: Haworth Press.

66. Asia: Child prostitution in Cambodia. (1996). *The Economist*, 338; Baker, C. P. (1995). Child chattel: Future tourists for sex. *Insight on the News*, 11, 11; Sternberg, S. (2005a, February 24). In India, sex trade fuels HIV's spread. *USA Today*, pp. D1-D2.

67. Queen, C. (2000, November 19). Sex in the city. *San Francisco Chronicle*, pp. 1, 4.

68. Farley, M. (2003). *Prostitution, trafficking and traumatic stress*. New York: Haworth Press.

69. Kidd, S. A., & Kral, M. J. (2002). Suicide and prostitution among street youth: A qualitative analysis. *Adolescence*, 37, 411-431.

70. McKeganey, N. (2006). Street prostitution in Scotland: The views of working women. *Drugs, Education, Prevention and Policy*, 13, 151-166.

71. Weitzer, R. (2005). New directions in research in prostitution. *Crime, Law and Social Change*, 43, 211-235.

72. Hock, R. R. (2007). *Human sexuality*. Upper Saddle River, NJ: Pearson Education.

73. Monto, M. A. (2001). Prostitution and fellatio. *Journal of Sex Research*, 38, 140-145.

74. Brents, B. G., Jackson, C. A., & Hausbeck, K. (2010). *The state of sex: Tourism, sex, and sin in the new American heartland*. New York: Routledge.

75. Brents, B., & Hausbeck, K. (2005). Violence and legalized brothel prostitution in Nevada. *Journal of Interpersonal Violence*, 20, 270-295.

76. Weitzer, R. (2005). New directions in research in prostitution.

77. Brents, B. G., Jackson, C. A., & Hausbeck, K. (2010). *The state of sex: Tourism, sex, and sin in the new American heartland*. New York: Routledge.

78. Schmidt, P. (2011, September 18). Scholars of legal brothels offer a new take on the "oldest profession." Chronicle of Higher Education. Available: http://chronicle.com/article/Scholars-of-Brothels/129047 (Last visited 10/3/11).

79. Lever, J., & Dolnick, D. (2000). Clients and call girls: Seeking sex and intimacy. In R. Weitzer (Ed.), *Sex for sale: Prostitution and the sex industry*. New York: Routledge; Lucas, A. (1998). *The disease of being a woman: Rethinking prostitution and subordination*. Doctoral dissertation, University of California.

80. Weitzer, R. (2005). New directions in research in prostitution.

81. Prostitution. Wikipedia. Available: http://en.wikipedia.org/wiki/Prostitution (Last visited 4/7/06).

82. Minichiello, V., Marino, R., & Browne, J. (2000). Commercial sex between men: A prospective diary-based study. *Journal of Sex Research*, 37, 151-160.

83. Kidd, S. A., & Kral, M. J. (2002). Suicide and prostitution among street youth: A qualitative analysis. *Adolescence*, 37, 411-431; Ross, M. W., Timpson, S. C., Williams, M. L., Amos, C., & Bowen, A. (2007). Stigma consciousness concerns related to drug use and sexuality in a sample of street-based male sex workers. *International Journal of Sexual Health*, 19, 57-65.

84. Edwards, J. M., Iritani, B. J., & Hallfors, D. D. (2006). Prevalence and correlates of exchanging sex for drugs or money among adolescents in the United States. *Sexually Transmitted Infections*, 82, 354-358.

85. Blanchard, R. (1993, March). The she-male phenomena and the concept of partial autogynephilia. *Journal of Sex and Marital Therapy*, 19(1), 69-76.

86. Barry, K. (1995). *The prostitution of sexuality: The global exploitation of women*. New York: University Press; Bullough, B., & Bullough, V. L. (1996). Female prostitution: Current research and changing interpretations. *Annual Review of Sex Research*, 7, 158-180; Valera, R., Sawyer, R., & Schiraldi, G. (2001). Perceived health needs of inner-city street prostitutes: A preliminary study. *American Journal of Health and Behavior*, 25, 50-59.

87. Brents, B. G., Jackson, C. A., & Hausbeck, K. (2010). *The state of sex: Tourism, sex, and sin in the new American heartland*. New York: Routledge.

88. Davidson, J. O. (2002). The rights and wrongs of prostitution. *Hypatia*, 17, 84-98.

89. Cohan, D., Lutnick, A., Davidson, P., Cloniger, C., Herlyn, A., Breyer, J., et al. (2006). Sex worker health: San Francisco style. *Sexually Transmitted Infections*, 82, 418-422; Edwards, J. M., Iritani, B. J., & Hallfors, D. D. (2006). Prevalence and correlates of exchanging sex for drugs or money among adolescents in the United States. *Sexually*, 82, 354-358; Jin, X., et al. (2010). HIV prevalence and risk behaviors among male clients of female sex workers in Yunnan, China. *Journal of Acquired Immune Deficiency Syndromes*, 53, 124-130; van Veen, M. G., Gotz, H. M., van Leeuwen, P. A., Prins, M., & van de Laar, M. J. W. (2010). HIV and sexual risk behavior among commercial sex workers in the Netherlands. *Archives of Sexual Behavior*, 39, 714-723.

90. Greenberg, J. C. (2003, June 27). Supreme Court strikes down laws against homosexual sex. *Chicago Tribune*, sec. 1, pp. 1, 4; Social evolution changed nature of sodomy. (2003, June 27). *Chicago Tribune*, p. A4.

91. Biskupic, J. (2003b, June 27). Gay sex ban struck down. *USA Today*, p. A1.

92. Supreme Court of the United States. (2003a, June 26). John Geddes Lawrence and Tyron Garner, Petitioners v. Texas. Majority opinion.

93. Schwartz, J. (2011, June 27). After New York, new look at Defense of Marriage Act. *New York Times*. Available: http://www.nytimes.com/2011/06/26/us/politics/28doma.html? (Last visited 10/24/11).

94. Bruni, F. (2011, October 8). One country's big gay leap. Available: http://www.nytimes.com/2011/10/09/opinion/sunday/bruni-same-sex-marriage-in-portugal (Last visited 10/25/11); Freedom to Marry. (2001). International progress toward the freedom to marry. Available: http://www.freedomtomarry.org/pages/international-progress-toward-the-freedom-to-marry (Last visited 10/24/11).

95. United Nations Human Rights Office of the High Commissioner. (2011, June 17). Council establishes mandate on Côte d'Ivoire, adopts protocol to child rights treaty, requests study on discrimination and sexual orientation. Available: http://www.ohchr.org/EN/NewsEvents/Pages/DisplayNews.aspx? (Last visited 9/1/11).

96. Sexuality Information and Education Council of the United States. (n.d.). Position statements: Sexual rights. Available: http://www.siecus.org/index.cfm?fuseaction_Page.view (Last visited 10/26/11).

97. 資料來源：Powll, B., Bolzendahl, C., Geist, C., & Steelman, L. A. (2010). *Counted Out: Same-sex relations and Americans' definitions of family*. New York: Russell Sage Foundation; Powll, B. (2010, August). "Family" divided: Conflicting visions of "the American family." Paper presented at the annual meeting of the American Sociological Association, Las Vegas, NV; Roberts, S. (2010, September 15). Study finds wider view of "family." *New York Times*, p. A13.

98. Powell, B., Bolzendahl, C., Geist, C., & Steelman, L. C. (2010). *Counted Out: Same-sex relations and Americans' definitions of family*. New York: Russell Sage Foundation.

99. Quoted in Roberts, S. (2010, September 15). Study finds wider view of "family." *New York Times*, p. A13.

100. Roberts, S. (2010, September 15). Study finds wider view of "family."

作者	威廉·亞伯、芭芭拉·薩雅德
譯者	林哲安
特約編輯	郭曉燕
書籍設計	美感細胞
內頁編排	謝青秀
責任編輯	官子程
協力編輯	李宓
行銷企畫	陳詩韻
總編輯	賴淑玲
社長	郭重興
發行人兼出版總監	曾大福
出版者	大家出版／遠足文化事業股份有限公司
發行	遠足文化事業股份有限公司
	231 新北市新店區民權路 108-2 號 9 樓
	電話：(02)2218-1417
	傳真：(02)8667-1851
劃撥帳號	19504465
戶名	遠足文化事業有限公司
印製	中原造像股份有限公司
法律顧問	華洋法律事務所　蘇文生律師

美國大學性教育講義 2
性愛與溝通、性表現、性犯罪與性產業

性的解析

Human Sexuality: Diversity in Contemporary America, Eighth Edition

Written by William L. Yarber, Barbara W. Sayad

Copyright © 2013 by The McGraw-Hill Companies, Inc.

All rights reserved.

Chinese complex translation copyright © 2018 by Walkers Cultural Enterprises Ltd. (Imprint: Common Master Press)

Published by agreement with The McGraw-Hill Companies.

定價	新台幣 600 元
初版一刷	2018 年 10 月
初版二刷	2019 年 10 月
ISBN	978-986-96335-8-1

國家圖書館出版品預行編目 (CIP) 資料

性的解析：美國大學性教育講義. 第二冊 / 威廉. 亞伯 (William L.
Yarber), 芭芭拉. 薩雅德 (Barbara W. Sayad) 著；林哲安譯. -- 新北市：
大家出版：遠足文化發行, 2018.10
　　面；　公分. -- (edu ; 7)
譯自：Human sexuality : diversity in contemporary America
ISBN 978-986-96335-8-1（平裝）

1. 性教育 2. 性別研究

544.72　　　　　　　　　　　　　　　　　　　　107016209